HISTOIRE

POLITIQUE, ANECDOTIQUE ET LITTÉRAIRE

DU

JOURNAL DES DÉBATS

Imprimerie d'ÉDOUARD PROUX et Cⁱᵉ,

HISTOIRE

POLITIQUE, ANECDOTIQUE ET LITTÉRAIRE

DU

JOURNAL DES DÉBATS

Par M. Alfred NETTEMENT

Tradidit mundum disputationibus.
(Eccl.xi.)

Deuxième Édition

PARIS
CHEZ DENTU, GALERIE D'ORLEANS
AU PALAIS ROYAL.

1842

PREMIÈRE PARTIE.

INTRODUCTION.

Puisqu'on fait l'histoire des grands hommes, on peut bien faire l'histoire d'un journal. Jamais la personnalité humaine n'atteint le degré d'importance de ces puissantes personnalités de la presse, qui, survivant à toutes les morts, traversent en courant les ruines, et continuent à s'avancer, comme la pensée dont elles sont l'image, en laissant derrière elles des tombeaux. Un journal, c'est un drapeau qui marche; ajoutons, puisque nous parlons du *Journal des Débats*, que c'est quelquefois un drapeau qui, en marchant, change de couleurs. Certes, si l'histoire d'une feuille périodique peut être instructive, c'est celle de cette feuille dont l'existence, nuancée de bien et de mal, bariolée de vérités et d'erreurs, résume toute l'époque contemporaine ; dont les variations ont suivi le flux et le reflux de la fortune dans ces derniers temps, et dont les opinions, ondoyantes en politique comme en littérature, ont pris, quitté, repris tous les hommes et toutes les idées ; quoi de plus ? dont la fidélité inconstante, luttant avec le diplomate qui a prêté le plus de sermens et qui en a le moins tenu, l'a presque égalé dans l'universalité de ses dévoûmens et dans l'encyclopédie de ses trahisons.

On verra dans ce récit fécond en péripéties de toute espèce, un reflet des hommes et des choses, et cette histoire particulière sera peut-être un chapitre curieux de l'histoire générale. Les pôles de la politique rapprochés, les extrémités littéraires se donnant la main, un Panthéon banal qui a des autels pour toutes les croyances, des piédestaux pour toutes les gloires, des niches pour toutes les statues, n'est-ce point là un tableau digne d'attirer l'attention de ceux qui aiment à suivre le mouvement des faits et celui des esprits?

Ce tableau aura un double intérêt, parce que le point de vue littéraire viendra s'y mêler au point de vue politique.

Il est un genre d'écrivains dont les mérites et les torts sont rarement pesés, précisément parce qu'ils tiennent la balance, ce sont les critiques. Les critiques forment ce qu'on pourrait appeler la magistrature du royaume des lettres, et c'est une entreprise quelque peu audacieuse que de juger un tribunal. Cependant, dans notre époque plus que dans toute autre, une pareille étude est nécessaire. Il est arrivé, dans le pays des idées, une révolution qui a donné aux successeurs directs ou indirects de Quintilien une importance inouïe. La critique qui, dans l'antiquité et même dans les dix-huit premiers siècles de notre histoire, n'avait agi que d'une manière irrégulière et à de longs intervalles, a pris tout à coup un développement inattendu ; une institution s'est fondée qui, embrassant dans son vaste domaine les faits et les idées, parlant de tout et parlant tous les jours, a régularisé un vaste commerce intellectuel dont les départs et les arrivages ne s'arrêtent jamais. La critique s'est incarnée dans le journal, ce formidable agent qui joue à peu près, dans l'ordre moral, le rôle que joue la vapeur dans l'ordre matériel. Le journal n'est, à proprement parler, que la critique appliquée à toutes les branches d'intérêt et circulant dans les veines du corps social. Les livres sont les lingots, trésors, si l'on veut, mais trésors enfouis ; le journal est le papier-monnaie du pays des intelligences. C'est seulement depuis que la presse a pris cette forme et s'est présentée sous cette combinaison, qu'elle est devenue un quatrième pouvoir dans l'état, pouvoir à la fois salutaire et redoutable, qui, non content d'exprimer l'opinion, a eu souvent le tort de l'égarer.

Il est arrivé alors au journal ce qui arrive à toutes les institutions qui grandissent. Le sceptre de la critique ayant acquis une prodigieuse autorité, des mains plus puissantes se sont présentées pour le saisir. L'importance que donnait au journal la haute critique politique dont il était l'instrument spécial, a rejailli sur la critique littéraire : toutes ses parties ont tendu à se mettre de niveau. Des esprits distingués qui, dans d'autres époques, auraient écrit des ouvrages, se sont jetés dans ces conversations de chaque jour, où l'on a le public pour interlocuteur. Cette tendance n'a pu que s'accroître lorsqu'on a vu des hommes comme MM. de Châteaubriand, de Bonald, de La Mennais, du côté de l'opinion monarchique; des hommes comme MM. Benjamin-Constant, Cormenin, Paul-Louis Courrier, du côté de l'opinion opposée, prêter successivement leur collaboration aux feuilles où se discutaient les grands principes du gouvernement. Alors la littérature a envoyé l'élite de ses écrivains dans la partie du journal qui lui était réservée. C'est ainsi que, dans l'histoire du *Journal des Débats*, nous nous trouverons amenés à apprécier Geoffroy, M. de Feletz, Hoffmann, M. Étienne, M. Fiévée, M. Janin, M. Nodier, M. Duvicquet et quelques autres littérateurs.

L'histoire qu'on va lire se divise en plusieurs périodes :

La première commence avec la réaction des idées de religion et de pouvoir, dont le *Journal des Débats* devint l'organe ; elle dure jusqu'au moment où l'empereur Napoléon, craignant que cette réaction qui a fait sa puissance ne finisse par le dépasser et par aller jusqu'à la monarchie légitime, s'empare d'abord de la direction, puis de la propriété du *Journal des Débats*, et le confie à des mains qu'il juge plus obéissantes, afin que cet instrument de publicité ne puisse se tourner contre lui.

Cet interrègne, où les fondateurs et les propriétaires légitimes du *Journal des Débats* sont exclus de la direction et de la propriété de cette feuille, forme une seconde période qui ne se termine qu'à la restauration.

La troisième période commence alors, et, si l'on en excepte le court intervalle des cent-jours, pendant lesquels le *Journal des Débats* échappe encore à ses légitimes propriétaires, elle dure sans interruption jusqu'à la seconde partie du ministère de M. de Villèle. C'est là le beau temps du *Journal des Débats*. Pendant ces premières années de la restauration, il pose tous les grands principes de la politique, comme il a posé, au moment de la réaction des idées, tous les grands principes de la religion, de la morale et de la littérature.

Mais à cette période vraiment gouvernementale succède une période d'opposition, opposition qui, pour renverser un ministre, frappe jusqu'au pouvoir. Presqu'au même instant l'anarchie littéraire s'empare de cette forteresse, dont les batteries avaient été si long-temps tournées contre elle. Cette quatrième phase se prolonge jusqu'à la révolution de juillet.

Enfin, les sept années qui se sont écoulées depuis le 9 août 1830, forment la dernière époque de cette histoire ; elles sont le complément logique et le commentaire naturel de l'avant-dernière partie.

Avons-nous besoin d'ajouter qu'en écrivant cet ouvrage nous n'avons été mus par aucune pensée d'inimitié contre les hommes, et que nous avons considéré ce sujet présent et actuel, comme si nous en étions séparés par l'intervalle des temps ? Nous avons partout et avant tout recherché la vérité, sans la taire quand elle était favorable, sans la cacher quand elle était contraire : ce livre, comme tous les livres, peut contenir des erreurs, mais il ne contient pas un seul mensonge.

CHAPITRE PREMIER.

CHAPITRE I.

SOMMAIRE : — Tableau de la société révolutionnaire. — Des principes qui présidèrent à la révolution française. — Le protestantisme. — Corruption de l'intelligence et corruption du cœur. — L'école philosophique et les roués. — Religion de la volonté humaine. — Superstition de la loi. — L'homme créateur. — Ridicules du nouveau culte. — Poésie. — Le Panthéon. — La guillotine remplace la croix. — La sainte guillotine et la sainte montagne. — Mot profond de Vico. — Barbarie sortant de la civilisation. — L'homme devient fou de raison. — Anecdotes. — Lettre d'une courtisane à la Constituante. — Scènes des 5 et 6 octobre. — Un barbier contraint de raser une tête coupée. — Antropophages. — Chaumette proclame la déesse Raison dans la salle des séances de la convention. — Danses de députés et de courtisanes. — Justes conseils de Dieu. — Symboles. — L'opéra à Notre-Dame. — La prédiction du père Beauregard accomplie. — Chaumette insulte une statue de la Sainte-Vierge. — Le comédien Monvel monte dans la chaire de Saint-Roch pour faire profession d'athéisme. — La châsse de Sainte Geneviève brûlée. — Apothéose de Voltaire, de Rousseau, de Marat. — Extinction du sens moral en France.

Pour bien juger l'action sociale et littéraire du *Journal des Débats*, à son entrée dans la presse, il faut rappeler l'état de décadence jusqu'au quel la littérature et la société étaient descendues, et présenter un tableau fidèle de la situation, d'où sortait à peine la France, au moment où la réaction sociale et religieuse commença. Quoique notre époque coudoie cette crise, ces souvenirs sont si loin de nos mœurs qu'ils ne sauraient être présens à beaucoup de mémoires.

Disons le d'abord, il y a deux choses bien distinctes dans l'histoire des dernières années du dix-huitième siècle, et il importe de ne pas confondre la situation qui réclamait une réforme, avec les passions et les vices qui firent une révolution. Tous les hommes sérieux doivent le reconnaître, le moment d'une modification dans les rapports politiques des pouvoirs sociaux était arrivé. La puissance réelle avait changé de place dans la société, et comme ces grandes réunions, qu'on appelait les États généraux, étaient malheureusement suspendues depuis long-temps, les changemens qui s'étaient faits dans les choses n'avaient pu s'inscrire peu à peu dans les lois. L'infortune de la France voulut que cette situation, déjà compliquée par elle-même, rencontrât une génération corrompue, dans ses mœurs et dans son intelligence, par celle qui l'avait précédée.

Les dernières années du dix-huitième siècle furent donc la conséquence brutale et désordonnée des doctrines qui avaient prévalu dans la première moitié de cette ère. La génération de l'action vint après la génération des penseurs. Il n'y eut pas une idée folle, pas une rêverie insensée qui ne trouvât une main pour l'appliquer par le fer et dans le sang. Le système du philosophisme avait été, à proprement parler, une réaction des idées et des sentimens du paganisme antique, contre les idées et les sentimens chrétiens. Il y a en effet une frappante analogie entre l'école de Voltaire et celle de Julien l'apostat. D'un autre côté, les temps de la régence, par leurs sales débauches, se rattachent aux mœurs de la décrépitude romaine. Le régent et ses roués avaient rendu de l'à-propos aux satires de Juvénal. Le portrait de Messaline pouvait être regardé comme un ouvrage de circonstance : l'histoire ne pouvait plus s'écrire qu'en libelles. Ainsi se terminait le grand duel du protestantisme et du catholicisme, qui avait agité les âges précédens. Le protestantisme en délivrant le *moi* humain, c'est à dire l'orgueil, ce prisonnier du catholicisme, avait enfanté les résultats que nous voyons décrits, au commencement des temps, par les Écritures : l'infatuation des intelligences et la prodigieuse corruption des cœurs. Et comme si le type de la première grande crise de l'humanité devait se reproduire dans toutes les phases de l'histoire, les mêmes conséquences ne tardèrent pas à suivre les mêmes causes, et on les vit se dessiner dans la révolution française avec une effrayante énergie.

A proprement parler, la révolution française, c'est la révolte du *moi* humain contre tout ce qui l'entoure ; c'est la religion, c'est la superstition de la puissance humaine, la négation de toutes les autres forces, de toutes les autres puissances, de tous les autres cultes. L'homme, à qui l'on a enlevé toutes ses croyances, ne croit plus qu'en lui ; il est à lui-même son Dieu : dès lors il veut prendre possession des attributs de sa divinité ; il veut créer, commander, être obéi, et il entend que tous les obstacles disparaissent devant sa volonté souveraine. Si vous n'étudiez point la révolution de ce point de vue, vous cessez de la comprendre.

A la manière dont se conduisent la Constituante et la Convention, on voit qu'elles ne croient point siéger dans une salle, mais dans un Olympe, et la dernière ne rappelle pas mal le farouche Odin dans son paradis sanglant, faisant boire à ses élus le breuvage de l'immortalité dans des crânes humains. Il est si vrai que l'homme est Dieu à cette époque, qu'il n'y a plus qu'une religion debout, la religion de la loi, c'est-à-dire l'apothéose de la volonté humaine ; car la loi, ce n'est plus l'expression du juste et la condamnation de l'injuste, c'est la volonté du peuple souverain. Tout suit cette idée. Les résistances sont considérées comme des sacriléges, les paroles irrespectueuses comme des blasphèmes. Il y a une loi de lèse-majesté populaire, comme il y avait, à Rome, une loi de lèse-majesté impériale. La guillotine est à côté de la Convention, comme la foudre à côté de Jupiter. La divinité de l'époque est une divinité implacable, qui regarde les difficultés comme des révoltes, et qui, dans l'infatuation de sa puissance, pétrit les chairs vivantes, comme le véritable Créateur pétrissait la boue, dont il fit le premier homme, dans les jardins de l'Éden.

Cette nouvelle divinité veut exercer à tout prix sa prérogative de créatrice; elle rompt avec le passé; elle le nierait si elle l'osait, et, jusqu'à un certain point elle le nie, en faisant commencer les temps avec la république, et en datant de l'an premier, dix-huit siècles après Jésus-Christ. La république française redit à sa manière les paroles de l'Écriture : « Je suis celui qui suis. » En outre, elle ne reconnaît d'existence réelle qu'à ce qu'elle a fait. C'est une audacieuse parodie de la majestueuse scène qui ouvre la Bible : « Il créa le ciel et la terre, et il vit que son ou-

» vrage était bon. » L'homme devenu Dieu, veut que la création commence avec lui; tout ce qui précède son avènement à la divinité, est de droit dévolu au néant. Sur la motion de Condorcet, on fait brûler les immenses travaux des congrégations savantes, comme si, sur le même bûcher, on pouvait anéantir le passé; on rase les monumens, ces témoins de marbre et de pierre; on promène un niveau sanglant sur les familles aristocratiques, ces monumens vivans de notre histoire. « On aurait refait l'œuvre des six jours
» si on l'avait pu, dit très bien un écrivain de
» nos jours (1), tant on la trouvait pitoyable.
» Les lieux étaient traités comme les hommes.
» Déjà *Saint-Denis*, la sépulture violée de nos
» rois, s'appelait *Franciade; Saint-Germain*, le
» berceau de Louis XIV et la retraite des Stuarts
» exilés, *Montagne du Bel-Air; Gerberoi, Gerbe-
» la-Montagne*. On proposa de changer des noms
» de ville dans lesquels, si on en avait fait un

---

(1) M. P. de la Mairie, dans la *Revue catholique*.

» logogriphe, se serait trouvé le mot *roi*. Bien-
» tôt, sur les débris de la grande fondation de
» madame de Maintenon, devait s'élever le *Pry-*
» *tanée de Cyr*, et, pour les réunions civiques,
» on avait mis en contredanse *la fanfare de Cloud.*
» Les jours, les semaines, les mois avaient passé
» par d'aussi rudes épreuves que les hommes et
» les lieux. Les horloges ne sonnaient plus que
» dix heures ; les semaines avaient dix jours au
» lieu de sept ; ce n'étaient plus même des se-
» maines, c'étaient des *décades*. Les jours et les
» mois avaient perdu leurs noms, on leur en
» avait donné que personne ne savait. Les saints
» avaient disparu du calendrier comme de leurs
» piédestaux ; des noms de légumes, de fleurs,
» de plantes, d'animaux, d'instrumens aratoires
» les avaient détrônés. Dans ce temps, on da-
» tait un procès-verbal du *quintidi, herse ;* on
» faisait un acte de naissance de *nonidi, navet ;*
» on se mariait le *duodi, dindon ;* on enterrait son
» père le *sextidi, carotte.* » Cette religion de la
puissance humaine, qui souvent tombe dans le

ridicule, quelquefois aussi s'empreint d'une sauvage poésie; elle parle à la matière comme à l'intelligence, à la nature morte comme à la nature animée. Vous n'avez point oublié la terrible prosopopée du cul-de-jatte Couthon, se faisant porter, à bras de bourreaux, sur la place de Belcourt, dans la ville de Lyon, désormais désignée sous le nom de *Commune affranchie*, et donnant le signal de la démolition en frappant chaque édifice d'un coup de marteau, accompagné de ces paroles : « Maison, je te frappe au nom de la loi ! »

Il y a dans les pensées une logique inexorable. Puisque l'homme est Dieu, il lui faut un temple. De là le Panthéon, où l'on enverra pourrir trois ou quatre immortalités d'élite. Le Panthéon est le système philosophique du dix-huitième siècle, incarné dans le marbre et dans la pierre. Et voyez quels sont les dieux de cet étrange Olympe : Voltaire et Rousseau, c'est la déification de la force de l'intelligence en état de révolte dans la sphère de l'idée; Mirabeau, c'est la déification de la force de l'intelligence en état de révolte dans la sphère de l'action ; enfin Marat, c'est la déification de la force humaine encore, mais de la force brute, c'est la guillotine faite Dieu.

Pour rapprocher ici les pôles du monde, osons comparer la marche du philosophisme à celle du christianisme. Le christianisme aussi présente à nos respects un instrument de supplice; il chante, dans nos églises, des hymnes à la croix; il l'appelle sainte, vénérable, presque divine : mais cette croix n'a point servi au Christ et à ses disciples, à tuer, elle leur a servi à mourir.

Le philosophisme, dans la dernière de ses transformations, le jacobinisme, a pris un autre étendard, c'est la guillotine. On chante sur les théâtres, dans les places publiques, la sainte guillotine, comme les chrétiens chantaient la sainte croix. On célèbre l'instrument de mort en même temps que la sainte Montagne de la Convention, où siégeaient les trois grands pour-

voyeurs de l'échafaud : Danton, Marat et Robespierre. Dans la séance du 5 septembre 1793, Chaumette s'écrie : « Et vous, Montagne à jamais
» célèbre dans les pages de l'histoire, soyez le
» Sinaï des Français, lancez, au milieu des fou-
» dres, les décrets éternels de la justice du peu-
» ple ; inébranlables au milieu des orages amon-
» celés par les aristocrates, agitez-vous et tres-
» saillez à la voix du peuple. Assez long-temps
» le feu concentré de l'amour du bien public a
» bouillonné dans vos flancs ; qu'il fasse une ir-
» ruption violente. Montagne sainte, devenez un
» volcan dont les laves brûlantes détruisent à
» jamais l'espoir du méchant ! » Quoi de plus ? on a chez soi des miniatures de guillotine, comme on avait naguère des crucifix. Il y a des hymnes révolutionnaires à la guillotine. Elle est un ornement, un symbole, un drapeau. La religion de la guillotine a ses dévots qui voient en elle l'instrument du salut du peuple ; mais pour ceux qui en parlent ainsi, elle est un instrument de meurtre au lieu d'être un instrument de martyre,

On vit alors, en France, des choses sans exemple dans l'histoire des peuples. Les crimes ne sont pas nouveaux dans le monde, et il y avait eu avant Marat, Danton et Robespierre, bien des hommes cruels, sanglans oppresseurs de leur époque et de leur pays. Mais les crimes et les excès de 93 ont une physionomie qui leur appartient en propre : c'est une sorte de démence grave et sentencieuse qui fait mal; c'est une folie logicienne qui argumente au milieu de ses convulsions. Il y avait plus d'un siècle que les hommes raisonnaient, comme disait Pic de la Mirandole, de toutes les choses qu'on peut savoir et de quelques autres choses encore; ils devinrent alors fous de raison. Ils persécutèrent, ils proscrivirent en parlant d'union; ils tuèrent en parlant d'humanité, emprisonnèrent en parlant de liberté. Ils mirent l'âge d'or dans leurs discours, l'âge de fer dans leurs actes, âge de fer trempé dans le sang. Pour achever d'humilier l'orgueil humain, il n'est pas très sûr qu'une partie des scélérats qui commirent ces horreurs, ne fussent pas des scélérats consciencieux, ce qui montre ce que valent les lumières de la conscience humaine, quand le soleil qui l'éclaire d'en-haut a cessé de luire, et qu'elle veut être à elle-même son propre soleil.

Vico, parmi bien des maximes contestables, en a une d'une vérité si frappante qu'elle semble une prophétie. « Il y a, dit-il, des barbaries, filles » des lumières, qui sortent de la civilisation pour » affliger la maturité des peuples; elles sont plus » effroyables encore que ces barbaries, filles des » ténèbres, qui s'assoient auprès du berceau des » nations. » Ce qui se passa à l'époque de la révolution de 93, dans la société française, justifie admirablement la maxime de Vico. Chaque jour amenait une scène nouvelle, une de ces scènes étranges dont il a été parlé tout à l'heure, et qui ont le caractère d'une gaîté maladive et d'un rire convulsif qui appartient à la folie. Il y avait à la fois du vaudeville et du drame dans la révolution française. Terrible par un bout, grotesque par l'autre, elle terminait un grincement de dents par un éclat de rire affreux. C'était une abominable parodie de tout ce qui avait été jusques là respecté, parodie d'autant plus étrange, que les acteurs étaient des fous sérieux. Savez-vous que Robespierre, Marat, Saint-Just, seraient bien ridicules s'ils n'étaient pas si horribles? C'étaient des Trissotins et des Vadius dont la situation avait fait des Marius et des Sylla : entre eux et les sophistes leurs prédécesseurs, une seule différence, c'est qu'ils avaient, pour secrétaire, le bourreau.

Il faudrait donner, par quelques exemples, une idée de cette époque.

Voici ce qui se passait dans le meilleur temps de la révolution française, dans la période élevée jusqu'au ciel par ceux qui, mettant un sinet entre leur admiration et leur blâme, réservent la première pour la Constituante, et frappent du second les assemblées politiques qui suivirent. Une courtisane qui vivait en concubinage avec un de ces infâmes qui déshonoraient l'habit ecclésiastique, que tant de martyrs du

clergé ont lavé dans leur sang, une courtisane envoya, en août 89, à la Constituante, un don patriotique, produit d'une partie des vases sacrés volés à la Bastille, puis vendus à un juif par son complice. A cet envoi était jointe cette lettre d'une insolente impudicité : « Messei-
» gneurs, j'ai un cœur pour aimer; j'ai amassé
» quelque chose en aimant, j'en fais entre vos
» mains hommage à la patrie ; puisse mon exem-
» ple être imité par mes compagnes de tous les
» rangs. (1) » Savez-vous ce que cette assemblée de sages, ce conseil de graves législateurs répondit à cette Messalline ? Il ordonna « la men-
» tion honorable du don de cette vertueuse pa-
» triote. » Vous voyez que l'institution des filles-mères et les saletés qui vinrent plus tard, étaient déjà, à cette époque, en germe dans les esprits.

(1) Cette anecdote et la plupart de celles qui figurent dans ce chapitre, sont empruntées aux articles récemment publiés par M. Georges Duval. L'autorité d'un homme qui n'est pas dans nos rangs, nous a paru plus incontestable en pareille matière.

Nous ne parlerons point des scènes qui marquèrent les 5 et 6 octobre. Si nous rappellions les têtes coupées de MM. de Miomandre et de Varicourt, portées au bout de piques sanglantes; les porteurs s'arrêtant devant la boutique d'un perruquier établi en face du pont de Sèvres, et forçant le malheureux à sortir de sa boutique avec une serviette blanche, un plat à barbe, une boîte à poudre de fer-blanc et une houpe, pour faire la barbe à ces deux têtes de morts, pour friser et poudrer ces cheveux raides d'horreur et collés de sang, on dirait que nous allons prendre le sujet de nos tableaux chez les anthropophages (1) : malheureusement on

(1) M. Georges Duval, qui raconte ce fait, déclare l'avoir vu : il dînait ce jour-là chez M. Legris, marchand de bois de Mesdames, au pont de Sèvres. « J'ai tout cela sous les yeux, dit-il, comme si je l'avais vu hier seulement. J'ajoute que ces misérables, qui avaient laissé là leurs deux trophées pour aller prendre leur repas chez le traiteur voisin, descendaient à tour de rôle, et plaçaient entre les lèvres entr'ouvertes des deux têtes, tantôt un morceau de jambon, tantôt une aile de volaille. Enfin l'un d'eux termina cet ignoble et dégoûtant spectacle en apportant un saladier rempli de fromage à la crème dont il barbouilla les deux

trouvait, dans ce temps-là, les anthropophages sans sortir de Paris. La civilisation, comme parle Vico, avait ses barbares. On peut lire, chez les contemporains, jusqu'où ils portaient leur gaîté atroce, et comment leur espiéglerie cannibale badinait avec des cadavres.

Quand la révolution eut avancé dans la carrière, si l'horreur des scènes ne put guère s'accroître, la folie des acteurs augmenta. Comme on devient ivre de vin, on devient soûl de crimes. Vous êtes au 8 novembre 1793, assis dans la tribune de la Convention, coudoyés par les bonnets rouges du faubourg Antoine et les tricoteuses du citoyen Robespierre. Cet homme, revêtu d'un habit vert-pomme, qui se lève sur son banc pour signifier à l'assemblée qu'il ne re-

figures aux applaudissemens de la foule anthropophage. Cela est affreux à raconter, mais cela était plus affreux à voir. Ils se mirent quatre à table chez le traiteur, qui s'appelait Mignot, et ils dépensèrent vingt-six francs pour leur repas. J'ai vu le soir, chez M. Legris, la carte de leur repas. Au nombre des convives étaient l'homme à la longue barbe et son acolyte Desnos, qui avait déjà coupé la tête de M. Foulon. »

connaît plus d'autre culte que celui de la liberté et de l'égalité, c'est le ci-devant abbé Syeyes. Le châtiment de celui qui a mis le premier en honneur ces constitutions de main d'hommes, qui substituent l'omnipotence de la raison humaine au lent travail des siècles, et qui, en voulant refaire ce qu'a fait le temps, cet ouvrier de dieu, usurpent la prérogative du Créateur, le châtiment de Syeyes ne se fera pas attendre. Ses nouveaux dieux vont paraître. La barre s'ouvre avec fracas. Qu'est-ce donc que ce personnage, à la physionomie basse et au regard louche, qui entre le premier? C'est Chaumette le procureur de la commune, Chaumette l'athée, fondateur de la religion nouvelle. Vous avez vu que, sous la Constituante, les courtisanes n'étaient encore que de vertueuses citoyennes; sous la Convention elles sont des déesses. Chaumette est allé chercher dans le lupanar voisin, une des prêtresses du vice, qu'il a prise dans sa couche, chaude encore de débauche, pour la faire monter à l'autel. Ne trouvez-vous pas que cette époque se rendait justice, en déclarant ainsi que le vice et la corruption étaient ses dieux? Chaumette est donc allé recruter son Olympe dans un des égouts de la capitale ; il arrive en tenant par la main une des courtisanes ; les autres suivent, dignes prêtresses d'une pareille divinité. Se dirigeant alors, d'un pas solennel, vers le fauteuil du président Lequinio, qui se lève respectueusement, le procureur de la Commune s'écrie d'un ton inspiré : « Mortels, ne reconnais-» sez plus d'autre divinité que la Raison. Je viens » vous en offrir l'image la plus noble et la plus » pure. » Il fléchit alors le genou devant l'idole, le président s'incline à son tour, et l'assemblée rend par acclamation un décret, portant que la Convention assisterait à une fête en l'honneur de la Raison, et que cette fête serait célébrée dans l'église métropolitaine (Notre-Dame), qui s'appellerait désormais le Temple de la Raison. A la suite de ce décret, on entonne des chants patriotiques et l'on commence des danses, auxquelles se mêlent les députés.

Cette ronde de législateurs et de courtisanes, tournant autour d'une idole pétrie avec les vices de cette société et la boue de ses mœurs, n'est-ce pas un symbole exact et fidèle du dix-huitième siècle tout entier? Ne dirait-on pas voir la corruption du cœur et celle de l'esprit, se donnant la main pour sacrifier aux autels des sens, ces divinités brutales des intelligences avilies et des cœurs dégradés? L'alliance des sophismes et des vices, des rhéteurs et des roués de la régence, se poursuivait jusqu'au bout; mais, dans cette alliance, les mœurs de la régence fournissaient la divinité, l'école philosophique avait la honte de fournir les adorateurs. Ainsi s'accomplissaient les conseils de Dieu, qui voulait avoir raison de cet orgueil insensé qui lui avait déclaré la guerre. La philosophie du dix-huitième siècle avait commencé par proclamer la royauté des sens; elle finissait, comme le régent d'Orléans, son type et son modèle, prosternée devant une courtisane, et laissant tomber sa tête, déjà alourdie par la mort, sur les genoux d'une créature souillée. Elle s'était écriée à son début : « Écrasons l'Infâme ; » et, à la fin du siècle, l'Infâme, elle l'adorait.

C'est un beau spectacle que de suivre le doigt de Dieu au milieu de ces scènes qui semblent un sanglant démenti jeté à sa puissance, et l'on peut dire que jamais la Providence ne fut plus visible que dans cette époque où elle semblait s'être retirée de la terre. Qu'a-t-il besoin, ce grand Dieu, de moyens extraordinaires pour venger ses autels profanés et son culte proscrit? Il a donné à ces hommes des bourreaux qui ne manqueront point leurs proies ; ce sont leurs vices. Tous périront par leurs excès. Tour à tour bourreaux et victimes, ils nourriront de leur sang cet effroyable drame qui demande, à chaque scène, son compte de cadavres. Pendant que Chaumette prépare, dans la salle de la Convention, le programme de la fête impie qui devait, deux jours plus tard, profaner l'enceinte de Notre-Dame, il y avait deux hommes qui souriaient dédaigneusement sur leurs bancs et échangeaient, à voix basse, de menaçantes paroles. L'un était Saint-Just qui, trois mois plus tard, monta à la tribune pour lire son rapport contre la faction des athées; l'autre était Robespierre, qui envoya cette faction et Chaumette, son chef, à l'échafaud. Quelques mois après, Robespierre et Saint-Just périront eux-mêmes, dévorés par leurs crimes. C'est ainsi que descendront de la scène tous ces sinistres acteurs, qui n'étaient que des fouets sanglans avec lesquels la justice d'en-haut frappait nos orgueilleuses folies : fléaux de Dieu qui prouvaient l'existence de Dieu jusqu'en la niant.

N'était-ce point là, en effet, le résultat marqué aux ambitieuses nouveautés de l'école philosophique? Bossuet n'avait-il pas indiqué au protestantisme le déisme pour transition, et l'athéisme pour terme? Ces malheureux, qui dépensaient le peu d'instans qui leur restait en blasphèmes, ces passagers du temps et de l'espace, qui bégayaient d'impuissantes injures contre l'éternité, étaient les vivans exemples de cette justice dont ils voulaient contester l'existence. Descendus du haut de la révolte de leur orgueilleuse raison jusqu'à une brutale idolâtrie, ils donnaient au monde des enseignemens invisibles pour eux-mêmes. La Providence, en usant avec eux comme les Scythes avec leurs esclaves, semblait avoir ôté la vue à ces maîtres de la France, pour les rendre plus propres à leurs fonctions serviles ; et ces aveugles, choisis d'en-haut pour éclairer les hommes, marchaient à travers les événemens, un flambeau dans les mains et un bandeau sur les yeux.

Leur mission était de dérouler les conséquences des doctrines du dix-huitième siècle, et de ramener le christianisme par les excès même de l'irréligion et les honteuses pratiques de l'idolâtrie. Ils couraient à ce but sans voir où ils allaient ; et c'est ainsi qu'il fut donné à un Chaumette de transférer, sous les voûtes saintes de Notre-Dame, les parodies infâmes dont la salle de la Convention avait été le théâtre.

C'était le décadi 20 Brumaire (10 novembre);

cette fois, le procureur de la Commune avait trouvé ingénieux de faire jouer le rôle de la divinité du nouveau culte, à une actrice de l'Opéra. Mlle Maillard, qui devait beaucoup à la protection de la reine, montrait peu de vocation pour l'apothéose qu'on lui imposait. Mais une phrase de Chaumette, prononcée d'une manière significative, la décida à faire violence à ses scrupules. « Citoyenne, avait-il dit, puisque tu refuses d'être une divinité, tu ne trouveras pas mauvais qu'on te traite en simple mortelle. » Mlle Maillard crut sentir percer, dans la fin de cette phrase, le tranchant de la guillotine. Elle accepta l'autel qu'on lui offrait, pour éviter l'échafaud.

Alors commença cette profanation qu'on appelait un culte. Portée sur un lit de parade couvert de feuilles, suivie de la société des Jacobins, des sociétés affiliées, des membres de la Commune et des comités révolutionnaires, précédée et escortée par des chœurs de chants et de danses, cette fille d'Opéra entra dans l'église et alla s'asseoir sur l'autel, à la place où nos pères révéraient Dieu, présent dans l'hostie consacrée. Dix ans ne s'étaient pas encore écoulés, depuis le jour où un prêtre, un prophète, le père Beauregard, prêchant dans la même église, s'écriait, en présence d'un auditoire frappé de stupeur : « Je vois l'impure Vénus entrer dans ce » temple et gravissant les marches de cet autel, » chasser Dieu de son sanctuaire et s'asseoir dans » ses tabernacles profanés. »

Rien ne manqua : un vieil encensoir oublié par les spoliateurs, fut apporté à Chaumette qui encensa la divinité nouvelle, pendant que tout le monde, autour d'elle, fléchissait le genou. Ensuite on célébra, nous voulons dire, on dansa l'office de la Raison ; car son rituel se composait surtout de pirouettes. Pour tout couronner il y eut un dernier épisode, bien digne de l'esprit de cette comédie sacrilége: une statue de la sainte Vierge renversée de son autel, gisait dans un coin de l'église. Chaumette saisit cette circonstance fortuite ou préparée, pour débiter un discours, dans lequel il raillait Marie de son impuissance, et la défiait de relever sa statue. Comme la statue restait immobile, il en conclut qu'il fallait abandonner la mère du Christ pour la déesse Raison, la Vierge sans tache pour la fille d'Opéra. Ses conclusions furent peut-être un peu différentes trois mois plus tard, sur les marches de l'échafaud.

Au même moment où ces scènes se passaient à Notre-Dame, Saint-Roch était souillé des mêmes désordres. Là, c'était le comédien Monvel qui doublait le procureur Chaumette dans ses blasphèmes et ses sacriléges. Cet histrion, tranférant les salons du baron d'Holbach dans la chaire, terminait son sermon d'athéisme par ces paroles adressées à Dieu : « Maintenant que » je viens de prouver que tu n'es pas, prouve-moi » que tu es ! Je viens de nier ton existence, je » brave tes foudres impuissans ! Ecrase-moi main- » tenant, si tu en as le pouvoir, écrase ! » En descendant de la chaire, le prédicateur fut félicité par Mamin, celui qui avait porté la tête de la princesse de Lamballe, par les rues. Dans ce temps-là, les grands orateurs étaient sûrs de trouver, dans leur auditoire, des cœurs capables de les comprendre et de les admirer.

Que vous dirai-je? c'était chaque jour quelque abomination nouvelle. Vous voyez cette foule qui court en portant une châsse vers la place de Grève? Cette châsse, c'est celle de sainte Geneviève. La pieuse bergère écarta les Huns des murailles de Paris; voici d'autres barbares qui vont venger l'injure de leurs aînés; ils brûlent les vénérables reliques de la sainte en face de ce pont-là même, où, dans un temps de famine, les soins de Geneviève ramenèrent l'abondance qui sauva la cité désolée, et leurs danses frénétiques entourent ce bûcher parricide, théâtre d'un martyre posthume exercé sur des cendres. Deux ans plus tôt, on avait volé à la bienfaitrice de Paris sa demeure, pour la donner à Voltaire, dont le titre était d'avoir brûlé, dans un poème impie, avec une verve allumée aux flammes anglaises du bûcher de Rouen, la sainte mémoire de la vierge de Domrémi, cette sœur de vertu de la vierge de Nanterre, Jeanne d'Arc qui, comme Geneviève, avait sauvé sa patrie. C'était au nom du patriotisme que ces choses se faisaient.

Ç'avait été un des hideux spectacles de l'époque révolutionnaire, que cette translation des restes de Voltaire au Panthéon ! L'image en cire du chef du philosophisme, effrayante de ressemblance, apparaissait couchée sur un lit de parade élevé, digne enseigne du squelette qui gisait au-dessous; une pluie de juillet, chaude et orageuse, commençant à tomber au moment du départ du cortége, avait enlevé une partie du vermillon qui couvrait les joues du Dieu : on eût dit le temps qui, laissant tomber goutte à goutte les années, use peu à peu la gloire de Voltaire, et fait tomber le fard de cette renommée usurpée.

Autour du char, marchait une espèce de mascarade dramatique de tous les ouvrages du maître : *Mahomet* coudoyant *OEdipe*, *Gengiskan* rapproché de *Nanine*, et *Mérope* donnant le bras à *Zaïre*. Pêle-mêle de masques approprié à l'apothéose de l'homme, dont toutes les paroles avaient été des mensonges, toute la vie une longue hypocrisie. N'était-ce pas justice que le grand comédien du dix-huitième siècle, eût pour funérailles une comédie, et que cette gloire, trempée de honte, fût portée au Panthéon par des hommes qui marchaient, par les rues fangeuses, le front ceint de lauriers et les pieds dans la boue? Il y eut un moment où l'ignoble cortége s'arrêta. Le catafalque de Voltaire allant au Panthéon, était sous les fenêtres de Louis XVI, récemment revenu de Varennes, et qui devait bientôt repartir pour l'échafaud. Ainsi, la main de Dieu rapprochait le commencement et la fin du mouvement : le char de triomphe du père de la révolution française accrochait presque le carrosse qui ramenait sa victime; l'apothéose du poète bourreau se croisait avec la passion du Roi-martyr.

Ce n'est point un roman qu'on vient de lire, c'est l'histoire. Voilà quelle avait été, pendant la fièvre révolutionnaire, la situation de la société ; encore aurions-nous pu ajouter bien des traits à ce tableau. Un jour, c'était Rousseau qu'on portait au Panthéon dans un char surmonté d'une statue de la Nature, colosse couvert de mamelles, idole difforme qui trouvait des adorateurs. Le lendemain, c'était le tour de Marat de devenir Dieu. Puis il y avait des pères abominables, des maris en démence qui obligeaient leurs filles et leurs femmes innocentes et pures, à accepter les honneurs divins et à remplacer, sous les dais de Chaumette, les filles de l'Opéra et les courtisanes des rues. Souvent on voyait ces jeunes femmes, condamnées à la divinité, traverser la ville, le front triste et les larmes aux yeux, et tomber en défaillance sur le seuil des églises où elles allaient prier naguères, et où on les envoyait régner. Une d'elles, pure comme les anges, et comme eux pieuse et belle, se mit au lit en revenant d'une de ces ovations, et ne se releva plus (1); elle mourut de sa divinité.

(1) C'était la fille d'un relieur de la rue du Petit-Pont; elle était à peine âgée de seize ans.

Le lendemain, les fossoyeurs vinrent frapper à cette maison pour apprendre à un père impie, suivant la parole de Chaumette, que sa fille n'était qu'une simple mortelle : la veille, elle était rentrée déesse, le lendemain elle sortit morte.

Vous le voyez par tant d'exemples, le sens moral de cette société s'était perverti. Toute lumière y était éteinte; ses démences et ses corruptions montant comme les flots du déluge, s'augmentaient, d'heure en heure, de quelques vagues nouvelles, et les grands principes, par lesquels vivent les peuples, semblables à ces hautes montagnes dont parle l'Écriture, et qui s'abîmèrent les dernières sous les cataractes du ciel, ces grands principes, eux-mêmes, avaient complètement disparu sous les eaux.

CHAPITRE II.

SOMMAIRE : — Tableau de la littérature révolutionnaire. — La véritable littérature de la révolution était en action. — Mirabeau, Barnave, Vergniaud, Danton, Robespierre. — Pauvreté de la littérature proprement dite. — Les quatrains à Chloris et la terreur. — Le libertinage du sang. — La religion et la royauté insultées. — Néologismes jacobins. — Langue révolutionnaire. — Pièces nationales. — Beaumarchais laissé en arrière par ses successeurs. — Drames de M. Pigault Lebrun. — Anecdote relative à Chénier. — La tragédie d'allusion. — Sans-culottisme de l'antiquité. — La fête de l'égalité. — Le canonnier convalescent. — Les salpêtriers républicains. — Denys à Corinthe. — Feuilleton d'une première représentation au théâtre de la république. — La salle et la scène. — Le jugement dernier des rois, par M. Silvain Mareschal. — La loge de Robespierre. — Anecdote relative à Talma. — La mort de Marat déplorée dans des drames et dans des dithyrambes. — Marat comparé à Dieu. — Marat au 10 août. — Les Catilina modernes. — Etat déplorable de la littérature. — Le sens littéraire semble éteint en France.

Il y a une phrase aussi vieille que juste, qui a le mérite rare d'être devenue un lieu commun sans cesser d'être une vérité : « Chaque société se réfléchit dans sa littérature comme dans un miroir. » Vous venez de voir la société révolutionnaire face à face, avec ses démences, ses horreurs, ses crimes; il faut maintenant montrer sa figure réfléchie dans son miroir naturel, c'est-à-dire dans sa littérature.

Elle fut misérable et honteuse cette littérature révolutionnaire ; cela se conçoit, les grands poètes du temps, c'étaient Mirabeau, Barnave, Vergniaud, enfin Danton et Robespierre, terribles poètes ! L'échafaud faisait tort au drame. A côté de ces formidables séances de la Convention, où l'on jouait tête sur table, qu'on nous passe ce terme, l'intérêt de tous les livres pâlissait. Où trouver des émotions pareilles à celles du procès de Louis XVI? Où rencontrer un nœud d'intrigue aussi captivant que la lutte de Mirabeau et de la Montagne, de Barnave, de la Gironde, de Robespierre et de Vergniaud, puis de Robespierre et de Danton qui, les bras tendus, au moment de monter à l'échafaud s'écriait de cette voix formidable, qu'il avait demandé la mise hors la loi de quarante départemens et jeté la guerre à l'Europe : « J'entraîne Robespierre ! Robespierre me suit ! » On peut dire que, pendant cette époque, Mirabeau fit la tragédie, Robespierre et Danton le drame, Marat la parodie, sanglante parodie que Charlotte Corday termina d'un coup de poignard.

Que la littérature proprement dite fut misérable et honteuse; il suffit, pour s'en convaincre, de jeter les yeux sur les écrits du temps. C'était au milieu d'un concert de stances à Chloris, et de quatrains à Chloé, qu'on avait préparé l'établissement de la République. Chez une nation où l'on voulait tout régénérer, et où l'austérité spartiate eût dû servir de base à la nouvelle forme sociale, on applaudissait, avec transport, à des maximes lubriques et à des poésies molles et efféminées. En présence même de l'échafaud du 21 janvier, l'auteur des *Lettres à Emilie* n'avait-il pas débité, avec succès, ses fadeurs ordinaires aux femmes, et sa muse coquette n'avait-elle point été vue marchant, un bouquet de fleurs à la main, au-devant de la terreur? Nouveau trait de ressemblance entre la corruption philosophique et la corruption païenne, qui mêlait des vers à Cynthie et à Lesbie aux massacres des gladiateurs, et réchauffait, dans le sang, ses passions usées de débauches et ses voluptés émoussées.

A mesure que la Révolution avait fait des progrès, l'ignoble bonnet rouge s'était agrandi jusqu'à couvrir la littérature tout entière, aussi bien que la société. C'est ainsi que, pendant la période révolutionnaire, on avait vu presque tous les écrivains insulter les idées religieuses et monarchiques; luttant, avec un courage tout poétique, contre des souvenirs, et présentant bataille à des dangers qui n'existaient plus; cela s'étendit si loin, que M. Vigée, ce poète des ruelles, adressa des fadeurs à la Liberté, et qu'on put craindre que, dans la soif d'innovation dont il était saisi, il ne poussât la distraction jusqu'à chanter la Pudeur.

La langue elle-même avait pris un certificat

de civisme, et la République était entrée, avec armes et bagages, dans le dictionnaire de la ci-devant académie, en répandant autour d'elle une odeur de charnier et un parfum d'échafaud. Il y avait, dans ce temps-là, de terribles faiseurs de néologismes, qui épouvantaient M. de La Harpe avec la hardiesse de leurs métaphores, et la France avec leurs crimes. Le mot favori de Vadier était : « Le plaisant passage que » le vasistas; ils vont éternuer dans le sac. » Amar répétait souvent : « Il y aura demain » grande décoration en place de Grève. » Vouland s'écriait avec joie : « Tête grippée, tête ra» sée ; » ce à quoi Lebas, son collègue, répondait aussitôt : « Renvoyons, renvoyons à la pis» cine des carmagnoles. » Vous le voyez, les bas lieux de la société, en faisant refluer leurs fanges vers les régions gouvernementales, y introduisaient aussi leur idiome : l'argot entrait par droit de conquête dans la langue, depuis que les bagnes étaient au pouvoir.

Quelques uns, parmi les régulateurs du langage, recherchaient la légèreté et affectaient les graces de l'ironie. Dumas disait, en dînant chez le restaurateur Miot, rue des Bons-Enfans : « Ce serait plaisant de le faire monter à la guil- » lotine à l'improviste; ce serait, pour le coup, » la fricassée du fricasseur. » D'autres, moins enjoués, ne se plaisaient qu'aux grandes figures et au beau style. Un de ces derniers s'écriait : « Que » le sang descendu des échafauds forme une » nouvelle Mer Rouge, sur laquelle nous puis- » sions mettre à la voile pour conquérir la li- » berté. » Un autre, affectant une simplicité plus laconique, formulait la même idée dans cet aphorisme : « La Liberté a besoin pour se repo- » ser d'un matelas de cadavres. »

Tout suivait cette impulsion. Ce n'étaient plus des tragédies qu'on représentait, c'étaient des sans-culotides en cinq actes et en vers. Dans les églises, il y avait un Missel de la déesse Raison et de la déesse Liberté ; M. Chénier était l'auteur de cette liturgie. Chaumette, on l'a vu, était le grand-prêtre de la déesse Raison, et les Jacobins lui chantaient des hymnes ; mais on peut dire que jamais divinité ne fut plus ingrate envers ses adorateurs.

Quant au théâtre, on continuait le système inventé par Voltaire, étendu et perfectionné par Chénier. La tragédie d'allusion poursuivait sa carrière. Dans la peinture des temps anciens, c'étaient toujours les circonstances actuelles qu'on avait en vue, de sorte que le poète tournait le dos au passé qu'il peignait ; ce qui explique pourquoi les portraits ne brillaient point par leur ressemblance. Les auteurs dramatiques mettaient tous à l'envi l'histoire de Rome et d'Athènes aux pieds de la République une et indivisible, tenant à prouver, pour nous servir du langage contemporain, le sans-culotisme de l'antiquité. Ils ne renonçaient point cependant à retracer des époques plus récentes, et les pièces nationales sont demeurées comme le monument le plus exact et le plus complet des mœurs et des idées de ce temps.

Certes, les littérateurs qui avaient précédé

immédiatement la crise révolutionnaire, n'avaient été remarquables ni par le puritanisme de leurs idées, ni par la chasteté de leur style. Dans les premières années de la révolution, Beaumarchais avait terminé sa Trilogie, et fermé, par *la Mère coupable*, la carrière ouverte par *le Barbier* et continuée par *Figaro*. Cette *Mère coupable* était arrivée comme la morale qui vient après, long-temps après la fable, morale à la Beaumarchais, s'il en fût. Mais, auprès des pièces nationales, la hardiesse de Beaumarchais paraissait timide, la licence de son dialogue ressemblait à de la pudeur. Peu de soirées se passaient sans qu'on traduisît, sur un des nombreux théâtres de Paris, quelques uns des membres des corps religieux. C'était *le Mariage d'un Capucin* offert à l'édification des fidèles; c'étaient *les Bénédictins et les Dragons*, pièce par laquelle M. Pigault-Lebrun préludait à cette longue suite de romans, dans lesquels il a lutté corps à corps avec la morale, sans lui céder un pouce de terrain. Dans un style plus soutenu, dans un cadre moins grotesque, le même esprit enfantait le *Fénélon* de Chénier, dans lequel on trouve une preuve frappante de l'esprit d'intolérance qui animait la littérature. L'anecdote qui fournit le sujet de cette pièce est connue de tout le monde : il s'agit d'une religieuse qui, enfermée dans un cachot pendant plusieurs années, par les ordres de la supérieure, trouve aide et protection auprès de Fléchier qui faisait sa visite pastorale aux recluses. Cette belle action, Chénier ne pouvait la laisser à son auteur, chez lequel il n'y avait pas même apparence de civisme et de philosophie. Fénélon avait composé le *Télémaque*, où la malignité avait cru lire la satire du siècle de Louis XIV ; dès lors Fénélon était le héros obligé à qui revenait de droit toute action louable faite par un membre du clergé. On voulait bien oublier ses vertus chrétiennes, si admirables, et son caractère d'évêque, en considération des belles harangues de Mentor sur les folies d'Idoménée ; car, aux yeux de Chénier, habitué à mettre et à voir partout des allusions, Idoménée était sans contredit Louis XIV, comme Mentor était le duc de Montausier, et Calypso madame de Montespan.

Une analyse des ouvrages de ce temps entraînerait à de fastidieuses redites; il suffit de constater par quelques exemples le mouvement imprimé à la littérature, dans l'époque qui précéda celle où le *Journal des Débats* parut. Depuis l'opéra jusqu'à la tragédie, depuis le poème épique jusqu'à l'épigramme, tout était fait dans le but de rendre les vérités de la religion et les principes de la société odieux et abominables. En vaudeville, *la Fête de l'Egalité, les Chouans de Vitré, le Canonnier convalescent, les Salpêtriers républicains*; en tragédie, *l'Expulsion des Tarquins, ou la Royauté abolie, les Contre-révolutionnaires jugés par eux-mêmes*, et une foule d'autres pièces dont les titres sont pour le moins aussi sonores, et que l'oubli a confondues sous le nom générique de pièces nationales, sortent, au premier appel, de la poussière de cette littérature de catacombes.

Il est difficile de se faire une idée de la familiarité toute républicaine à laquelle était arrivé le théâtre. Dans l'opéra de *Denys à Corinthe*, par exemple, on voyait le tyran s'enivrer avec un savetier, et, pour compléter le tableau, ses écoliers jouaient sur son dos au cheval fondu, en sortant de classe. Tandis qu'on livrait, sur le théâtre, les crimes de Denys à ce savetier corinthien, il y avait, dans la prison du Temple, un enfant royal dont on avait livré l'innocence aux injures d'un autre savetier dont le nom surnagera dans l'histoire, comme ces ordures qu'on aperçoit souvent à la surface des fleuves ; en ce temps-là, Simon et son impure compagne avaient été préposés à l'assassinat du Roi de France, et ce coin de rue s'évertuait à éclabousser ce qui restait du trône.

Tous les détails qu'on vient de lire, ne donnent qu'une idée encore imparfaite de la situation de la littérature pendant la période qui précéda celle où le *Journal des Débats* se plaça à la tête de la réaction des idées. Pour achever ce tableau, il faut entrer plus avant dans le sujet qui jusqu'ici n'a été esquissé que de profil; il faut frapper à la porte d'un de ces nombreux théâtres, maisons du plaisir demeurées ouvertes au milieu de tant de douleurs privées et de catastrophes publiques. Parmi les pièces destinées à cultiver les bons sentimens, comme parlaient les journaux contemporains, nous en avons donc choisi une à laquelle nous ferons assister nos lecteurs.

Affermissez-vous d'abord, oubliez vos habitudes de salon, vos goûts d'élégance et de luxe; passez au camphre la délicatesse de vos sens et tâchez de tremper dans le bronze votre esprit et votre cœur, nous allons entrer au Théâtre de la République. Si vos oreilles trouvent les maximes des personnages étranges, leurs manières brutales, leur langage d'une simplicité inusitée; si les loges ne vous étonnent pas moins que la scène, nous sommes, il faudra vous le rappeler, dans l'an II de la République une et indivisible, c'est-à-dire dans les meilleurs temps de la révolution.

Jetez les yeux sur la salle : il ne sera besoin de faire de grands efforts de mémoire pour retenir les différens costumes sous lesquels se montre ici l'élégance révolutionnaire ; vous le voyez, partout la carmagnole aux couleurs sombres, espèce de sac dans lequel le corps est comme jeté au hasard ; sur la tête de tous les spectateurs, la même coiffure, le bonnet rouge. C'étaient autrefois MM. de Fronsac et de Grammont qui donnaient le ton, dans le royaume, de l'élégance et du goût ; aujourd'hui c'est Marat. On a souvent comparé un parterre de théâtre à une mer aux flots agités ; ce parterre, où toute tête est couverte d'un bonnet rouge, ne ressemble pas mal à une mer de sang ; si cette uniformité s'interrompt dans quelques coins du théâtre, et si vous apercevez là-bas quelques hommes vêtus de carmagnoles, comme le reste, mais dont la tête est coiffée d'un large bonnet à poil, c'est signe que M. de Robespierre est des nôtres, car c'est le costume des gardes du corps de ce roi de la Terreur.

Ce devait être une étrange chose que d'entendre une pièce de théâtre dans la compagnie de Robespierre, et tandis qu'on suivait des yeux le drame sur la scène, de sentir cet autre drame vivant et sanglant assis derrière soi ! D'un côté, le mensonge et l'homicide, de fausses passions, de fausses douleurs, de fausses haines, de faux coups de poignard; de l'autre, la vérité de la passion, de la haine et du meurtre. Ici, des gens qui s'épuisent en gestes et en paroles, pour vous arracher une émotion factice ; là, un homme qui n'a qu'à se lever pour vous faire frémir. Devant vous, des histrions qui vous craignent, pendant qu'ils jouent la puissance et qu'ils parodient la force; derrière, un homme qui, d'un mot, mettrait toute cette assemblée à la porte de la salle ; que dis-je d'un mot? d'un regard. S'il jette un coup d'œil sur une loge, tous ceux qu'elle contient pâlissent et tremblent : « Il nous a regardés, » mon Dieu ! quelle bonne action avons-nous » commise ce matin? quelle lâcheté avons-nous » éludée? quel crime?.. c'est un suspect qui s'est

» assis à notre foyer...... c'est ce vieillard, c'est
» cette jeune fille... c'est ce prisonnier évadé des
» cachots que nous n'y avons pas reconduit....
» A-t-il deviné que nous lui avons volé une tête...
» sait-il que nous avons fait tort à l'échafaud d'une
» victime?... Sans doute il aura lu dans nos yeux
» que nous cachons chez nous un pauvre prêtre :
» c'en est fait de nous, mon Dieu! » C'est ainsi
qu'ils s'accusent de leurs bonnes actions et qu'ils
se repentent presque de leurs vertus, sous le regard sinistre de Robespierre; car il y avait, dans
ce temps-là, une immoralité honteuse, infâme,
l'immoralité de la peur. Si le terrible regard se
tourne encore une fois vers le même côté, les
mères pressent avec épouvante leurs enfans sur
leur sein, et de larges gouttes de sueur tombent
du front des hommes. Qu'il les regarde une
troisième fois, ils sont morts, oui, ils mourront
de ce regard, sans que le bourreau soit obligé de
leur frapper sur l'épaule et de leur dire : « L'écha-
» faud est prêt, allons ! » ils mourront, car il y a,
voyez-vous, un poison qui tue dans le regard

de Robespierre. Certes, vous êtes ce soir un souverain débonnaire, Maximilien. C'est générosité à vous que de permettre aux yeux de ces mille spectateurs de suivre, sur ce pauvre théâtre de carton et de peinture, ce mensonge de drame; car on verrait sur tous les visages et dans toutes les âmes, non pas cette terreur scénique qui effleure les esprits et reste à la surface des cœurs, mais cette terreur poignante qui serre les entrailles et les broie comme dans des tenailles de fer, si, venant tout à coup à vous lever, dans la majesté de vos crimes, debout dans votre loge comme un tigre dans sa cage entr'ouverte, vous leur criez, Maximilien, à ces pâles spectateurs:
« Le dos au théâtre, à moi les regards, car le » drame, ici, c'est moi! »

Le voici qui vient ce drame honoré de la présence de Robespierre, drame héroï-comique, sans-culottide mi-sérieuse, mi-bouffonne, comme vous allez voir. Les airs chers à la République ont retenti au milieu des acclamations : *Ça ira*, *la Marseillaise*, *la Carmagnole*, ouvertures de la place de Grève, symphonies de la lanterne, mélodies de l'échafaud. Le rideau se lève, la pièce va commencer.

Toute pièce a un titre et un sujet; M. Sylvain Maréchal, l'auteur de celle qui commence sous vos yeux, a peut-être été un peu ambitieux dans le choix de son sujet et de son titre. Il a fait une prophétie en un acte, et il l'a intitulée *le Jugement dernier des Rois*. D'abord, et avant tout, on applaudit le titre. *Le Jugement dernier des Rois!* quel admirable titre, citoyens, dans un temps où tous les rois sont des tyrans, et où les tyrans se nomment Louis XVI !

Un des accessoires les plus importans au théâtre, ce sont les décors, et tel auteur connu croit sa pièce aux trois quarts achevée, quand il a mis deux arbres à la porte d'une cabane, et une montagne en papier blanc dans le lointain, ou bien quand il a écrit cette phrase d'une singulière célébrité: *La toile se lève et la scène représente un troupeau de moutons.* M. Sylvain Maréchal a senti comme un autre toute l'importance du matériel de l'art dramatique. Au moment où le rideau se lève, admirez et applaudissez! *Le théâtre représente l'intérieur d'une île à moitié volcanisée.* Dans l'arrière-scène, une montagne qui jette des flammèches ; sur un des côtés de l'avant-scène, une cabane, quelques arbres, un grand rocher blanc, sur lequel on lit cette inscription tracée avec du charbon.

Il vaut mieux avoir pour voisin
Un volcan qu'un Roi.
Liberté. . . . . Egalité.

Ici des applaudissemens unanimes retentissent pour récompenser le patriotisme si pur de cette île volcanisée, qui a de grands rochers blancs sur lesquels on lit ces belles devises, qui feraient honneur à la section des Piques ou à celle de Marat.

Mais voici un personnage : c'est un vieillard malheureux ; il compte sur ses doigts jusqu'à vingt. Je n'ai pas besoin de vous dire que ce vieillard est nécessairement une victime de l'arbitraire, que c'est le Robinson Crusoé du despotisme, et qu'il compte sur ses doigts les vingt années de son exil dans cette île abandonnée. Etant dans une île déserte, il faut naturellement qu'il récite un monologue, pendant lequel le Soleil se lève, ce qui est aussi fort naturel :

« Là bas, dans ma pauvre patrie, s'écrie le
» vieillard, on me croit brûlé par le volcan, ou
» déchiré sous la dent des bêtes féroces, ou man-
» gé par des anthropophages ; le volcan, les ani-
» maux carnassiers, les sauvages ont respecté la
» victime d'un roi. »

Citoyens, quel homme admirable que ce sansculotte Sylvain ! Quel sublime développement de l'inscription tracée en charbon sur le grand rocher blanc ! Quel heureuse comparaison que celle qui met la royauté sur la même ligne que l'Etna et le Vésuve ! Applaudissez encore, applaudissez toujours !... mais silence ! le vieillard parle !... que va dire le vieillard ?

« Mes bons amis les sauvages tardent bien à
» venir, reprend le vieillard ; cependant le Soleil

» est levé. *(Ici on lève la rampe.)* Mais qu'est-ce?
» J'aperçois des blancs, des Européens! Sans
» doute le tyran est mort, et son successeur,
» pour se populariser, aura fait grâce à quelques
» victimes innocentes? Mais non, je ne veux pas
» de la clémence du despote! »

Cette heureuse alliance de mots, qui met la clémence en société avec le despotisme, accroît l'enthousiasme, et après ces belles paroles il ne reste plus au vieillard qu'à se cacher derrière son rocher blanc, pour laisser aux arrivans la faculté de présenter l'exposition : c'est aussi ce qu'il fait.

Au commencement de la scène, douze ou quinze sans-culottes (l'auteur laisse le nombre au choix du directeur) débarquent dans l'île. Ils annoncent sans façon qu'ils cherchent un volcan pour y mettre tous les rois de l'Europe, parce que, comme le dit avec une mâle simplicité d'expression le sans-culotte espagnol, les rois ont *embêté* les peuples. Cependant les sans-culottes découvrent l'inscription du rocher; ils soupçonnent que ce n'est pas la nature qui est l'auteur de la belle comparaison entre les rois et les volcans. « Cette île semble habitée, » dit l'un d'eux. Aussitôt le vieillard paraît.

Bon vieillard ! vénérable vieillard ! s'écrient à la fois tous les sans-culottes. Puis on lui fait raconter son histoire qui, comme on peut le penser, n'est pas à l'avantage des rois et des aristocrates. Vient ensuite la relation de la grande révolution, et comme l'exilé ne peut croire à tant de merveilles, il les interrompt pour s'écrier : *Est-il bien vrai ? serait-il possible ? vous jouez-vous d'un pauvre vieillard ?*

« De vrais sans-culottes honorent la vieillesse et ne s'en amusent point ! » reprend avec une indignation toute spartiate le député du faubourg Antoine.

L'histoire des événemens de la révolution continue, et lorsqu'on annonce au vieillard que, parmi les rois qu'on amène dans l'île, un seul manque (c'est Louis XVI), il se fait expliquer la cause funèbre de son absence, et s'écrie, avec une sensibilité toute révolutionnaire : « Ah mes » amis, mes frères, mes enfans, je suis dans un » ravissement !.... »

— « Et vous, citoyennes, ne partagez-vous pas le ravissement du vieillard?

— Sans aucun doute je le partage! C'est moi qui, le dernier décadi, étais déesse de la liberté, dans le ci-devant Saint-Roch.

— Quant à moi, il ne faut pas me demander si j'applaudis de bon cœur, j'ai obtenu le prix des filles-mères.

— Et moi donc qui ai l'honneur d'être tricoteuse de l'incorruptible Robespierre!

— Pour parler de sa sensibilité, citoyennes, il faut avoir comme moi mangé le cœur de la princesse de Lamballe, ou porté sa tête, comme le vertueux citoyen Desnos que j'aperçois dans la stalle en face. »

Que dites-vous de ces conversations? Nous sommes, vous le voyez, entre honnêtes gens dans cette salle. Chacun opine du bonnet sur la pièce, du bonnet rouge, vous entendez bien; on admire, on loue, on s'extasie, on éleverait jusqu'au ciel le citoyen Maréchal, s'il y avait encore un ciel. Mais le vieillard? Que dit le vieillard? Que fait le vieillard?

Le vieillard! son ravissement ne peut qu'augmenter, car on lui raconte, comme arrivés, les renversemens politiques, les catastrophes royales, et les massacres dont M. Sylvain Maréchal faisait d'avance hommage aux nations Européennes, mais que le ciel, moins généreux, n'accorda point à la terre.

« Quelles merveilles! » s'écrie à chaque instant le bon vieillard ; « mais je vous entends » répéter sans cesse le mot sans-culotte, que si- » gnifie cette expression piquante?»

La réponse était assez difficile à faire sérieusement; mais les auteurs de ce temps-là étaient courageux en étymologies : témoin M. Collot-d'Herbois, qui, donnant un démenti à tous les hellénistes présens et futurs, prétendait que le mot *aristocratie* ne signifiait plus le gouvernement exercé par les premiers de l'état, mais bien *la contrainte exercée par des hommes de fer*; traduction pleine de civisme sans doute, mais qui contient un contre-sens si épouvantable, que les verges de l'ancienne Université durent s'agiter d'elles-mêmes dans les murs déserts du Plessis et de Montaigu.

M. Sylvain Maréchal est au moins aussi brave que M. Collot-d'Herbois, il n'hésite pas à entreprendre l'étymologie du sans-culottisme. *Bon fils, bon père, bon époux, bon ami, bon voisin*; enfin toute la réunion des vertus qui ne se rencontrent ordinairement que dans les épitaphes, écrites sous l'inspiration de l'enthousiasme de l'hérédité, voilà ce qui constitue le véritable sans-culotte. On sent que, semblable au grand homme qui disait à l'aspect d'un tableau : « Et moi aussi je suis » peintre ! » le vénérable vieillard s'écrie : « Et » moi aussi je suis sans-culotte ! »

Après toutes ces effusions, les patriotes songent au sujet de leur mission, et demandent à leur hôte si son île est propre à déposer les rois qu'ils amènent, et leur hôte repond affir-

mativement. *D'autant plus*, ajoute-t-il, *que, depuis quelques semaines, le cratère du volcan s'élargit.* Cependant le vieillard respectable est fâché de voir tant d'humanité aux sans-culottes ; il aurait voulu que la justice révolutionnaire n'eût pas eu recours aux volcans comme de puissance à puissance ; il indique des moyens plus prompts. Mais les sans-culottes l'interrompent, et ces apôtres de l'humanité déclarent que : « s'ils n'ont pas employé ces moyens, c'est
» que le supplice eût fini trop tôt. »

Nous sommes à la scène IV. Les sauvages arrivent. « Ils rendaient un culte religieux au vol-
» can, dit le vieillard, mais je les ai invités, sans
» contrarier leur croyance, à partager leurs
» hommages entre le volcan et le soleil. »

Le singulier missionnaire, parti de France, dix-huit siècles après l'ère chrétienne, pour aller prêcher la religion du soleil dans une île, présente les Européens aux sauvages et les sauvages aux Européens, on s'embrasse, on fraternise.

« Quelle belle idée ! citoyens ; car enfin, comme le disait le père Duchesne, dans son dernier numéro, l'humanité est un grand arbre dont les peuples sont les branches, et dont il faut arroser le tronc avec du sang pour qu'il grandisse. Sauvages ou civilisés, nous sommes tous frères, et les sans-culottes et les anthropophages sont de la même famille. Mais la pièce marche, que dis-je, marcher ? elle court. Quel brave homme que ce sans-culotte Sylvain ! Tenez, voilà qu'il nous amène sur le théâtre tous les rois de l'Europe, enchaînés et conduits par des jacobins. A bas les tyrans ! à la lanterne les despotes ! vive la république ! vive la nation ! vive Robespierre ! *la Marseillaise ! la Marseillaise !*.. Non, non, *Ça ira !* non, non, *la Carmagnole !*

  Dansons la Carmagnole,
   Vive le son,
   Vive le son,
  Dansons la Carmagnole,
   Vive le son
   Du canon.

» Quel enthousiasme ! depuis la fête de Marat

on n'avait pas vu de pareils transports. C'est qu'aussi le citoyen Maréchal a un style à lui pour dire les choses. Point de grandes phrases, point de cérémonies. Tenez, vous le voyez, voilà qu'il fait battre les rois ensemble sur le théâtre, comme des jacobins en colère. L'Empereur donne un coup de poing au roi d'Angleterre, qui répond à Sa Majesté Impériale avec le pied. Comme ils se gourment! comme ils se prennent au collet! comme les sceptres se brisent! comme les couronnes tombent! Bravo! les voilà qui joignent aux coups les injures. A la bonne heure, cela s'appelle parler. Ce que j'aime dans le citoyen Maréchal, c'est qu'il met dans la bouche des rois la langue des clubs. A entendre le roi d'Angleterre, on dirait qu'il a lu ce matin le père Duchesne, qui était...... cruellement en colère ce matin; et vraiment, en fermant les yeux, on pourrait croire que ce n'est point le Pape, mais le citoyen Legendre qui tient ces discours pleins d'énergie à l'Empereur. »

Voici venir le dénoûment.

On apporte quelques biscuits aux proscrits, ce qui donne à un sans-culotte l'occasion de leur dire, dans son langage fleuri : « *Bouffez, faquins, voici de la pâture !* » Puis, les sans-culottes, le vieillard et les sauvages se rembarquent ; alors, suivant le programme des décorations, le volcan ou la montagne en papier blanc lance des flammèches, et *les rois et le Pape tombent ensevelis dans les entrailles de la terre.*

Cette fois l'ivresse est au comble, toutes les mains battent, toutes les voix hurlent, tous les bonnets rouges sont en l'air. Ce dénoûment a fait sourire Robespierre lui-même ! Gloire au citoyen Sylvain Maréchal, qui a eu l'honneur de faire sourire le vertueux et l'incorruptible ! Quand Louis XIV souriait, tous les courtisans applaudissaient Molière ; la loge de Louis XIV c'est aujourd'hui celle de Robespierre ; Robespierre a souri, applaudissez le célèbre Sylvain Maréchal ! Aussi tous applaudissent, les puissances du jour, les nouveaux souverains de France, seigneuries déguenillées, principautés en haillons, souverains aux bras rouges, massacreurs de septembre, tricoteuses de la Convention, égorgeurs de l'Abbaye, déesses de la liberté, habitués des drames de l'échafaud, orateurs des comités, dénonciateurs, clubistes, filles-mères, ce public d'élite trépigne de joie, hurle d'admiration, pleure d'enthousiasme. Non, jamais le *Cid*, non jamais *Cinna*, non jamais *Athalie*, non jamais le *Misanthrope*, n'ont excité de pareils transports. Robespierre, le grand Robespierre a ri, quel bonheur pour la France! Le jugeur de Louis XVI a applaudi au dernier jugement des rois, et, comme il convient aux nobles esprits, le roi de la terreur, en rival généreux, a battu des mains devant le volcan.

Vous n'en pouvez plus d'horreur et d'ennui, vous avez le cœur affadi de dégoût, vous demandez de l'air, de la lumière, un air qui ne sente point le sang, une lumière qui vienne du ciel et non cette lumière livide qui semble un reflet des feux de l'enfer. Vous sortez du théâtre de la République, confondus de tant d'absurdités, honteux de tant de sottises, effrayés de tant de cynisme et de tant d'infamies. Eh! bien, ne rentrez plus dans les théâtres de la révolution, car vous retrouveriez partout les mêmes sujets, les mêmes pièces, les mêmes auteurs, le même auditoire, auditoire mi-pique, mi-bonnet rouge, acteur des vraies et sanglantes tragédies de la révolution, venant, entre deux massacres, cuver son vin et son sang en face de ces odieuses pièces. Et ne croyez pas que c'était la lie des acteurs qui versait, à cette lie de la population, la lie de la littérature dramatique. Une circonstance curieuse et qui mérite d'être rappelée, c'est que dans le *Jugement dernier* de M. Sylvain Maréchal, le rôle du roi d'Angleterre fut joué par Talma. Ce qui paraît maintenant incroyable n'était alors qu'au niveau des absurdités et des hontes du reste de la littérature.

C'est ainsi que le nombre des panégyriques qu'inspira la mort de Marat, fut incalculable.

Quand on raconte l'histoire de la révolution, on a toujours l'air de calomnier l'humanité; nous allons donc reproduire les louanges auxquelles nous faisons allusion.

La députation de la section du Panthéon avait dit la première : « Les mânes du Caton français » doivent habiter le temple des grands hommes (1). »

David s'était écrié au milieu des applaudissemens de l'assemblée : « Caton, Aristide, Socrate, Timoléon, Fabricius et Phocion, dont » j'admire la respectable vie, je n'ai pas vécu avec » vous, mais j'ai connu Marat et je l'ai admiré » comme vous. »

Enfin, dans la cérémonie funèbre où l'on exposa, au milieu de l'église des Vieux-Cordeliers, sous un linge trempé de vinaigre pour arrêter les progrès de la putréfaction, ce cadavre qui, au grand regret de David, ne pouvait pas être présenté aux regards sans voile, à cause de

(1) Voir *le Moniteur* du 15 juillet 1793 et des jours suivans.

la lèpre dont il était couvert, comme si l'ame du monstre, transpirant à travers ses chairs hideuses, se fût répandue sur son corps; dans cette cérémonie funèbre, qui eut pour ordonnateur David, on entendit Julian de Carentan, le Pline jacobin de ce Trajan immonde, faire un long parallèle entre Marat et Jésus-Christ !

Un poète s'écriait avec enthousiasme :

Par ses assassins même il fut tant respecté,
Qu'ils n'ont pu l'approcher et consommer leur crime
Qu'en lui parlant d'humanité.

Un autre poète disait, dans une ode composée pour l'inauguration de la statue du martyr de la liberté :

De Marat l'esprit prophétique,
Semblable à la Divinité,
Assurera l'éternité
A l'arbre de la République.

A la même époque, on reproduisait sur la toile cette terrible figure de l'homme auprès de qui Robespierre put être accusé de clémence ; et David, par un triomphe de son art sur la nature, arrivant jusqu'à l'idéal de la laideur, réussissait à élever l'ignominie de Marat jusqu'à la dignité de l'épopée.

Le théâtre disputait à la peinture le droit de célébrer l'idole, car, dans ce moment d'effervescence, la France ressemblait à ces nations sauvages qui prennent, pour le fétiche de la journée, l'objet le plus hideux que rencontrent leurs regards. Dans la tragédie intitulée : *Marat au dix Août*, l'action se passe la veille de cette journée, et voilà le compte qu'un journal du temps rend de cette pièce :

« Marat, enfermé aux Cordeliers, n'a d'au-
» tres inquiétudes que pour le peuple ; il reçoit
» la visite de la femme sensible qu'il a depuis
» épousée. Au second acte, le tocsin sonne, un
» prélat et un marquis viennent débiter mille
» calomnies sur Marat. Cependant le repaire du
» despotisme a été attaqué, le peuple se préci-
» pite dans la cour des Cordeliers, et prenant
» Marat entre ses bras, lui apprend son triom-
» phe en le comblant de bénédictions. »

Il faut l'avouer, la reconnaissance du peuple s'achète quelquefois à bon marché, et on pourrait le comparer à ces prodigues qui refusent de payer leurs dettes pour prêter leur argent à de faux amis.

A côté de cette tragédie en prose, nous trouvons une tragédie en vers : *les Catilina modernes*, c'est à dire les Girondins. Brissot, Péthion, Buzot, sont en scène et discutent avec Marat sur le théâtre, à peu près comme ils discutaient dans l'assemblée. Cependant une femme inconnue se présente, elle demande à parler à Marat. Il quitte son Emilie et suit Charlotte Corday. Quelques instans après des cris se font entendre ; Marat, percé de coups, vient expirer sur la scène, et, pour nous servir du langage d'un aristarque du temps, *un bon citoyen dévoile les complots de Péthion et de toute sa clique ; on va les dénoncer.*

Voilà les inspirations les plus remarquables de la littérature révolutionnaire. Entraînée à chaque instant par la force des circonstances à mettre le panégyrique où il aurait fallu mettre la satire, la littérature, comme la royauté, était descendue de son trône, et, appuyée d'une main sur Lebrun, elle attendait l'avenir. Encore faut-il dire que ce poète porta l'amour de la révolution jusqu'à souiller ses vers d'expressions outrageantes pour un roi, qui devait être respecté même d'un républicain, puisqu'il était entouré de la double inviolabilité de la mort et du malheur. Encore faut-il dire que cette troupe effrénée, qui eut le lâche courage d'aller insulter les morts, et disputer aux vers du cercueil les restes inanimés des antiques générations royales, inspira une ode à Lebrun, moins populaire, dans cette époque néfaste, pour avoir chanté l'héroïque incendie du *Vengeur*, que pour avoir célébré les briseurs de tombeaux et les assassins.

CHAPITRE III.

Au sortir de la crise, Bonaparte se présente pour reconstruire la société. — Un ami des propriétaires du *Journal des Débats* leur conseille de mettre leur feuille à la tête de la réaction sociale. — Tentations et craintes. — Objections tirées du passé. — Puissance du philosophisme. — Anéantissement du christianisme. — Réponses. — Le conseil est adopté et suivi. — Premiers symptômes de la réaction. — Précautions et prudence. — Les eaux du déluge s'abaissent, mais elles s'abaissent lentement. — Le calendrier républicain. — Les anciens et les nouveaux exilés. — La marquise de la Meilleray. — Lettre d'un citoyen de Paris au préfet de police. — Rapprochement.

On venait de sortir des convulsions dont nous achevons le tableau. Le pouvoir politique et l'autorité religieuse avaient disparu de la surface du sol. La société, haletante de sa course à travers les ruines et les échafauds, demandait, après tant de secousses et de souffrances, un peu de tranquillité, et, par cette loi de la nature qui fait naître le remède de l'excès même du mal, elle tendait à l'ordre comme à son pôle, de toute la puissance de sa haine contre l'anarchie, dont les plaies étaient saignantes et les souvenirs récens. La Providence, dans les conseils de sa sagesse, ne permet point que les situations appellent en vain un homme; chaque fois que le moment marqué d'en-haut est venu, on voit se lever un de ces élus des circonstances, exécuteurs passagers des décrets éternels, et dont les vertus et les vices servent également d'instrumens au dessein général qui régit l'univers. Ces grands ouvriers de l'histoire s'emparent alors de l'époque avec une puissance qui ne permet point de méconnaître le caractère et la durée de leur mission. C'est ainsi que le monde vit les Cyrus et les Alexandre dominer leur siècle et tenir des nations entières à leurs pieds; c'est ainsi que César, qui éleva si haut la fortune de l'empire romain, et Attila qui la détruisit, portèrent tous deux, sur leur front, ce signe dont la Providence marque les hommes de son choix.

Celui qui, arrivant après tant de perturbations, devait resserrer dans sa volonté, comme dans un cadre invincible, les élémens de cette société désorganisée, s'appelait Bonaparte. Conquérant sans ancêtres, il avait vieilli son nom avec des victoires: s'enfonçant dans les mystérieuses solitudes de l'Egypte, ce lointain qui lui manquait dans le temps, il était allé le chercher dans l'espace, et il revenait avec les deux conditions de pouvoir que réclamait cette société ; un prestige sur le front et la science de se faire obéir.

Quand le 18 brumaire s'accomplit, Bonaparte eut la société tout entière pour complice. Depuis près de dix ans on se mourait d'anarchie, on voulait vivre d'ordre. On avait traversé toutes les phases de la licence, on appelait un pouvoir qui eût une main de fer, et qui, trouvant en lui-même les élémens de sa force, n'allât point les chercher dans les passions de la rue.

Peu de temps après le jour où, le consulat succédant au directoire, Bonaparte commença son œuvre de reconstruction politique et sociale, le *Journal des Débats* qui avait été fondé dans la seconde moitié de la dernière année du dix-huitième siècle, s'associant à sa mission, entreprit, dans la sphère des idées, le travail que ce puissant génie accomplissait dans la sphère des faits.

Nous l'avons dit, la main de la Révolution avait tout mis à bas, la religion, ce gouvernement des esprits, comme l'autorité politique, ce gouvernement des personnes. Le christianisme, chassé de ses sanctuaires, avait vu disparaître la croix du faîte des églises qui lui étaient consacrées. Son clergé, il était proscrit; les cloches qui appelaient autrefois à la prière, portées aux fonderies nationales, étaient devenues des instrumens de meurtre; descendues sur les champs de bataille, elles donnaient la mort que naguère leur lamentable voix annonçait tristement, entre la terre et le ciel. Que dirons-nous de plus? Sur les ruines du christianisme une restauration du paganisme antique avait été tentée; on l'a vu, et les passions révoltées étaient allées mettre la main sur le cœur des divinités sensuelles de la mythologie grecque et romaine, pour découvrir si, après tant de siècles, ce cœur ne battait pas encore et si l'on ne pourrait pas ressusciter les cadavres de ces déesses et de ses dieux.

Ce fut dans ces circonstances et après ces grands renversemens, qu'une voix amie (1) conseilla aux propriétaires du *Journal des Débats* de se faire les organes d'une réaction chrétienne, et d'imprimer à leur feuille cette couleur religieuse que l'on ne trouvait plus nulle part. D'abord la hardiesse de ce conseil surprit et effraya. Le christianisme avait cessé d'être visible dans cette société ; ne pouvait-on pas croire qu'il s'en était retiré ? Quelles colères n'allait-on pas soulever dans le monde des philosophes si puissant et si terrible, et fier encore de sa récente victoire sur la religion qu'après tant de combats il avait enfin écrasée ? Etait-ce chez un peuple où Robespierre avait pu insolemment

---

(1) M. Mutin.

proclamer l'existence de l'Etre Suprême, et donner, pour ainsi dire, un certificat de vie à l'éternité, chez un peuple devant qui les théophilanthropes jetaient sur les idées religieuses le ridicule de leur liturgie et la dérision de leur pontificat; était-ce chez un pareil peuple qu'on pouvait croire que l'heure d'une réaction chrétienne eût sonné, et qu'un journal, en se faisant l'organe de cette réaction, pût rencontrer des lecteurs?

A ces objections, la voix qui avait donné le hardi conseil trouva des réponses. Elle dit que le christianisme, chassé de la surface du sol, s'était réfugié dans les entrailles de cette terre française, où, pendant quatorze siècles, il s'était acclimaté, et qu'au premier appel on l'en verrait sortir. Elle dit que le clergé français s'était purifié dans son propre sang des souillures qu'il avait pu contracter dans son contact avec le siècle; que les bourreaux étaient toujours du parti du passé, les martyrs toujours du parti de l'avenir. Elle dit que la réaction sociale qui se manifestait, depuis le 18 brumaire, devait tendre à se compléter; que la religion était l'ordre dans les idées, comme un gouvernement régulier l'ordre dans les faits, et qu'ainsi la société française devait infailliblement en revenir au christianisme, parce que le christianisme était une nécessité, comme elle devait en revenir plus tard au gouvernement légitime.

La voix qui parlait ainsi trouva créance, et le *Journal des Débats* entra dans cette carrière, où il devait marcher avec tant de gloire et tant de succès.

C'est avec une curieuse sollicitude qu'en parcourant ces feuilles, aujourd'hui oubliées, et qui sont devenues le tombeau des pensées qui les animèrent jadis, nous avons suivi les premiers linéamens de la reconstruction sociale qui s'opérait, et les premiers vestiges de cette marche, d'abord timide et pleine de circonspection, puis ensuite plus rapide et plus hardie, par laquelle un journal sut se placer à la tête des idées d'une époque qui retournait à cette religion dont on semblait séparé par des abîmes. Nous avons éprouvé, à la lecture de ces documens, peut-être trop négligés, quelques-unes des émotions qu'éprouvèrent sans doute les membres de cette famille providentielle épargnée seule au temps du déluge, lorsqu'elle vit reparaître peu à peu les montagnes et les promontoires, et que la terre, toute meurtrie de sa lutte avec l'Océan, souleva cet immense linceul sous lequel les cataractes du ciel l'avaient ensevelie. Et nous aussi, nous avons vu d'abord les oiseaux du ciel rapporter quelque brin de verdure qui annonce que le bouleversement touche à son terme. Puis les symptômes deviennent plus marqués et plus sûrs. Les grandes bases sur lesquelles le déluge révolutionnaire avait répandu ses eaux, commencent à se montrer. Les rayons du soleil qui brillaient à demi derrière un nuage, pâles et incertains comme l'espérance, prennent peu à peu plus de force et jettent une clarté plus vive et une chaleur plus puissante.

Toutes les formes de la révolution subsistent encore ; mais le travail de la reconstruction sociale se fait sentir sous les ruines. Le vocabulaire jacobin est debout. Cette terrible démence des dernières années du dix-huitième siècle a laissé, en se retirant, ses écriteaux sur toutes les avenues de la société. Vous ouvrez le *Journal des Débats*, à cette époque, et vous apprenez que « le temps plus doux a favorisé l'illumina» tion du palais et du jardin du gouvernement, » que le vent et la pluie avaient empêchée déca» di. » Quelques numéros plus loin, on vous annoncera que « la grande parade du quintidi a » eu lieu, et que les consuls Cambacérès et Le» brun doivent se rendre à la Malmaison pour » travailler avec le premier consul. » La semaine chrétienne est toujours proscrite, le dimanche n'a point encore reparu, seulement vous devinez, sous le vocabulaire de la république, l'étiquette de la monarchie qui revient.

D'autres fois, ce sont d'étranges ordonnances qui semblent faites pour l'enfance grossière des sociétés sauvages, tant les scandales auxquels elles sont destinées à imposer un terme, mettent la rougeur sur le front des sociétés civilisées. C'est ainsi qu'on lit dans le *Journal des Débats*, que « le ministre de l'intérieur a pré» venu par une circulaire les préfets des départe» mens, qu'à dater du 1er germinal, le gouver» nement n'accorderait plus d'indemnités aux » filles-mères. » Le journal ajoute : « Le meil» leur moyen d'encourager la population, c'est » de respecter les mœurs. » C'était une amélioration morale, à cette époque, que de ne point donner une prime à l'incontinence, et de ne pas récompenser, hors du mariage, ces maternités effrontées qui venaient déposer leur honte, comme une offrande méritoire, sur l'autel de la patrie.

Quelques pages plus loin, vous trouvez ces lignes qui vous remplissent de tristesse, car elles semblent écrites d'hier, et les malheurs qu'elles vous racontent, les exils qu'elles vous redisent, vous rappellent des malheurs plus récens et de

nouveaux exils : « Le voyage du comte de Lille
» a failli devenir funeste à la fin de sa course. La
» Vistule débordée formait plusieurs bras qu'il a
» fallu traverser. En passant le second, la voiture
» s'est fracassée ; on a dû bivouaquer deux jours
» en plein air pendant qu'on réparait ces avaries.
» Dans la secousse, la ci-devant duchesse d'An-
» goulême (marquise de Meilleray) a brisé une
» glace de la voiture avec sa tête. » Hélas! trente-
sept ans se sont écoulés depuis cette époque,
et la marquise de la Meilleray, toujours grande,
mais toujours malheureuse, est allée retrouver
dans une terre lointaine ses mélancoliques destinées!

Les révolutions se suivent et se ressemblent,
et ce n'est point la seule analogie que nous
ayons trouvée entre cette époque et la nôtre, en
parcourant ces annales quotidiennes, espèce
d'ossuaire intellectuel d'un temps qui n'est plus.
Voici la lettre qu'écrivait, l'an IX de la république française au mois de floréal, un citoyen
de Paris au préfet de police, au sujet de l'ins-

cription qu'on lisait sur la Sorbonne : *Le peuple Français reconnaît l'Etre suprême et l'immortalité de l'âme.*

« Les mânes des Bossuet, des Arnauld et des
» Fénélon poursuivent indignées les ombres exé-
» crables des auteurs impies de ce monument
» de honte et d'opprobre si injurieux pour la
» nation française, et qui le serait même pour
» les peuples les plus barbares de la terre. Il
» n'est propre, citoyen préfet, qu'à rappeler un
» temps de deuil où s'était presqu'éteint le
» flambeau du génie. Un tyran farouche assis
» sur les ruines de la France, osa écrire cette
» inscription insolente de sa main sacrilége.
» Que la main d'un magistrat vertueux enlève
» cette tache nationale qui ne peut exister que
» comme une injure faite aux mœurs publiques.
» La Sorbonne n'est point le seul édifice où
» cette injure n'ait point disparu, elle est restée
» sur le frontispice des églises du Roule, de
» Saint-Joseph et de Popincourt. » En reproduisant cette lettre, le *Journal des Débats* ajoute

que le préfet de police l'a lue avec un vif intérêt.

Si le correspondant du préfet de police du consulat existait encore, il pourrait encore écrire, en montrant le fronton qui déifiant les cadavres des hommes proclamés grands par la voix des passions humaines, et dont le pompeux néant pourrit sous les voûtes d'un temple, leur consacre l'église de Sainte-Geneviève qui appartenait à Dieu ; si le correspondant du préfet de police du consulat existait encore, il pourrait encore écrire, en l'an de grâce 1837, ce qu'il écrivait, le premier décadi du mois de floréal, l'an IX de la république française.

« Citoyen préfet, les mânes des Bossuet, des
» Arnauld, des Fénélon, s'indignent au fond de
» leur sépulcre, en lisant ces inscriptions impies,
» monument injurieux pour la nation française,
» et qui le seraient même pour les peuples les
» plus barbares de la terre. Elles ne sont pro-
» pres qu'à rappeler des jours de deuil où s'é-
» tait presque éteint le flambeau du génie : une

» multitude farouche, assise sur des ruines, osa
» écrire ces blasphêmes ; que la main d'un ma-
» gistrat vertueux enlève cette tache nationale,
» qui ne peut subsister que comme une injure
» faite aux mœurs publiques. Saint-Germain-
» l'Auxerrois n'est point le seul édifice qui en ait
» été souillé, elle est restée écrite sur le frontis-
» pice de Sainte-Geneviève et sur les ruines de
» l'Archevêché. »

Pour que la similitude soit parfaite que manque-t-il à notre époque ? Un *Journal des Débats*, qui accueille cette réclamation au lieu de la combattre, comme il l'a fait dernièrement en saluant l'image de Voltaire usurpant le fronton de Sainte-Geneviève; un citoyen préfet qui, sûr de l'approbation du citoyen premier consul, lise avec intérêt cette lettre, où l'on réclame l'abolition des outrages que les passions humaines ont gravés, dans un jour de folie, sur le front des églises, sanctuaires périssables où s'asseoit un moment l'éternelle majesté de Dieu.

CHAPITRE IV.

SOMMAIRE : — La réaction du *Journal des Débats* est toute littéraire ; il conduit en littérature, il suit en politique. — Le feuilleton du *Journal des Débats*. — Geoffroy. — Sa collaboration à l'*Année littéraire*. — Il n'a point été l'élève, mais l'héritier de Fréron. — Son double caractère d'érudit et de journaliste. — Geoffroy travaille à l'*Ami du Roi*. — Sa fuite pendant la terreur. — Il se fait maître d'école. — Retraite de plusieurs années. — Effets de cette retraite sur le talent de Geoffroy. — Son retour à Paris. — Il entre au *Journal des Débats*. — Avènement de Geoffroy au feuilleton. — Influence de ses feuilletons. — Appréciation du talent de Geoffroy. — Ce que la situation fit pour lui et ce qu'il fit pour la situation. — Explication de la haine de Geoffroy contre Voltaire. — M. de Feletz. — Caractère de son talent. — Ses opinions royalistes. — M. Bertin et M. Bertin de Vaux. — Il y a, dès les premiers temps, au *Journal des Débats*, un côté droit et un centre.

Ce ne fut point par la politique proprement dite que le *Journal des Débats* entra dans ce mouvement religieux et gouvernemental dont nous avons parlé, et qui fit la fortune de la feuille assez bien inspirée pour s'être rendue l'organe du retour des doctrines sociales. Il y avait même une bigarrure curieuse entre la partie consacrée aux affaires publiques, aux événemens, et celle qui était spécialement réservée aux théories philosophiques et littéraires. Partout où il s'agissait du mouvement des faits, le *Journal des Débats* suivait; mais il conduisait quand il s'agissait du mouvement des idées. Peut-être devait-il, à cette prudente combinaison, la sécurité avec laquelle il pouvait s'avancer dans les voies d'une restauration morale, appelée par tous les intérêts, mais qui rencontrait encore des obstacles dans les passions émues.

Pour expliquer la haute influence intellectuelle que le *Journal des Débats* prit à cette époque, nous nous trouvons amenés à parler de l'homme qui eut tant de part à cette influence, et qui imprima à la feuille à laquelle il consacra sa plume, cette impulsion puissante qui fit son succès, et l'entoura de cette renommée sur laquelle le *Journal des Débats* vit encore aujourd'hui.

Parmi les écrivains qui, à une époque un peu plus reculée, participaient à la rédaction de l'*Année littéraire*, il y en avait un qui, sans être, comme on l'a répété souvent, l'élève de Fréron, était son analogue en talent, et se montra au journal, où il entra après sa mort, l'héritier, non seulement de sa place, mais de son esprit. Il avait puisé dans les doctrines de cet homme honoré de la haine de Voltaire, qui, pour se venger de ses critiques, descendit à des calomnies en cinq actes, indignes d'un grand écrivain, et à des épigrammes d'une crudité tellement cynique qu'à peine pouvons-nous y faire allusion; il avait puisé, dans les doctrines de cet homme célèbre, une antipathie profonde pour les principes du philosophisme, le goût de la saine littérature, et ce style piquant et vif, où le sens s'aiguise en épigrammes pour entrer plus profondément dans l'intelligence du lecteur.

En même temps, Geoffroy s'était consacré aux fonctions de l'enseignement, et il y avait apporté une érudition rare, qui s'était accrue encore dans les études dont les travaux journaliers du professorat avaient été pour lui l'occasion.

Régent de rhétorique, toutes les littératures anciennes lui étaient familières. Il en avait approfondi le génie, et tous les grands modèles, haute expression intellectuelle des deux civilisations grecque et latine, étaient présens à sa pensée. Ce fut pendant cette période universitaire de sa vie que Geoffroy compta, parmi ses élèves, Joseph Chénier, et lorsque, plus tard, il rencontra dans la littérature l'écrivain qu'il avait vu sur les bancs, la plume du critique se souvint de la férule du maître, et peut-être l'amour-propre de l'homme fut-il plus sensible que la main de l'enfant.

D'un autre côté, rédacteur de l'*Année littéraire*, Geoffroy avait observé le mouvement des idées de son siècle. Il savait la littérature contemporaine. Les hommes et les livres de l'époque lui étaient connus. Si, par la science, il avait vécu en Italie et en Grèce, à Rome et à Athènes; par la critique, il avait vécu en France et à Paris. S'il était le contemporain d'Homère, d'Eschyle, de Sophocle, d'Euripide, de Démosthènes, comme de Virgile, d'Horace, d'Ovide et de Cicéron, il était aussi le contemporain de l'école du dix-huitième siècle et de ses tristes et derniers représentans.

Il se trouvait donc dans une position admirable pour faire un excellent journaliste, car il réunissait, à un haut degré, deux conditions, dont une au moins manque à presque tous les écrivains de la presse périodique, quand elles ne leur manquent pas toutes deux; c'était à la fois un homme d'érudition et d'actualité, pour nous servir d'une expression à l'ordre du jour; un homme de souvenir et d'à propos.

Pendant les deux premières années de la révolution, Geoffroy coopéra à la rédaction de l'*Ami du Roi*, imprudent, mais honorable anachronisme à la veille de 93. Quand vinrent les mauvais jours de la terreur, quand le Roi porta sa tête sur un échafaud, le journal qui avait été fondé pour ranimer le royalisme, fut violemment supprimé, et ses rédacteurs ne purent échapper à la proscription que par la fuite. Alors Geoffroy se retira dans un village, aux environs de Paris. Là, tout à la fois pour assurer son incognito et pour gagner sa vie, il se fit maître d'école. L'ancien régent de rhétorique, qui avait vu Chénier dans sa classe, montrait à lire à de petits paysans; n'était-ce point un peu Denys à Corinthe?

Denys demeura à Corinthe jusqu'à l'année 1799 : à cette époque, les convulsions qui avaient si long-temps tourmenté la France, s'étant calmées, la génération des proscripteurs ayant à peu près disparu, et le Directoire, cette débauche de boue qui venait après une débauche de sang, cédant la place au consulat, Geoffroy quitta son village et son école, et revint à Paris. Mais que l'on pense à tout ce que cette retraite forcée, au milieu d'événemens si extraordinaires, dut accumuler de réflexions profondes, de méditations graves et sévères dans cet esprit accoutumé à l'étude; à tout ce que ce long silence, commandé par les événemens qui faisaient taire les voix les plus éloquentes, à tout ce que ce long silence dut prêter de force et de verve à cette parole, pendant plusieurs années comprimée! Le journaliste retrouva, plus tard, le trésor de pensées que le maître d'école avait accumulées dans ses heures de solitude et de recueillement. Cette ame qui avait vécu en elle-même de sa propre substance, sans une oreille pour entendre sa plainte, en contenant, dans son intelligence et dans son cœur, cette tempête d'indignation qui s'y élevait lorsqu'elle jetait les yeux sur l'époque, dut se répandre au dehors avec une incroyable puissance, quand il lui fut enfin permis de sortir de cette situation passive où les circonstances l'avaient enchaînée.

L'occasion qui manquait seule à Geoffroy, se présenta bientôt à lui. En 1799, comme on l'a dit plus haut, il était rentré à Paris, et, fidèle à la carrière universitaire, il avait accepté un emploi chez un maître de pension. C'était le moment où le *Journal des Débats* se décidait à prendre la direction du mouvement religieux et social, dont les premiers indices commençaient à se révéler aux esprits attentifs. Comme cela arrive presque toujours, la situation alla chercher l'homme dont elle avait besoin. On offrit à Geoffroy de se charger, dans le *Journal des Débats*, de la partie des spectacles; on venait, sans le savoir, de le nommer roi du feuilleton.

Alors la révolution, ou plutôt la restauration qui fermentait dans toutes les idées, trouvant un organe, se manifesta avec un éclat et une puissance incroyables. On avait donné à Geoffroy, dans le *Journal des Débats*, un département, il en fit un royaume. La littérature ancienne, moderne, l'histoire, la philosophie, la morale, la politique, tout rentra dans le feuilleton. La liberté, qui n'existait plus, à cette époque, pour la presse, dans la partie politique proprement dite, la liberté qui n'existait plus au premier étage du journal, qu'on nous passe ce terme, se réfugia dans le rez-de-chaussée de Geoffroy. De là elle dit tout ce qu'elle voulut dire, tout ce qu'il fallait dire. C'est à cette situation qu'il faut attribuer ce mélange d'idées littéraires et politiques, ce barriolage de genres, qui aurait été un défaut s'il n'avait point été une nécessité. Les feuilletons de Geoffroy ressemblèrent un peu à ces églises du moyen-âge, qui avaient droit d'asile, et où l'on rencontrait tous ceux qui ne pouvaient pas se montrer ailleurs.

Dès que Geoffroy fut monté sur le trône du feuilleton, une guerre sans merci, sans trève, une guerre à mort commença contre tout ce qui se rattachait, de près ou de loin, au philosophisme et à l'esprit révolutionnaire. Cette guerre, il est juste de le reconnaître, l'écrivain la fit avec un esprit et une verve infinis. Il prit toutes les armes, celles de la raison comme celles de la moquerie, et sur ce champ de bataille, où il descendait ordinairement de deux jours l'un, il laissait presque toujours, parmi les morts, quelque renommée usurpée ou quelque erreur accréditée par les philosophes. Mais il faut dire aussi que, si le champion des idées sociales avait la main ferme et l'œil sûr, la situation, où il se trouvait, était admirable.

Il parlait seul, mais il avait derrière lui tout le monde. Le courant des idées le portait, et il s'avançait sur une route qui marchait elle-même. Ses articles étaient des événemens, et il semblait à la société que sa vengeance contre tant d'idées folles, contre tant de théories désastreuses, contre tous les hommes et tous les principes qui l'avaient bouleversée, il lui semblait que sa vengeance était à la fin venue. Plus elle était âpre et dure, plus elle convenait aux esprits irrités. L'auteur de l'*Intérieur des Comités Révolutionnaires*, M. Ducancel, raconte que, lorsque sa pièce fut représentée en 1795, un des prisonniers de la terreur loua une loge à l'année, uniquement pour assister aux cent représentations de ce drame. On le remarquait chaque fois, les yeux ardemment fixés sur les acteurs, la bouche entrouverte, pleurant de joie, battant des mains, s'agitant sur sa banquette et répétant souvent : « Comme je me venge ! » Il y avait quelque chose de cela dans les sentimens qu'on éprouvait en lisant les feuilletons de Geoffroy. C'était une espèce de terreur morale et intellectuelle, par laquelle les honnêtes gens répondaient à la terreur immorale, puis sanglante des jacobins de la pensée qui ouvrirent le dix-huitième siècle, et des jacobins de l'échafaud qui le fermèrent.

En outre, toutes les idées justes, tous les principes sains et raisonnables avaient été effacés d'une manière si complète, qu'on en avait presque perdu jusqu'à la mémoire. Sous cette tyrannie plus dure encore que le despotisme, déploré par Tacite avec cette énergie de style qui lui est propre, le silence était devenu, pour ainsi parler, de l'oubli. Geoffroy semblait donc inventer, quand il ne faisait que se souvenir.

C'était une nouveauté, dans ce temps là, que d'appeler Racine un grand poète, une nouveauté que de croire Boileau un excellent écrivain, une nouveauté que d'admirer, dans Bossuet, la parole humaine élevée à sa plus haute expression. Les vérités les plus incontestables se présentaient avec l'aspect séduisant des paradoxes. Il semblait que Geoffroy vînt de découvrir, dans le passé, le dix-septième siècle, quand il rappelait ses orateurs, ses poètes, ses moralistes, ses philosophes à l'admiration des lecteurs. Le grand règne, en se dressant devant ces yeux habitués aux tristes convulsions de l'époque qui venait de finir, produisait à peu près le même effet que ces villes de marbre qui se lèvent tout-à-coup, dans le désert, avec les magnificences de leur passé, devant le voyageur qui vient de traverser les désolations d'une plaine aride, inculte et nue.

Que l'on songe à tout ce qu'il y avait de neuf dans les grandes doctrines de la religion et de la morale, à une époque où, comme nous l'avons rappelé, le gouvernement prenait des arrêtés pour avertir les filles-mères que l'état n'accorderait plus de récompense à l'impudicité, et que la débauche n'obtiendrait plus de prix de vertu ; à une époque où l'on sortait à peine de ces essais de paganisme qui avaient chassé le Christ de ses temples, pour faire asseoir, sur ses autels, une divinité ramassée, au hasard, dans la boue des vices. Quelle majesté devait avoir la philosophie de Bossuet, de Nicole, de Pascal, de Malebranche, aux yeux des hommes qui se souvenaient d'avoir assisté aux parodies sacriléges de la fête de l'Être-Suprême et aux danses grotesquement impies du procureur Chaumette ! Quelle harmonie les vers de Racine aux oreilles de ceux qui avaient été poursuivis par les cris de mort d'une populace en fureur, et par la prose de M. Sylvain Maréchal ! En rentrant en possession de tant de richesses intellectuelles, on croyait les acquérir pour la première fois. Corneille ne venait-il point d'enfanter son *Cid* et son *Cinna ?* Racine sa *Phèdre* et son *Athalie ?* Combien les hommes de cette génération ne devaient-ils point être frappés par le contraste des deux époques ! Quelle langue, et quelle langue! Quelle philosophie, et quelle philosophie! Quelle morale, et quelle morale! Quelles idées, et quelles idées! Nous avons comparé cette époque à celle qui succéda au déluge, et, en vérité, ce n'est point là une métaphore. Si tout était à faire, tout était à dire. La société était sans culte, sans morale, sans Dieu, sans Roi, sans loi surtout, car les lois s'étaient succédé si nombreuses et si épouvantables, qu'à force d'ordonner le crime, elles avaient perdu le droit de prescrire la vertu.

Toutes ces circonstances devenaient des élémens de succès pour le *Journal des Débats* et pour l'écrivain qui lui avait apporté le secours de son talent. Geoffroy entra dans cette carrière avec une ardeur d'autant plus vive, qu'elle n'était pas exempte de quelques personnalités. Ceux qui lui ont reproché d'avoir été acerbe et violent à l'égard de Voltaire, nous semblent avoir bien mal saisi l'esprit général de cette situation et le caractère particulier des circonstances dans lesquelles écrivait le critique. Il ne s'agissait point d'un assaut à armes courtoises, d'une appréciation littéraire, froide et sans passion : c'était la guerre que Geoffroy faisait à la pointe de sa plume, comme d'autres à la pointe de leur épée. Et puis le rude écrivain s'était souvenu de son prédécesseur Fréron, si cruellement poursuivi par les philosophes. Geoffroy, c'était Fréron rendu à la vie, Fréron ressuscité à la critique et à la vengeance, mais un Fréron revenu à son heure, un Fréron plein d'à propos, qui avait son siècle pour lui au lieu d'avoir à le combattre. Ah! Voltaire, vous apprendrez que les flots et le public sont changeans. Vous payerez cher vos cyniques diffamations et vos honteuses épigrammes. Vous avez été un ennemi sans retenue, vous trouverez un critique sans pitié. Vous avez eu votre journée, Voltaire, et vous en avez abusé d'une manière indigne de votre beau talent; voici venir la journée de Fréron. Rien n'y manquera. Pas une pièce de votre théâtre ne sera épargnée, pas un plan défectueux ne trouvera grâce, pas une tache de votre style n'échappera, pas un vers faible, pas une idée fausse, pas une erreur, pas une immoralité ne restera cachée. Fréron est là avec ses yeux de lynx et ses ongles de vautour : Voltaire n'est point seulement pour lui un objet d'étude, c'est une proie.

C'est ainsi qu'il faut lire Geoffroy, sous peine de ne pas le comprendre. Ce qu'on a pris de sa part pour des agressions, n'étaient que des représailles.

Du moment que l'impulsion donnée au *Journal des Débats* réussissait, sa rédaction devait tout entière prendre la même couleur. Aussi l'on vit l'année suivante, c'est-à-dire en 1801, M. de Féletz venir lui prêter le concours d'un esprit nourri de toutes les idées religieuses, et qui appartenait, par ses croyances aussi bien que par son style plein de pureté et d'élégance, à ce dix-septième siècle dont il professait les doctrines littéraires. M. de Féletz jeta, par la nature de son talent, sur la rédaction habituelle du *Journal des Débats*, une variété qui est partout nécessaire, et qui l'est surtout dans les journaux qui ont besoin de se faire pardonner le plus grand de tous les torts, celui de parler tous les jours. C'était un critique plein de finesse. Moins âpre, moins emporté, moins vigoureux que Geoffroy, il avait cette élégance du monde et cet atticisme de style qui manquaient souvent au rude censeur, qui faisait un peu trop de classe dans le feuilleton. Tout se passait dans ses articles comme dans un salon; et, à la manière dont sa main tenait la plume, on voyait qu'elle n'avait jamais tenu la férule. Malicieux, sans être méchant, sachant critiquer sans amertume, attaquer sans animosité, blâmer sans emportement, il y avait, dans tous ses arrêts littéraires, un parfum de bonne compagnie qui n'abandonnait jamais l'écrivain. Son style jetait un reflet d'aristocratie et d'élégance qui était une nouveauté, à cette époque où la France venait de se débarrasser de la carmagnole et des sales livrées de la république. On sentait, à la première phrase, que l'on avait affaire, comme on disait alors, à un ci-devant.

En effet, M. de Feletz était royaliste de naissance comme de cœur. Il appartenait à une famille dévouée aux Bourbons, et, à travers tant de vicissitudes et de catastrophes, il avait conservé, à cette grande race, des sentimens de respect et de dévouement que rien n'avait pu affaiblir. Différent encore en cela de Geoffroy, qui prodiguait à Bonaparte toutes les formules de louanges et qui faisait fumer, dans chacun de ses feuilletons, un encens adulateur vers le premier consul, M. de Feletz resta fidèle à son premier culte. On pourrait dire que Geoffroy était le centre du *Journal des Débats*, et que M. de Feletz en était le côté droit. Cette définition ne serait point dépourvue de justesse, parce qu'en effet le *Journal des Débats* représentait une société dont une partie songeait uniquement au rétablissement de l'ordre matériel, par un gouvernement, quel qu'il fût, tandis que l'autre partie était convaincue que l'ordre moral, seule garantie de l'ordre matériel, ne pouvait être rétabli que par un retour complet au principe fondamental de la société française.

Cette double nuance se trouvait marquée, non seulement dans la rédaction, mais dans la propriété du *Journal des Débats.* Cette feuille avait eu, pour fondateurs principaux, MM. Bertin frères. L'un d'eux, qui portait plus particulièrement le nom de Bertin, était un agent actif des princes et d'une opinion tellement prononcée, qu'en 1800, c'est-à-dire, moins d'une année après la fondation du journal, il se trouva impliqué dans une conspiration royaliste. Il fut alors, par les ordres du premier consul, emprisonné au Temple, où il resta quelque temps, puis on le relégua à Florence. Mais son frère, M. Bertin de Vaux, suivit une ligne plus prudente et afficha des opinions moins tranchées. En 1801, il fondait une maison de banque; en 1805, il acceptait une place de juge au tribunal de commerce. On eût dit que les deux frères s'étaient partagé les rôles; l'un représentait une opinion politique, l'autre un intérêt de propriété. M. Bertin, c'était la pensée royaliste du journal, M. Bertin de Vaux, c'était le pavillon neutre qui couvrait la marchandise.

On voit que la distinction du juste-milieu et du royalisme ne date pas d'hier, et que des situations analogues se représentent plus d'une fois dans l'histoire.

Nous avons d'abord caractérisé l'époque dans laquelle le *Journal des Débats* se mit à la tête du mouvement des idées qui revenaient aux principes sociaux; nous avons ensuite, dans une rapide biographie, fait connaître ses deux fondateurs, et apprécié les deux hommes qu'il appela à lui pour marcher au but qu'il se proposait d'atteindre; maintenant, que la situation de la société est définie, que le personnel du journal est connu, il nous reste à le suivre dans la carrière où nous lui avons vu faire les premiers pas.

CHAPITRE V.

SOMMAIRE : Marche du *Journal des Débats*. — Louanges excessives prodiguées par Geoffroy au premier Consul. — Était-ce prudence? était-ce enthousiasme? — Théorie du paratonnerre en matière de journalisme. — La partie politique en désaccord avec le feuilleton. — Bonaparte rétablit le catholicisme et rouvre les églises. — Le *Journal des Débats* s'enhardit. — Guerre systématique livrée aux principes de la révolution — Le *Journal des Débats* anti-voltairien. — Retour aux idées et aux coutumes de l'ancienne monarchie. — Le premier Consul à Ivry. — Anecdote. — Napoléon à l'embranchement de deux routes. — Cromwel et Monk. — Le *Journal des Débats* hésitant entre l'idolâtrie du pouvoir de fait et la religion du pouvoir de droit. — Remarquable article de M. De Lalot.

Si la marche du *Journal des Débats*, dans les voies d'une réaction sociale, fut prudente, cette prudence fut surtout sur ses gardes jusqu'à la signature du concordat, qui eut lieu en 1803. Alors la marche du *Journal des Débats* devint plus assurée et plus rapide, et il parla d'une voix plus ferme et plus haute, jusqu'à l'époque où le consulat à vie fît place à l'empire héréditaire. Dans cette circonstance mémorable, la nuance que représentait Geoffroy, l'emporta. Le royalisme matériel, c'est-à-dire celui qui ne demandait que l'ordre public assuré par un pouvoir héréditaire, sans s'occuper des conditions morales, prévalut sur ce royalisme tout à la fois plus logique et plus élevé, qui ne voyait de garantie et de sanction que dans les grands principes du droit politique. C'est cette période que nous nous proposons de retracer maintenant.

Nous avons déjà eu occasion de parler des louanges continuelles que Geoffroy prodiguait au premier consul. Sans doute, nous sommes prêts à reconnaître, avec tout le monde, que les grandes choses que Bonaparte accomplissait à cette époque, étaient de nature à exciter l'admiration. D'ailleurs Geoffroy répétait souvent qu'il avait toujours été monarchiste plus encore que bourbonnien; phrase qui ne fait point honneur au bon sens politique d'un homme qui avait un sens littéraire si profond ; car vouloir la monarchie sans la famille où elle est personnifiée, vouloir l'hérédité sans l'héritier, c'est demander et refuser, c'est construire d'une main et renverser de l'autre. Cependant, malgré les droits de Bonaparte à l'admiration, malgré le matérialisme politique de Geoffroy, nous verrons que l'hyperbole de ses louanges et les redites de ses adulations faisaient partie de cette prudence systématique qui était une des pensées fondamentales du journal. Geoffroy, qui attaquait tant de personnes et tant de choses, mettait ses attaques à l'abri du panégyrique du premier consul. Son enthousiasme pour le tout-puissant Bonaparte, s'élevait, comme un paratonnerre, au-dessus des mille pointes de ses épigrammes aiguës qui attiraient la foudre de tous les côtés de l'horizon. C'était grâce à cette condition que l'écrivain et le journal dont il était rédacteur, pouvaient tout penser et tout dire contre les hommes et les idées de l'école révolutionnaire.

Tantôt, c'est au sujet d'une pièce de théâtre, dont l'auteur avait donné l'avantage aux vieillards sur les jeunes gens, un éloge enthousiaste de la jeunesse, et une censure acerbe de la vieillesse, « qu'il est au moins inconvenant de van-
» ter, lorsque la France doit son repos, son bon-
» heur, sa gloire, à un jeune héros, pacificateur
» de l'Europe, après avoir été son vainqueur. »
Tantôt, ce sont les vaudevilles mis à contribution, et le *Journal des Débats* ouvrant ses colonnes à des pauvretés telles que celles-ci :

>Oui, dans le temple de mémoire
>Seront gravés tous les hauts faits
>De Bonaparte, dont la gloire
>Fut la conquête de la paix.

Encore passons-nous sous silence les innombrables fadeurs sur le *brouillard de brumaire et sur la sérénité qu'il rendit au ciel*; comme aussi ces comptes rendus des modes du jour, futilités élégantes jusques auxquelles descendait la gravité du *Journal des Débats*, pour recommander une gaze qui devait son nom à une victoire du grand homme, ou bien pour avertir que ce qu'il y avait de mieux porté, c'étaient les rubans terre-d'Egypte ; car depuis que Bonaparte avait dit à ses soldats : « Du haut des pyramides trente siè- » cles vous contemplent, » ces néants d'un jour, que le matin voit naître et le soir mourir, allaient emprunter leur nom à la terre des plus vieux néants dont puisse s'enorgueillir l'esprit humain, et ces fragiles vanités, tissées de soie, nous arrivaient du pays des vanités taillées dans le granit.

A travers la double précaution de ces éloges et de l'insertion pure et simple des actes du gouvernement, et même souvent des articles où se développait la politique officielle du *Moniteur*, le *Journal des Débats* s'avançait lentement vers son but, non sans être souvent menacé, comme on le verra plus tard, mais enfin il s'avançait. Le citoyen Fouché écrivait-il une lettre au préfet de la Côte-d'Or, « pour lui recommander l'exécution » des lois qui proscrivaient tout signe extérieur

» du culte, tel que les sonneries de cloche, qua-
» lifiées de coupable contravention, commise
» par les prêtres qui abusaient de la tolérance
» du gouvernement, » le *Journal des Débats* se
gardait bien de critiquer cette circulaire, et il
insérait respectueusement ce document officiel
contre ces prêtres criminels qui invitaient les
Chrétiens à la prière. Mais on trouvait, dans le
même numéro, un brillant article de M. de Fontanes qui, traçant un parallèle entre le clergé
et les philosophes, remarquait que « le sage Su-
» ger, d'Amboise, Richelieu, Mazarin, le cardi-
» nal Fleury, avaient un peu mieux entendu la
» science du gouvernement que le patriote Tur-
» got, Choiseul le voltairien, le vénérable Males-
» herbes et le puritain Necker. »

Le même citoyen Fouché qui s'occupait beaucoup du culte, comme ministre de la police, publiait-il dans le *Moniteur* une seconde circulaire pour ordonner de « livrer tour à tour les
» *temples* » (vous voyez que nous ne sommes pas sortis du paganisme républicain, et que les *égli-*

ses ne sont pas encore revenues), le citoyen Fouché ordonnait-il « de livrer tour à tour la » jouissance des *temples* aux prêtres des diffé- » rentes communions, en ayant soin d'accorder la » préférence aux prêtres constitutionnels, » c'est-à-dire aux intrus, le *Journal des Débats* insérait avec la même docilité ce mandement jacobin et les innombrables circulaires concernant les prêtres insoumis, qui excitaient, au plus haut degré, la sollicitude de l'orthodoxie conventionnelle du citoyen Fouché. Mais aussi, dans le même temps, le *Journal des Débats* flétrissait les ouvrages immoraux, poursuivait les doctrines athées, proclamait la nécessité de revenir à des dogmes plus salutaires et de ramener la philosophie à la religion ; flétrissait sans pitié les mauvaises mœurs et les mauvais livres, ce qui pouvait passer pour une sorte de personnalité sanglante contre le citoyen Fouché, dont la vie était un des plus mauvais livres de ce temps-là.

Ce n'est point tout encore. Le *Journal des Débats* élevait jusqu'au ciel, et défendait contre une nuée de censeurs, le grand monument littéraire que M. de Châteaubriand venait d'élever sur le seuil du dix-neuvième siècle. Il avait adopté le *Génie du Christianisme*, cet ouvrage tout à la fois de circonstance et de durée, d'à propos et d'avenir, à l'aide duquel un puissant esprit avait planté la croix sur le frontispice de cette époque et l'avait consacrée à Dieu. Or, le *Génie du Christianisme* disait un peu plus hardiment les choses que le *Journal des Débats*. Chez lui, le blâme et l'éloge portaient la tête plus haute ; ses sympathies étaient plus franches et ses antipathies plus fières. Louer M. de Châteaubriand, c'était cruellement blâmer M. Fouché; vanter le *Génie du Christianisme*, c'était pousser, autant que la prudence le permettait, au rétablissement public du culte, mémorable événement que M. de Châteaubriand avait moralement accompli, du bout de sa plume puissante, avant que Bonaparte consacrât à le faire descendre dans les faits, par l'autorité qu'il avait acquise par tant de victoires : car Dieu voulut que la plume la plus illustre et l'épée la plus glorieuse de ce siècle se rencontrassent dans cette immortelle restauration.

Bonaparte, qui avait l'intelligence de toutes les grandes choses, comprit enfin que tant que le catholicisme ne serait pas rétabli, l'édifice social qu'il voulait relever de ses ruines, n'offrirait aucune garantie de stabilité et de durée. Arrivé après les destructions de la révolution française, il avait pu voir à nu les fondations de la société, et, en déblayant ces débris, il se convainquit que jusqu'au moment où il aurait reposé en France, cette colonne qui soutient le monde depuis dix-huit siècles, son œuvre chancellerait sur ses bases. Le premier de tous les élémens de reconstruction qui s'offrit à ce grand architecte qui avait une nation à bâtir, ce fut donc le catholicisme. Il l'accepta, parce que c'était la condition indispensable de l'œuvre de réparation qu'il avait entreprise, et que cette réparation était elle-même la condition de sa puissance. Dès lors le concordat fut admis en principe, et, après des négociations actives, il fut bientôt conclu et signé. Bonaparte, en rendant à la société la plus haute et la plus sûre de ses garanties, s'assurait à lui-même la puissance que la société ne prête jamais, même pour un temps limité, qu'en échange d'importans services. Le jour de la signature du concordat, le premier consul conquit dix ans de règne.

C'est à partir de cette époque que la marche du *Journal des Débats* prend, ainsi que nous l'avons dit, une allure plus vive et plus décidée. Non seulement il s'occupe de la religion, mais il s'occupe du clergé qui commence à reparaître. Il rapporte les visites des évêques dans les établissemens publics; il reproduit leurs paroles; il analyse leurs écrits; il loue leurs vertus. Un de ces pieux prélats se rend-il au Musée des aveugles, image du retour de la lumière catholique dans ce pays si long-temps couvert de ténèbres; un de ces pieux prélats se rend-il au Musée des aveugles, et s'adressant à ces pauvres enfans à qui l'on demandait, quelque

temps avant, dans quelle année était né Robespierre, leur demande-t-il dans quelle année est né Jésus-Christ, le *Journal des Débats* est là pour tout observer et tout redire ; il signale cette reprise de possession de la société par le christianisme qui entre toujours dans le monde par la grande porte du royaume de la charité. Il enregistre en même temps tous les faits, tous les indices qui annoncent qu'on s'éloigne de plus en plus des mauvais jours de la révolution. Déjà le dimanche catholique se montre en vedette, au haut de sa page, en face du jour républicain ; octobre coudoie vendémiaire ; l'ère du Christ 1803 vient s'inscrire vis-à-vis l'an XI de la révolution. Or, voulez-vous savoir ce qui se passait le 18 vendémiaire l'an XI de la république française : « Plusieurs jeunes gens, lit-on
» dans le numéro de ce jour, vêtus de noir, por-
» tant le claque, la bourse et l'épée, se sont
» promenés hier matin sur les boulevards et au
» palais du Tribunat sans exciter aucun trouble. »
Vous le voyez, le bonnet rouge devenait tolé-

rant et le règne de la carmagnole était fini, puisque le claque, la bourse et l'épée pouvaient se montrer au grand jour sans exciter une émeute.

La position du *Journal des Débats* était donc, en apparence, beaucoup améliorée. Il continuait la rude guerre qu'il avait déclarée au philosophisme et à l'esprit révolutionnaire. Ainsi il adoptait cette définition si exacte et si précise qu'il tirait des lettres que publiait alors M. Fiévée sur la Grande-Bretagne : « Quand je dis phi-
» losophie du dix-huitième siècle, j'entends tout
» ce qui est faux en législation, en morale et en
» politique. » Et, justifiant cette définition, il avait trouvé un nouveau moyen d'attaquer Voltaire, moyen puissant sous le gouvernement d'un homme qui faisait passer avant tout l'honneur national; c'était d'accuser le chef de l'école du dix-huitième siècle d'avoir été un mauvais Français. Or, les preuves ne manquaient point à cette assertion, et il y avait un rédacteur du *Journal des Débats* qui s'était spécialement chargé de les chercher dans les ouvrages de

Voltaire. Les philosophes, qui avaient d'autres journaux à leur disposition, jetaient les hauts cris contre cet audacieux blasphème qui blessait au cœur la gloire de leur idole. Mais, pour leur répondre et les réduire au silence, le *Journal des Débats* n'avait besoin que d'emprunter des argumens à ses souvenirs. On en appelait aux écrits de Voltaire : eh bien! c'était dans les écrits de Voltaire qu'il prenait ses réponses, car ses réponses étaient des citations.

Un jour il rappelait ce billet si peu français : « Toutes les fois que j'écris à Votre Majesté, je » tremble comme nos régimens à Rosbach; » le lendemain, cette autre phrase : « Il me fallait » le roi de Prusse pour maître et le peuple Anglais » pour concitoyen. » Puis, comme la polémique continuait et devenait plus vive, il allait chercher dans la correspondance de Voltaire un billet par lequel celui-ci rendait compte du procès d'un officier de Frédéric en France, billet qui se terminait par ces mots remplis d'un patriotisme prussien, et qui donnent une grande

idée de la modestie nationale de Voltaire : « L'u-
» niforme prussien ne doit servir qu'à faire
» mettre à genoux les Welches. » Or, ces misérables Welches c'étaient nous, et l'on avouera
qu'il est impossible de faire les honneurs de son
pays avec plus d'humilité philosophique et d'abnégation que le faisait Voltaire, « qui tremblait
» comme nos régimens à Rosbach, » phrase mal
sonnante devant le général en chef des armées
d'Italie; qui aurait voulu « avoir le roi de Prusse
» pour maître et le peuple Anglais pour conci-
» toyen, » hérésie politique qui devait faire fron-
cer le sourcil à l'éternel ennemi de l'Angleterre
et au vainqueur du continent; qui, enfin, voulait
« que les Welches apprissent à fléchir le genou
» devant l'uniforme des hulans, » souhait philosophique, à la lecture duquel vous dûtes
mettre la main sur la garde de votre épée, ô vous
qui étiez déjà Bonaparte, et qui bientôt deviez
être Napoléon!

Pour tout achever, le *Journal des Débats* invoqua le témoignage des historiens contempo-

rains qui affirment que l'infériorité de nos armes, pendant la guerre de sept ans, provint du découragement répandu dans l'armée par l'espèce de fanatisme que les officiers avaient conçu pour le roi de Prusse, fanatisme qui allait à un tel point, qu'ils ne voulaient pas même admettre qu'il fût possible de battre les soldats du grand Frédéric. Quand arriva ce dernier argument, bien fit Voltaire d'être immortel, c'est-à-dire de ne plus être vivant. En effet, Bonaparte qui avait, comme il le montra à la bataille d'Iéna, une opinion toute différente de celle que Voltaire contribua tant à répandre, aurait peut-être fait dégrader le philosophe devant toute l'armée, la veille du jour où il conquit, en trois heures, la capitale et le royaume du grand Frédéric : glorieuse réponse tracée du bout de l'épée de nos soldats, et qui vaut bien le billet de Voltaire, réponse datée d'Iéna, qui a fait oublier le billet inspiré par Rosbach.

Tout en poursuivant sa guerre contre les philosophes et particulièrement contre leur chef, le

Journal des Débats enregistrait, dans ses colonnes, des faits qui étaient un peu plus en harmonie avec sa tendance sociale et littéraire, que les circulaires du citoyen Fouché contre les cloches des églises et les prêtres insoumis. Les anciennes formules, les anciens usages, les anciens souvenirs reparaissaient de tous côtés. Le premier consul donnait lui-même l'impulsion à cette résurrection du passé. Le 10 brumaire de l'an XI, on le vit s'arrêter, pendant long-temps, sur le champ de bataille d'Ivry; il examina la disposition des lieux, étudia le plan de Henri IV, et en se retirant il ordonna que la pyramide élevée sur cette plaine célèbre, et qui avait été détruite pendant la révolution, fût rétablie. Ainsi ce victorieux semblait vouloir vivre en bon voisinage avec toutes les gloires. Si nous voulions mêler les événemens contemporains à l'époque dont nous parlons, ce serait le lieu de nous étonner que l'on ait effacé depuis 1830, sans doute par égard pour Mayenne, l'inscription gravée sur cette colonne d'Ivry, pour immortaliser la victoire d'un roi légitime sur un sujet factieux.

Dans le cours du même voyage, quand le premier consul se présenta au Havre, on lui offrit, suivant l'ancien usage de la monarchie, les clés de la ville sur un plat d'argent. Le clergé d'Ivetot lui rendit l'honneur de l'encens. Enfin ce n'étaient de tous côtés que louanges, remercîmens, odes, harangues, couplets au sujet de la grande réparation qui venait d'être faite au catholicisme.

Le *Journal des Débats* n'avait garde de passer sous silence ces suffrages, dont une partie lui revenait, car il avait travaillé, avec habileté et persévérance, à ce grand mouvement des idées qui avait fini par descendre dans les faits. On était parvenu sur l'extrême limite de la république et de la monarchie, et il était à croire que l'édifice social n'aurait pas long-temps, qu'on nous passe ce terme, pignon sur les deux rues. Pour se faire une idée de cette espèce de juste-milieu qu'on essayait de tenir entre les deux régimes opposés, il suffit de jeter les yeux sur ce protocole que trace l'Almanach national de France de l'an XI : « Dans la société on emploie indiffé-remment le nom de *citoyen* et de *monsieur*. Quand on s'adresse à un ministre, on l'appelle, au début de la lettre, *citoyen*, et dans le cours de la lettre, *votre excellence*. » Citoyen, votre excellence ; citoyen, monsieur ; c'était la monarchie dans la république, en attendant qu'on pût faire entrer la république dans la monarchie ; et, en attendant qu'on pût mettre la rue dans le salon, c'était le salon dans la rue.

Nous rencontrons ici, dans le *Journal des Débats*, la trace d'une espérance nourrie à cette époque par quelques cœurs honnêtes : « Bonaparte était, disaient-ils, à l'embranchement de deux routes. Il pouvait s'emparer du pouvoir pour lui-même, ou bien, poussant son œuvre jusqu'à la perfection, accomplir la restauration sociale dans toute son étendue, en rétablissant le droit politique, et conquérir le plus beau rôle qu'il soit donné à un homme de remplir, celui de protecteur de la maison de Bourbon. »

Toute la question, en effet, était de savoir si le moment était venu, si le temps était mûr, et si l'événement auquel on faisait allusion devait intervenir par Bonaparte ou contre lui ; car il y a une attraction en morale comme en physique, les grands principes s'appellent des deux bouts de l'horizon, et l'usurpateur qui reconstruit l'ordre social, ressemble à ce riche affranchi qui s'était bâti un palais si brillant, qu'on finit par trouver qu'il faisait tache lui-même au milieu de toutes ses magnificences.

Ces idées, ces espérances qui germaient dans un assez grand nombre d'esprits, trouvèrent leur expression dans un article publié dans le courant de l'année 1803, par le *Journal des Débats*, à l'occasion de la *Législation primitive* de M. de Bonald, et signé du nom de M. Charles de Lalot. « Il y a, comme le dit Bossuet, lit-on dans
» cet article, de ces lois fondamentales contre
» lesquelles tout ce qui se fait est nul de soi.
» Toutes les révolutions que l'orgueil de l'esprit,
» armé des passions du cœur, excite sans cesse

» contre l'ordre des sociétés, pour secouer le
» joug de Dieu et de ses lois, finissent tôt ou tard
» par soumettre les peuples à une obéissance
» plus dure et à un joug plus sévère. Je n'entre-
» rai point dans l'exposition particulière des rap-
» ports qui constituent la société politique, cela
» m'engagerait dans des discussions délicates sur
» la nature des pouvoirs. Je me contenterai de
» dire que M. de Bonald, après avoir réglé les
» pouvoirs et les devoirs de la société, selon les
» lois fondamentales de l'ordre, nous démontre
» ensuite par de vastes et judicieuses applications
» de l'histoire, que la bonne ou mauvaise fortune
» des Etats dépend de la fixité des rapports na-
» turels qui maintiennent à leur place chacune
» des personnes sociales. »

Nous avons cru ces paroles remarquables dignes d'être citées. Elles sont plus hautes et moins prudentes que celles qu'on rencontre d'habitude dans la feuille dont nous traçons l'histoire. C'était le dernier effort de la droite du *Journal des Débats*, à la veille de l'empire qui se faisait proche.

CHAPITRE VI.

Sommaire : **Monk devient Cromwel. — Arrestation du duc d'Enghien. — Epouvante de Paris. — Terreur muette. — Les fossés de Vincennes. — Attitude du *Journal des Débats*.— Courage par allusion. — Vers de M. Aignan sur Pacuvius, seigneur de Capoue. — Le prince est fusillé. — M. de Chateaubriand sépare sa ligne de celle du *Journal des Débats*. — Celui-là rompt avec le premier Consul; celui-ci prépare les voies à l'empereur. — Une phrase de Fourcroy. — Harangue de M. de Fontanes. — Le *Journal des Débats* renie la maison de Bourbon et déclare qu'elle a pour jamais cessé de régner. — Le Consulat fait place à l'Empire. — Retour des pompes de la monarchie. -- Les républicains courtisans. — Le citoyen David premier peintre de S. M. l'empereur.-- Les éternités révolutionnaires passent vite. -- Rapprochemens. — Un baptême dynastique célébré par le *Journal des Débats*.**

Nous avons laissé le *Journal des Débats* à l'embranchement de deux routes ; placé entre la monarchie athée, la monarchie sans principes et la monarchie légitime, il semble hésiter, ou plutôt il semble douter encore des intentions cachées sous ce front puissant à qui tout était possible, car jamais intelligence plus haute d'homme d'état ne fut servie par une plus glorieuse épée de général. Nous l'avons dit, tout renaissait alors, et l'on voyait Napoléon restaurer sur le champ de bataille d'Ivry le souvenir de la gloire de Henri IV (1). Rétablirait-il la race de ce grand roi, ou bien s'asseyerait-il lui-même sur le trône ? C'était là la question.

Cette question n'en fut bientôt plus une. La solution intervint, solution terrible qui retentit dans Paris comme un coup de tonnerre ; et l'on a raconté à nos berceaux la terreur muette qui

(1) Dans cette circonstance, le maire de la commune d'Ivry, qui n'était qu'un fermier sans éducation, voulant adresser un discours au premier consul, mit à contribution l'éloquence de ceux de ses administrés qui passaient pour être le plus instruits. Mécontent de tous les discours qu'on lui proposa, il prit le parti de s'en composer un lui-même. Il fallait qu'il fût court pour que l'orateur pût le retenir. Or, voici les paroles qu'il adressa à Bonaparte : « Citoyen » premier Consul, désormais cette plaine célèbre conservera » le souvenir de deux grands hommes. »

Bonaparte fut ému ; et quand M. de Fontanes connut cette harangue, il s'écria : Je donnerais la meilleure de ce qu'on veut bien appeler mes moins mauvaises phrases, pour ces quatre paroles-là.

régna dans la cité lorsque s'y répandit cette sinistre nouvelle : « M. le duc d'Enghien est arrêté ! M. le duc d'Enghien est mort ! » Ce fut comme une journée de la terreur de Robespierre, égarée parmi les glorieuses journées du consulat; une étrangère qui, le front taché de sang, vint s'asseoir au banquet de ces années couronnées des feux de la victoire, afin qu'on sût bien que les vertus des usurpateurs sont toujours courtes par quelqu'endroit, et qu'on apprît que le Corse se retrouvait parfois dans le grand homme et dans le victorieux.

Qui de nous n'a point ouï, dans les riantes années de son enfance, cette lugubre histoire? Aucune autre mort n'avait plus vivement frappé nos pères; la pâleur était sur leur front, et leur voix sourde et profonde semblait sortir de leur conscience indignée, quand ils redisaient les mystérieuses horreurs de ce jugement qui, se faisant justice à lui-même, se cacha, comme un assassinat, dans les ténèbres de la nuit.

N'entendez-vous pas encore toute la suite de

ce funèbre récit que l'on nous répétait, dans les veillées de famille, pour entretenir dans nos jeunes cœurs le culte des victimes et la haine des bourreaux? C'est d'abord la voiture qui roule silencieuse, entourée d'une silencieuse escorte. Elle va, elle va : où va-t-elle? que renferme-t-elle? on l'ignore. Elle va, elle va, et sur le front de ceux qui l'accompagnent on dirait qu'on voit planer un terrible secret. Elle va, elle va, traversant les hameaux et évitant les villes, comme les hommes aux pensées sinistres; et plus d'une fois un vieux paysan, debout sur sa porte, s'est demandé, en hochant la tête, quel mystère cachait cette voiture triste et morne, fermée comme une prison, muette et scellée comme un cercueil qui garde le secret d'un meurtre? Et la voiture continue à rouler; elle sait le but où elle marche, elle obéit à une voix qui veut qu'elle arrive, et les enfans laissent là leurs jeux et s'enfuient à son approche, et les mères, par je ne sais quel instinct, pressent leurs enfans sur leur cœur. Et cependant elle va, elle va, elle va toujours, rapide comme le crime que suit, d'un pied lent, le tardif repentir.

Voici qu'enfin les donjons de Vincennes se lèvent dans la nuit comme une immense pierre sépulcrale au-dessus d'une tombe, ou comme une pensée de mort dans l'ame épouvantée; Vincennes, ce terrible geôlier de la cité voisine, dont les cachots ont des secrets que personne n'ose approfondir; Vincennes, le sinistre confident des vengeances ténébreuses et des muettes agonies. La voiture est attendue, car le pont-levis est abaissé. On entre, vous savez la suite, on entre pour ne plus ressortir. Une lanterne est placée sur le cœur du prince, pour que la mort ne se trompe point de place; le signal est donné, la victime tombe, et l'on jette quelques pelletées de terre sur l'avenir de ce grand nom tout retentissant de la mémoire de Nordlingue, de Lens et de Rocroy.

Ce lugubre événement, de l'année 1804, qui semble un épisode des annales domestiques d'Ajaccio, qui fait tache dans l'histoire de France, une vendetta dont le récit sanglant dépare tant de merveilleux récits, l'enlèvement et l'assassinat de M. le duc d'Enghien, étaient une occasion solennelle, pour le *Journal des Débats,* de marquer sa ligne, d'arborer ses couleurs, en un mot, de prendre un parti. Bonaparte avait pris le sien. Désormais il n'y avait plus de place pour l'incertitude et le doute. Sa main, toute rouge du sang d'un Bourbon, ne pouvait rendre la couronne à la maison royale qu'il venait de priver d'un de ses plus nobles rejetons.

La conduite du *Journal des Débats,* dans cette circonstance, est digne de remarque. D'abord il cite tout ce que disent les journaux officiels au sujet de l'événement. « Le ci-de-
» vant duc d'Enghien, fils du ci-devant duc de
» Bourbon, et petit-fils de l'ex-prince de Condé,
» est aujourd'hui dans notre citadelle de Stras-
» bourg. » Voilà la première nouvelle. C'est dans cette même citadelle de Strasbourg, vous le sa-

vez, qu'était enfermé, il y a bientôt un an, le ci-devant prince Louis, fils de la ci-devant reine Hortense, neveu de l'ex-empereur Napoléon, tant, dans notre pays, les prospérités durent peu, et les dynasties nouvelles passent vite !

Ensuite vient le jugement que le *Journal des Débats* reproduit avec la même résignation : jugement prononcé au nom du peuple Français, comme le fut celui de Louis XVI ; pompeux intitulé qui, dans cette seconde occasion, comme dans la première, cachait un crime privé, en affectant l'apparence d'une mesure d'intérêt général. « La commission spéciale, convoquée par
» l'ordre du général en chef, gouverneur de Pa-
» ris, s'est réunie dans le château de Vincennes,
» à l'effet de juger le nommé Louis-Antoine-
» Henri de Bourbon, duc d'Enghien, âgé de
» trente-deux ans, né à Chantilly. Il a été, à l'u-
» nanimité, déclaré coupable, à l'unanimité, con-
» damné à mort, en réparation des crimes d'es-
» pionnage et de correspondance avec les enne-

» mis de la république. » Nous croyons que cette accusation d'espionnage manqua aux injures dont fut abreuvée la passion de Louis XVI. C'était une étrange et audacieuse chose que de faire fusiller le petit-fils du grand Condé comme espion, et cela dépassait la mesure des crimes ordinaires, de venir ainsi, avant de commander le meurtre, cracher au visage de la gloire.

Nous avons parcouru, non sans émotion, le numéro du *Journal des Débats* où ce jugement est cité. Le duc d'Enghien n'était point exécuté encore, ou du moins on ignorait son supplice : que dira le journal ?

Pas un mot dans la partie politique. La rédaction a sa couleur ordinaire ; rien de particulier pour ce jour où allait se passer ce fait inouï. Au bas de la feuille, un feuilleton sur la première représentation d'*Une heure de Mariage*, comédie de M. Étienne, feuilleton rédigé avec la verve et l'esprit accoutumé de Geoffroy, qui fait du persifflage contre les fautes littéraires, quand il s'agissait de faire de l'indignation contre

le crime. Patience : le courage du *Journal des Débats* s'est réfugié dans les dernières lignes. Ce cri de réprobation qui transpire à travers le silence public, va trouver enfin sa place. Au-dessous de la signature du gérant, au-dessous du nom de l'imprimeur, on rencontre le fragment suivant du onzième livre de la seconde guerre punique de Silvius Italicus, traduit par M. E. Aignan, et précédé de ce sommaire :
« Pacuvius, seigneur de Capoue, conjure son
» fils de renoncer au dessein qu'il avait formé
» d'assassiner Annibal. »

Mon fils, par ma vieillesse, et par les droits d'un père,
Mais surtout par la vie, à mon amour si chère,
Je t'en supplie, abjure un criminel dessein :
Sois l'hôte d'Annibal et non son assassin !
Que le sang d'un héros, versé sous mes portiques,
Ne souille point ma table et nos dieux domestiques.
Toi frapper Annibal ! Ni soldats, ni remparts
Ne peuvent soutenir ses terribles regards !
A l'aspect de ce fer tourné contre sa tête,
S'il fait tonner sa voix, pareille à la tempête,
Soutiendras-tu les feux qui s'échappent de lui ?
Pour être désarmé le crois-tu sans appui ?
Non, ton bras pour frapper s'élèverait à peine,
Que tu verrais Trébie, et Canne et Thrasymène,

Et d'Emile indigné la grande ombre en courroux,
Se placer tous ensemble au-devant de tes coups!

Il est juste de le dire, c'était, dans ce temps-là, du courage qu'une allusion.

On le sait, ce fut en vain que la grande ombre du Paul Emile de Rocroy; ce fut en vain que Fribourg, Lens, Nordlingue, ces trois victoires-sœurs vinrent se placer au-devant du coup qui allait frapper le duc d'Enghien. Il tomba victime de son nom, victime aussi de ce génie des armes, le seul des héritages de sa race qu'il eût recueilli; il tomba comme un gage sanglant donné à la révolution par la nouvelle dynastie qui allait s'élever. La maison de Condé fut tranchée dans sa fleur. Dès-lors, ce glorieux nom fut condamné à périr. Bonaparte ne savait point, lorsqu'il consommait cette grande immolation, qu'en expiation de ce meurtre peut-être sa race serait retranchée, et que le seul rejeton sorti de son sang, voyant son adolescence languir et se faner dans le palais de Schœnbrunn, n'atteindrait pas l'âge auquel les balles de Vincennes avaient moissonné l'existence du petit-fils du grand Condé.

Le cri de douleur que le *Journal des Débats* avait poussé par la bouche de Pacuvius, en faveur du duc d'Enghien, fut le dernier effort qu'il tenta pour la maison de Bourbon ; à partir de ce moment les événemens prennent une marche rapide ; les partisans les plus dévoués du nouvel ordre de chose, marquent leur zèle par une récrudescence de haine contre l'ancienne dynastie. Toutes les incertitudes ont désormais cessé ; l'assassinat de M. le duc d'Enghien a donné le mot d'ordre, et le citoyen Fourcroy, portant la parole au nom du gouvernement, dit au corps législatif : « Si les membres de cette famille » osent souiller notre sol de leur présence, la » volonté du peuple Français est qu'ils y trouvent » la mort. » En même temps, la flatterie s'empresse d'effacer, avec ses louanges, cette tache de sang qui souille le front du premier consul. Fontanes, cet homme d'un cœur honnête et d'une intelligence élevée, que la nature complaisante de son caractère jetait dans tous les dévouemens, comme le genre un peu emphatique de son style le faisait incliner vers toutes les louanges, Fontanes caresse le premier consul de ses périodes harmonieuses, dans cette circonstance même de sa vie où l'élégant écrivain aurait dû laisser la plume des panégyriques de Pline pour prendre le burin des satires de Juvénal.

Le *Journal des Débats* suit ce mouvement. Ses colonnes sont remplies de détails relatifs à des tentatives de meurtre ourdies contre Bonaparte par les Anglais; car il semble que le chef de l'Etat sente le besoin d'excuser ainsi le guet-apens d'Etlingen. A la même époque, cette feuille se fait l'écho des adresses complaisantes qui, excitant Bonaparte à satisfaire ses propres désirs, se plaignent de son ambition trop lente à saisir le sceptre. C'est le conseil-général de la Seine-Inférieure qui demande des garanties de durée et de stabilité. C'est la députation des autorités civiles et militaires du département du Rhône

qui s'écrie : « Il n'est pas possible de dissimuler
» plus long-temps un vœu enfermé dans le cœur
» de plus de trente millions de Français. C'est
» l'hérédité de la magistrature suprême dans une
» seule famille, et par conséquent dans la famille
» de celui qui l'exerce en ce moment. »

Jusqu'ici le *Journal des Débats* n'a fait que reproduire les paroles des autres, il va parler enfin ; il va mettre un terme à l'incertitude de sa ligne politique ; il va rompre avec l'ancienne dynastie, déclarer son retour à jamais impossible, et appeler au trône une dynastie nouvelle à qui il promettra la perpétuité : nous avons besoin de le rappeler, c'est l'histoire de 1804 que nous écrivons. C'est du feuilleton de Geoffroy, quittant ce jour là la littérature pour la politique, que s'élevèrent ces paroles décisives qui proclamèrent l'avènement de la monarchie de fait et l'abolition de la monarchie légitime.
« Après tant de vaines spéculations, lit-on dans
» cet article, tant de bavardages, il faut en reve-
» nir à la monarchie. La véritable liberté de la

» France est dans la force de son chef. L'homme
» qui a servi la France, dans la paix et dans la
» guerre, n'est-il pas seul capable de la gouver-
» ner? Voilà ses titres. En est-il de plus légitimes
» et de plus sacrés? S'il y a encore des Français
» qui conservent des espérances frivoles sur le
» retour d'une famille malheureuse qui n'a pas
» su conserver son antique héritage, ils convien-
» dront aujourd'hui qu'après s'être laissé tomber
» par leur imprudence d'un trône si bien affermi,
» ces princes ne sauraient s'y tenir fermes lors-
» qu'ils y seraient entourés de précipices et d'é-
» cueils, lorsque tant de passions exaspérées,
» tant d'intérêts froissés frémiraient autour d'eux.
» Il ne manque à Bonaparte que cette stabilité
» qui doit fixer dans sa famille le fruit de ses
» services; qu'il soit donc le fondateur d'une
» dynastie nouvelle. »

Retenez bien ces phrases, vous les retrouve-
rez une fois encore dans l'histoire que nous
écrivons.

Ainsi, tout est dit: les royalistes athées du

Journal des Débats l'ont emporté sur les royalistes à principes. Cette réaction, dont les commencemens avaient été si beaux, aboutit à la reconstruction matérielle du pouvoir. On méconnaît cette grande vérité, que le droit est le ciment des édifices politiques. Les naufragés du déluge révolutionnaire n'ont point profité des leçons données par tant de malheurs ; ils élèvent jusqu'au ciel une Babel de gloire ; ils veulent que ses murailles soient taillées dans le granit pour être à l'épreuve des grandes eaux : l'épée d'une main et la truelle de l'autre, ces belliqueux architectes ajoutent chaque année des victoires à leurs victoires, des ouvriers à la multitude de leurs ouvriers, et quelques coudées de plus à leur monument, jusqu'à ce que le jour de la dispersion arrive, et que les membres disjoints de cette nation formée de tant de peuples, soient entraînés par le cours des choses humaines, les uns à l'Orient, les autres au Midi, ceux-ci à l'Occdient, ceux-là au Septentrion.

C'est ici l'occasion de faire une remarque:

dans cette circonstance décisive de la mort du duc d'Enghien, qui précéda de si peu l'empire, un homme illustre qui avait jusque là marché avec le *Journal des Débats*, sépara sa ligne de la sienne par une démission hautement donnée; M. de Châteaubriand renonça à ses fonctions de secrétaire à l'ambassade de Rome. Nous retrouverons plus tard une intimité plus étroite encore entre le journal et le grand écrivain, rompue, dans une circonstance non moins mémorable, par un éclatant divorce.

Nous sommes dans l'empire. Les vieux noms sont ressuscités, les anciens titres sont sortis de leur poussière; la vanité humaine, lasse de ses longues privations, cherche à réparer tant d'années perdues sous le niveau de l'égalité républicaine, en se précipitant, avec une ardeur incroyable, vers ces distinctions si long-temps proscrites. La république, en abolissant tous les titres, a oublié d'abolir l'orgueil qui les a inventés, et qui, de nouveau, les tire du néant. Le *Journal des Débats* est plein de ces résurrections.

Il y a une académie impériale de musique, des comédiens ordinaires de l'Empereur : que sais-je ? Le républicain David, David le régicide, l'ami de Marat et de Robespierre, est le premier peintre de sa majesté impériale, Napoléon Ier.

Cela se passait en 1805, douze ans après cette séance où Brissot s'exprimait ainsi : « Avant d'entrer dans le fond de la question, je demande qu'il soit décrété que quiconque proposerait ou serait tenté de rétablir en France la royauté, soit puni de mort. » Motion adoptée à l'unanimité et promulguée dans les termes suivans : « La Convention nationale décrète, au nom de la république, la peine de mort contre quiconque proposerait ou tenterait de rétablir en France soit la royauté, soit tout autre pouvoir attentatoire à la souveraineté du peuple. »

On ne peut exprimer la rapidité de cette transformation. Fouché qui s'écriait, douze ans auparavant, dans un lamentable procès : « Le

« temps est pour nous contre tous les rois de la
» terre ; » Fouché accepte le titre d'excellence
et devient le fidèle sujet du nouvel Empereur, en attendant qu'il soit duc d'Otrante.
Robespierre, s'il eût vécu, eût été marquis ou
baron.

La cour reparaît avec toute son étiquette,
toutes ses pompes, toutes ses magnificences, et le
Journal des Débats, devenu l'organe de l'esprit
qui l'anime, tient registre du cérémonial auquel elle s'essaie, sous les auspices de M. de Ségur, qui fait épeler les grâces et la dignité à
l'inexpérience de ces nouvelles grandeurs. C'est
un spectacle à la fois instructif et bizarre, sérieux et futile, que celui dont chaque numéro de
la feuille dont nous traçons l'histoire, présente
le reflet. Instructif et sérieux; si l'on voit là le
retour inévitable de la monarchie, qui repousse
toujours sur cette terre de France, même sous
le tranchant du fer, comme ces plantes vigoureuses qui se sont acclimatées dans un terrain,
et que rien ne peut en extirper; futile et bizarre,

si l'on s'arrête à ces tout puissans ridicules qui cherchaient à se façonner aux grandes manières, sous la direction du maître des cérémonies; à ces nobles seigneurs et à ces nobles dames ensevelis sous la dentelle, le drap d'or et le velours, rideau d'aristocratie tiré sur la démocratie de leur maintien ; à tout ce peuple des salons, enfin, magnifique proie livrée à la risée publique, gibier des épigrammes de M. de Talleyrand, qui leur prodiguait un dédain qu'ils lui rendaient en mépris.

Au milieu de cette réaction, il y avait cependant un sentiment sérieux qui dominait le pouvoir et tous ceux qui l'entouraient : c'était le besoin de s'appuyer sur la religion dont on sentait la force, et de donner des marques publiques d'adhésion à ce catholicisme, quelques années auparavant proscrit. Vous vous souvenez des fanatiques prédications d'un Anarcharsis Cloots contre le culte, de l'athéisme ouvertement professé, et de tant d'autres folies érigées en systèmes ? Eh bien ! voici ce qu'on lit dans le *Jour-*

nal des Débats, à la date du 18 avril 1806:
« S. A. I. le prince Murat, grand amiral, a rendu le jour de Pâques, en personne, le pain béni à Notre-Dame-de-Lorette, dont il est marguillier d'honneur. » Que dites-vous de cette réponse de Notre-Dame à l'insolent défi de Chaumette, qui l'avait déclarée incapable de se relever. Les jeunes princes de la famille impériale ne croyaient pas devoir, à cette époque, réserver leur préférence pour le protestantisme, et le *Journal des Débats* de ce temps ne donnait point le pas aux cérémonies du prêche sur celles de l'église catholique. Nous pourrions, si l'on voulait, en offrir la preuve. La feuille, dont il est question, a cela de particulier, qu'elle est le journal de l'état civil de tous les gouvernemens. Son dévouement et son enthousiasme n'ont manqué, depuis quarante ans, à aucune cérémonie de ce genre; pas un mariage, pas une naissance, pas un baptême qui n'ait été célébré avec ce style d'une inaltérable fraîcheur que le *Journal des Débats* tient à la disposition de toutes les dynas-

ties. Dans ce moment il immortalise les hymens protestans ; voulez-vous savoir comment, il y a trente et un ans, il décrivait un baptême catholique ?

« Voici, dit-il, le cérémonial qui a été observé
» au palais de Saint-Cloud, pour le baptême
» du prince Napoléon-Louis.

» Dans le salon de l'impératrice on avait dres-
» sé, sur une plate-forme, un lit sans colonnes
» et surmonté d'un dais. Au pied du lit était
» étendu un manteau de riche étoffe, doublé
» d'hermine, dans lequel on a porté l'enfant au
» baptême. Dans le salon étaient placées deux
» tables richement couvertes, destinées à rece-
» voir, l'une les honneurs de l'enfant, l'autre
» les honneurs des parrain et marraine. Les
» honneurs des parrain et marraine étaient le
» bassin, l'aiguière et la serviette ; ceux de
» l'enfant, le cierge, le crémeau et la salière. La
» serviette a été placée sur un carreau d'étoffe
» d'or ; tous les autres honneurs, hors le cierge,
» sur des plats d'or. Voici quel a été l'ordre du

cortége : « Les princes et princesses de la famille
» impériale, les princes de l'empire, les grands
» officiers de la couronne, les dames qui de-
» vaient porter les quatre coins du manteau de
» l'enfant, celles qui devaient porter les hon-
» neurs, se sont rendus dans le salon bleu ou
» était le lit. Les chambellans et les dames des
» princesses qui n'étaient pas de la cérémonie,
» étaient dans le salon jaune ; les autres per-
» sonnes invitées, dans le salon de Mars ; les
» ministres et les grands officiers militaires, dans
» la salle du Trône. »

Laissez-nous arrêter un moment la marche du
cortége pour vous le rappeler : douze ans à peine
s'étaient écoulés, depuis le jour où Grégoire
s'écriait, au milieu des applaudissemens frénétiques de la Convention : « Les cours sont l'ate-
» lier du crime, le foyer de la corruption. L'his-
» toire des rois est le martyrologe des nations.
» Toutes les dynasties n'ont jamais été que
» races dévorantes qui ne vivent que de chair
» humaine. Les rois sont dans l'ordre moral ce

» que sont les monstres dans l'ordre physi-
» que. »

Le *Journal des Débats* poursuit ainsi : « Sa
» Majesté s'est rendue avec la marraine dans le
» salon du lit, précédée par le grand-maître,
» le grand-écuyer et le grand-maréchal, et
» suivi par le colonel-général de la garde, le
» grand-aumônier, le grand chambellan et le
» grand-veneur. »

N'est-ce pas encore le cas de vous prier de ne point oublier que, peu d'années auparavant, Chabot avait pu dire, au milieu d'applaudissemens non moins unanimes que ceux qui suivaient le premier consul dans ces cérémonies : « Ce n'est
» pas seulement le nom de roi que la nation a
» voulu abolir, mais tout ce qui en rappelle la
» prééminence ; vous ne pouvez chercher d'autres
» dignités que celles de vous mêler aux sans-
» culottes. » Ce à quoi Tallien ajoutait, au bruit des acclamations : « Le président même
» de la Convention est un simple citoyen hors
» de cette salle ; si on veut lui parler, on ira le

» chercher au troisième ou au quatrième, c'est
» là que loge la vertu. »

La Rochefoucauld, en comparant le cérémonial de ce baptême impérial avec les souvenirs d'un passé si récent, n'aurait-il pas dit encore une fois : Tout arrive en France !

Terminons maintenant le récit de ces pompes.

« Alors sont partis pour se rendre dans la ga-
» lerie les princes de l'empire, la famille impé-
» riale, précédés de leurs écuyers et suivis par
» leurs chambellans; les princesses, précédées par
» leurs officiers et suivies par leurs dames ; l'im-
» pératrice qu'ont précédée les pages, les écuyers
» et les chambellans de Sa Majesté. Un page
» a porté la queue de l'impératrice, les dames
» du palais ont marché devant Sa Majesté. » La description continue, aussi pompeuse et aussi magnifique ; l'Empereur se met en marche précédé des huissiers, des hérauts d'armes, des pages, des aides de cérémonies, des écuyers, des préfets du palais. Quand l'enfant est présenté à la balustrade, c'est le pape lui-même qui

se lève pour l'introduire dans la vie religieuse. Et savez-vous quel était cet enfant autour duquel se réunissaient tant de splendeurs? Cette question, heureux du monde, c'est à vous qu'elle s'adresse. Cet enfant, c'était Napoléon-Louis, le frère de celui qui, après l'échauffourée de Strasbourg, a été jeté dans une voiture de poste, puis embarqué sur un vaisseau à bord duquel il a été long-temps prisonnier; cet enfant, c'était Napoléon-Louis, plus malheureux encore que son frère, car il était destiné à laisser sa vie dans l'insurrection de la Romagne, tentée contre le successeur du Pontife qui lui avait versé l'eau du baptême sur le front!

Et nunc erudimini.

―――

CHAPITRE VII.

SOMMAIRE : Partie secrète de l'histoire du *Journal des Débats*. — Le philosophisme lui fait une guerre sourde. — Puissance de l'école voltairienne dans le gouvernement où elle est cantonnée. — Colères et cupidités. — Fouché devient le centre de cette conspiration. — Intrigues et menées. — Geoffroy accusé d'être le complice de Georges Cadoudal. — On impose un censeur au journal. — Intervention de M. Fiévée. — Rôle qu'il jouait. — Sa correspondance avec Bonaparte. — Il entreprend de lui persuader qu'il a tout à gagner à la réaction monarchique. — La position de l'Empereur était fausse et son esprit était juste. — Une note de Napoléon sur le *Journal des Débats*. — Portrait de M. Bertin de Vaux par M. Fiévée. — Transaction. — Le *Journal des Débats* quitte son titre pour celui de *Journal de l'Empire*. — M. Fiévée prend la direction du journal.

Il faut tout dire dans une histoire, la partie cachée et la partie publique, ce qui se passe devant et ce qui se passe derrière le rideau ; car s'il y a des secrets d'état pour les contemporains, il ne doit point y avoir d'énigmes pour la postérité. Nous avons montré, dans les derniers chapitres, le *Journal des Débats* placé à l'embranchement de deux routes, dont l'une conduisait à la monarchie de fait, l'autre à la monarchie légitime; puis abandonnant cette position intermédiaire, et acceptant, pour résultat de cette longue guerre qu'il avait faite aux hommes et aux idées de la révolution, la restauration matérielle du pouvoir, restauration athée, puisqu'elle couronnait le fait en excluant le principe. C'est là ce que nous appelons l'histoire publique. Il importe maintenant d'expliquer par quels secrets ressorts s'accomplit cette révolution intérieure, révolution si complète que le *Journal des Débats* changea son titre et prit celui de *Journal de l'Empire*, comme pour indiquer que toute discussion était close, toute contestation fermée, que la main de l'Empereur avait mis le sinet dans l'histoire des catastrophes, et que sa dynastie était, pour toujours, assise sur le trône.

Si le *Journal des Débats* avait agi, dans cette occasion, par un entraînement d'enthousiasme, il aurait fait une faute de calcul. Quand on a un penchant invincible à servir les pouvoirs existans et à déserter les pouvoirs qui s'en vont, il ne faut pas s'enchaîner par son titre. Les empires tombent et meurent, il y a toujours des débats dans le monde. L'Écriture elle-même l'a dit : *Tradidit mundum disputationibus.* Aussi nous verrons plus tard le *Journal des Débats* revenir à son premier nom pour ne plus le quitter, et cette fois il fut bien inspiré, car c'est le seul qui lui convienne.

A mesure que les années se succèdent, les voiles qui cachaient les affaires du temps que nous laissons derrière nous, tombent peu à peu. C'est ainsi que M. Fiévée, en publiant sa correspondance avec Bonaparte, ouvrage intéressant et curieux, a jeté une grande lumière sur cette partie des annales du *Journal des Débats*. Nous trouvons là cette histoire secrète dont nous avons parlé, et nous apprenons quels mobiles cachés, quelles causes latentes présidèrent à cette transformation.

La position du *Journal des Débats*, après ses premiers et immenses succès, était singulière et difficile. Sans doute il avait pour lui le suffrage de l'opinion publique ; le grand mouvement des idées religieuses et sociales était en sa faveur, et chaque jour ajoutait à sa prospérité matérielle et à son ascendant moral ; mais ces sympathies étaient balancées par de puissantes et mortelles inimitiés. Le *Journal des Débats* n'avait pu arborer le drapeau des idées religieuses et des doctrines sociales ; il n'avait pu attaquer les idées et les renommées philosophiques et révolutionnaires, sans exciter de profondes et de dangereuses colères dans le ban et l'arrière-ban de la philosophie et de la révolution. Or, les hommes qui tenaient à ce système occupaient toutes les avenues du pouvoir. Cette garnison d'idéologues et de jacobins n'avaient livré la place à l'ambition de Bonaparte, que sous la condition que Bonaparte leur laisserait la garde des remparts. En d'autres termes, ils l'avaient aidé à prendre a puissance souveraine, et il leur en avait donné la monnaie en fonctions publiques, en appointemens, en dignités et en titres.

Ce petit pays officiel, ou, pour employer une expression d'une date plus récente, ce pays légal était aussi hostile au *Journal des Débats* que le grand pays lui était favorable ; or, personne n'ignore que si les philosophes prêchent beaucoup la tolérance, ils n'en parlent que par oui-dire. Les haines philosophiques sont implacables et cuisantes, et il faut chercher le pardon des injures dans les discours des encyclopédistes et non dans leurs actes ; car, repoussant cette vertu, sans doute en haine de son origine chrétienne, ils ne la pratiquent pas. Ces gens-là s'étaient accoutumés à regarder la presse comme leur domaine ; ils avaient pris l'opinion publique à ferme, et ils s'apercevaient, avec indignation, que le bail était rompu. Ils regardaient presque comme une révolte la tactique des *Débats* qui attaquait, à l'aide du journal, ce papier-monnaie de la pensée, une puissance fondée par cette même presse qui allait la détruire.

Ajoutez à cela que les fureurs de leurs ressentimens étaient aiguisées encore par les appétits de leurs convoitises. C'était une belle proie que le *Journal des Débats*. Deux cent mille francs annuels de bénéfice tentaient de hautes cupidités. Si les philosophes et les révolutionnaires détestaient leurs ennemis de toute leur ame, ils aimaient l'argent de tout leur cœur. Ils se seraient donc résignés à recevoir de l'Empereur la mission de spolier, par patriotisme, les propriétaires du *Journal des Débats*, et leur civisme serait allé jusqu'à accepter la dépouille de celui qui l'avait fondé. Si grande était leur impatience de montrer à l'Empereur l'étendue de leur dévouement à cet égard, qu'ils provoquaient sa volonté trop lente à leur imposer cette épreuve lucrative. Ces Curtius étaient tout prêts à sauter à pieds joints dans ce gouffre de recettes et dans cet abîme de dividendes, ils ne demandaient qu'un signal.

Ce signal, ils le demandèrent par des dénonciations. M. Fouché occupait alors le ministère de la police, et il faisait lui-même partie de ce petit monde philosophique et jacobin qui luttait avec d'autant plus de ténacité contre le mouvement religieux et monarchique, qu'il craignait d'être laissé en dehors des affaires, si Bonaparte adoptait cette réaction sociale. Il devint donc le centre de la conspiration tramée contre l'existence du *Journal des Débats*. On cherchait à alarmer le chef de l'Etat sur l'influence de cette feuille, sur le nombre de ses lecteurs, sur la tendance de ses doctrines. Quand l'Empereur était présent, il tenait la balance et établissait une sorte d'équilibre entre les deux partis opposés. Mais dès qu'il était appelé au dehors par la guerre, les jacobins et les philosophes, qui occupaient presque toutes les positions politiques, profitaient de l'éloignement du maître pour accabler leurs antagonistes. Alors les menaces contre le *Journal des Débats* devenaient plus positives, plus directes. On employait tous les moyens pour le perdre, et ses ennemis étaient si peu difficiles sur le choix de leurs calomnies, qu'ils étaient allés jusqu'à accuser Geoffroy, le pacifique professeur, qui n'avait jamais conspiré que contre les solécismes, qui n'avait jamais vécu que dans le monde des idées ; oui, ils avaient accusé Geoffroy, timide comme un érudit, paisible comme un commentateur, et peut-être même un peu poltron, ils l'avaient accusé d'avoir trempé dans la conspiration de ce terrible et aventureux Georges Cadoudal. Nous pensons que cette circonstance doit être mise au nombre des causes auxquelles il faut attribuer l'exagération des éloges que Geoffroy adressait en toute occasion à l'Empereur. Le souvenir de cette accusation était resté dans la mémoire du vieux littérateur, et chaque fois qu'il en trouvait l'occasion, il montrait son dévouement dans son feuilleton, comme les gens qui craignent d'être suspects montrent leurs papiers.

Enfin, vers le milieu de l'année 1805, on imposa un censeur au *Journal des Débats*. Le prétexte de cette mesure était bien frivole : il s'agissait d'un article sur le duc de Brunswick, au sujet de la croix d'honneur, article qui non seulement avait été inséré la veille dans un autre journal, mais dont le *Journal des Débats*, toujours prudent, avait eu la précaution de faire réviser la rédaction dans les bureaux de la police. C'était tout à fait le procès du loup et de l'agneau. Le loup, c'était le parti révolutionnaire, qui, ayant une antipathie de race contre l'agneau, le trouvant en outre gras et bien nourri, cherchait un prétexte pour le dévorer. L'agneau, c'était le *Journal des Débats*, qui, de peur de troubler l'eau où buvait le terrible animal, allait humblement au-dessous de lui, et bêlait le plus doucement du monde pour ne point importuner sa majesté vorace. Mais rien n'y faisait, et les dents du loup passaient à travers tous les raisonnemens du pouvoir. On eût dit volontiers à M. Bertin de Vaux : « Si ce n'est toi, c'est donc ton frère. » Grand argument des loups qui n'ont pas dîné, et des philosophes qui veulent s'enrichir.

Heureusement pour le *Journal des Débats*, il trouva un défenseur. Il y avait à cette époque un homme auquel on ne peut refuser un esprit prodigieux et un remarquable talent d'écrire, quelque jugement qu'on veuille porter sur les alternatives de sa vie politique. Cet homme se trouvait vis-à-vis Bonaparte dans une position presque sans exemple de sujet à souverain. M. Fiévée entretenait avec l'Empereur une correspondance où il lui parlait librement, sans aucune espèce de contrainte, de contrôle, ni de réserve, des affaires du moment et de l'état de l'opinion publique; ses lettres roulaient sur tous les points de la politique intérieure et étrangère. Cette licence accordée par un homme de génie à un homme d'esprit, n'est pas si extraordinaire qu'elle peut le paraître au premier abord (1). Napoléon sentait les avantages de la presse indépendante, tout en craignant ses inconvéniens. Quel parti prit il? Il profita de l'occasion favo-

---

(1) On sait que Napoléon avait une correspondance de ce genre avec Mme de Genlis.

rable qui lui faisait rencontrer un homme qui avait assez d'amour-propre pour oser penser, même avant et après l'empereur, et une estime assez grande de lui-même pour préférer son avis à celui de Napoléon, et il permit à cet homme de faire ce que personne ne pouvait faire alors, un journal indépendant, consciencieux, libre. Seulement le journal resta manuscrit entre celui qui l'écrivait et l'abonné solitaire pour lequel il était écrit. M. Fiévée fit pour l'Empereur ce qu'on fait ordinairement pour le public. Sa correspondance est la véritable gazette politique de l'époque ; vous ne trouvez ailleurs que des opinions de commande et une phraséologie censurée, émondée et dirigée par la police. Ainsi les rôles étaient pervertis. Le souverain recevait la vérité toute nue, et le public ne la recevait qu'altérée. Bonaparte, comme un puissant égoïste qu'il était, avait pris pour lui tous les avantages du journalisme, et en avait laissé les inconvéniens à la France. Il avait voulu qu'on traitât le souverain comme on traite ordinairement le public, et qu'on traitât le public comme on traite ordinairement le trône.

Cette position de M. Fiévée le mettait à même de défendre le *Journal des Débats*; il partageait les opinions sociales et littéraires de ceux qui le dirigeaient; de plus, il était leur ami; il s'entremit avec beaucoup de chaleur pour leur conserver la propriété du journal. Il faisait remarquer à Bonaparte que deux espèces d'idées se disputaient l'empire de la société, les idées monarchiques et les idées révolutionnaires; il ajoutait que l'Empereur, puisqu'il voulait faire du pouvoir, devait favoriser l'essor des idées monarchiques et restreindre le développement des idées du bouleversement; qu'ainsi le *Journal des Débats*, loin d'être un danger sous l'empire, était un précieux auxiliaire. Cela était très vrai sous un point de vue, et beaucoup moins vrai sous l'autre. Bonaparte qui, quoiqu'il ne fît pas de syllogisme, saisissait admirablement les questions, le sentait bien. Son esprit était juste et sa position était fausse. Il voulait faire de la monarchie pour lui, et il ne portait point en lui le principe de la monarchie. Il sentait qu'il ne bâtissait pas sur son terrain : or, dans le droit politique comme dans le droit civil, la propriété du sol entraîne celle du dessous et du dessus. Il comprenait instinctivement qu'il y avait quelque part un principe qui viendrait revendiquer la propriété de la maison, dont lui, Napoléon, n'aurait été que l'architecte. La conscience de cette situation le jetait dans une grande perplexité. Ne voulant point revenir à la révolution, et craignant d'avancer dans la monarchie, il faisait prendre patience à la situation avec des victoires, et il immortalisait sa puissance faute de pouvoir l'affermir.

Il existe une note pleine d'intérêt et qui a sa place marquée dans l'histoire du *Journal des Débats*, car elle exprime l'opinion personnelle de l'Empereur sur cette feuille, à l'époque dont nous parlons. On remarquera que dans cette note adressée à M. Fiévée, en réponse à ses observations, l'incognito de l'Empereur est d'abord protégé par la particule *on*, puis trahi par le pronom *je* et le *moi* du maître, qui finit par lever orgueilleusement la tête dans la phrase.

Voici quelle était la teneur de cette note :

« M. de Lavalette verra M. Fiévée, et lui dira
» qu'en lisant le *Journal des Débats* avec plus
» d'attention que les autres, parce qu'il y a dix
» fois plus d'abonnés, *on* y remarque des articles
» dirigés dans un esprit tout favorable aux Bour-
» bons, et constamment dans une grande indif-
» férence sur les choses avantageuses à l'Etat ;
» que l'*on* a voulu réprimer ce qu'il y a de trop
» malveillant dans ce journal ; que le système
» est d'attendre beaucoup du temps ; qu'il n'est
» pas suffisant qu'ils se bornent aujourd'hui à
» n'être pas contraires ; que l'*on* a droit d'exi-
» ger qu'ils soient entièrement dévoués à la dy-
» nastie régnante, et qu'ils ne tolèrent pas, mais
» combattent tout ce qui tendrait à donner de
» l'éclat ou à ramener des souvenirs favorables

» aux Bourbons ; que l'*on* est prévenu contre le
» *Journal des Débats*, parce qu'il a pour proprié-
» taire Bertin-de-Vaux, homme vendu aux émi-
» grés de Londres; que cependant l'*on* n'a en-
» core pris aucun parti ; que l'*on* est disposé à
» conserver les *Débats* si l'on ME présente, pour
» mettre à la tête de ce journal, des hommes en
» qui JE puisse avoir confiance, et pour rédac-
» teurs des hommes sûrs, qui soient prévenus
» contre les manœuvres des Anglais, et qui n'ac-
» créditent aucun des bruits qu'ils font ré-
» pandre.

» Un censeur a été donné au *Journal des Dé-*
» *bats* par forme de punition; le feuilleton de
» Geoffroy a été soustrait à la censure ainsi que
» la partie littéraire; mais l'intention n'est point
» de le conserver, car alors il serait officiel, et il
» est vrai de dire que si le bavardage des jour-
» naux a des inconvéniens, il a aussi des avanta-
» ges. La nouvelle relative au duc de Brunswick
» était certainement donnée avec malveillance,
» et l'on peut citer mille autres articles du *Jour-*

» *nal des Débats* faits dans un mauvais esprit.
» Il n'y a pas d'autres moyens de donner de
» la valeur à la popriété du *Journal des Débats*,
» que de le mettre entre les mains d'hommes
» d'esprit attachés au gouvernement. Toutes
» les fois qu'il parviendra une nouvelle dé-
» favorable au gouvernement, elle ne doit
» point être publiée, jusqu'à ce qu'on soit tel-
» lement sûr de la vérité, qu'on ne doive plus
» la dire, parce qu'elle est connue de tout le
» monde. Il n'y a pas d'autre moyen d'empêcher
» qu'un journal ne soit point arrêté. Le titre du
» *Journal des Débats* est aussi un inconvénient;
» il rappelle des souvenirs de la révolution; il
» faudrait lui donner celui de *Journal de l'Em-
» pire* ou tout autre analogue. Il faut que les
» propriétaires de ce journal présentent quatre
» rédacteurs sûrs et des propositions pour ache-
» ter la rédaction de quelques autres jour-
» naux. »

Cette note de Napoléon est un monument

historique, curieux, des idées qu'on avait alors relativement à la presse et à la propriété des journaux. Si l'on compare à l'indépendance qu'accordait Bonaparte à la correspondance de M. Fiévée, les prescriptions étroites et rigoureuses que la note ci-dessus reproduite impose à la presse périodique, l'obligation de ne point publier une nouvelle défavorable au gouvernement, tant qu'elle n'est pas connue, car jusques là il est malveillant d'en parler, et l'obligation de la taire encore lorsqu'elle est dans toutes les bouches, parce qu'alors il est inutile d'apprendre au public ce dont il est déjà informé; si l'on compare cette latitude, qui existait d'un côté, à ces restrictions imposées de l'autre, on conviendra que nous avons eu raison de dire que Bonaparte s'était réservé les avantages de la presse et n'en avait laissé que les inconvéniens au public.

M. Fiévée ne manqua point d'argumens pour défendre le *Journal des Débats*. La question la plus difficile à résoudre, c'était la question de la propriété. De puissans personnages, regardant la succession de M. Bertin de Vaux comme ouverte de son vivant, voulaient entrer en jouissance de ses dépouilles. Les préventions de l'Empereur étaient grandes contre M. Bertin de Vaux; disons comment M. Fiévée le défendit. Aussi bien le portrait de M. Bertin de Vaux doit trouver sa place dans l'histoire du *Journal des Débats*. Or, ce portrait, tracé par la main de M. Fiévée qui a beaucoup connu l'original, et qui lui rendit dans cette occasion un si notable service, aura un mérite de ressemblance que nous ne pourrions lui donner, joint à l'avantage d'être exempt de ce soupçon de partialité dont il est si difficile de se défendre quand on peint un adversaire politique.

« M. Bertin de Vaux, répond M. Fiévée à
» l'Empereur, n'écrit plus depuis long-temps,
» et ne se mêle de son journal que sous le rap-
» port de l'administration. Entièrement livré aux
» affaires de finances, je puis assurer qu'il n'est
» pas une partie de sa fortune qui ne souffrît par

» un changement de gouvernement. D'ailleurs
» ce n'est point ce qu'on appelle un homme à
» opinions; il a d'autres affaires, par conséquent
» d'autres pensées. »

Malgré cette assurance, Bonaparte continuait à montrer beaucoup d'éloignement pour M. Bertin de Vaux, et à le tenir pour *un homme à opinions*, quoique M. Fiévée affirmât qu'il *avait d'autres affaires*. Il répéta même plusieurs fois à ce dernier, dans le cours d'une conversation, que, lorsqu'il avait des préventions, il n'en revenait jamais. M. Fiévée eut recours à une flatterie bien audacieuse. Il répondit à l'Empereur qu'il concevait qu'un bon bourgeois affirmât que, lorsqu'il avait des préventions, il n'en revenait jamais, puisqu'il les avait probablement prises lui-même; mais que, quand *on était né sur le trône*, on ne pouvait guère avoir contre de simples particuliers des préventions que celles qu'on avait reçues. « *Né sur le trône*, » poursuit M. Fiévée en terminant ce récit, « passa aussi naturellement qu'il avait
» été dit, et les expressions de l'Empereur de-

vinrent polies et douces, de dures qu'elles étaient. »

Enfin cette grande négociation se termina. Pour le moment, le droit des propriétaires du *Journal des Débats* fut respecté ; la ligne littéraire et religieuse resta sauve ; M. Fiévée fut préposé à la direction et devint la caution politique du journal, les trois douzièmes du produit furent acceptés par l'autorité, au lieu de deux qu'on offrait, et durent être versés chaque année au ministère de la police: le loup de l'histoire se montrait plus généreux que le loup de la fable, il ne prenait qu'un quart de la proie, sauf à manger le reste le plus tôt qu'il pourrait, comme il le fit plus tard. Quoi de plus? le titre du *Journal des Débats* disparut et fut remplacé par celui de *Journal de l'Empire*, qui indiquait le revirement qui venait de s'opérer dans le journal. M. Fiévée écrivait à l'Empereur avant d'entrer en charge : « Il est probable,
» pour me servir des expressions de l'Empereur,
» que je resterai long-temps avec la prétention
» de faire un parti à moi tout seul, et que si je

» suis chargé du *Journal des Débats*, j'aurai de
» terribles luttes à soutenir. Je crois devoir en
» prévenir, afin que l'Empereur ne prenne pas
» de décision à mon égard sans en avoir prévu
» les conséquences. »

CHAPITRE VIII.

SOMMAIRE : Le *Journal des Débats* sous la direction de M. Fiévée. — Nature de l'esprit de M. Fiévée. — Il maintient la couleur du journal — Comment le nouveau titre augmente sa publicité. — L'Empereur conquiert des abonnés au *Journal de l'Empire*. — Le philosophisme et la police recommencent la guerre. — Bulletin d'Austerlitz. — Bonaparte et Ossian. — Le *Journal de l'Empire* blâmé dans le *Moniteur*. — Fouché parle de faire arrêter M. Fiévée. — Note de ce dernier à l'Empereur. — M. Suard dénonce le *Journal des Débats* en séance académique. — Nouvelle lettre de M. Fiévée. — Le *Journal des Débats* arrêté à la poste. — Bonaparte ôte la direction à M. Fiévée. — Motifs qui lui font prendre cette mesure.

En prévoyant qu'il rencontrerait bien des obstacles dans la position qu'il avait acceptée, et que sa direction serait semée d'orages, M. Fiévée avait bien lu dans l'avenir. Quoique Napoléon crût pouvoir compter sur son dévoûment absolu à sa dynastie, puisqu'il lui mettait dans les mains un instrument dont il redoutait l'influence, M. Fiévée ne devait pas rencontrer, dans les puissances de seconde ligne, la confiance que lui témoignait l'Empereur. Il avait été long-temps considéré comme dévoué à la maison de Bourbon ; plusieurs fois arrêté, il avait subi, à une époque qui n'était pas encore très éloignée, une rude captivité au Temple par les ordres de Fouché. Or, quoique M. Fiévée répétât, avec cette gaîté d'esprit qui lui est propre, qu'il était impossible, dans le temps où ces choses se passaient, d'en vouloir à un homme qui ne vous avait fait arrêter qu'une fois, ses rapports avec le ministre de la police n'étaient pas empreints d'une grande bienveillance. En outre le fond de ses opinions étant anti-philosophique et anti-révolutionnaire, il était plus royaliste qu'il ne le laissait voir, plus royaliste qu'il ne le pensait lui-même. Son dévoûment à l'empereur, n'était qu'une erreur d'application. Comme la plupart des esprits un peu fortement trempés de cette époque, il était trop vivement préoccupé de la puissance de la personnalité humaine. Au milieu de cette société désorganisée, au sein de laquelle les individualités avaient dû lutter, par l'énergie de leur caractère et la hauteur de leur intelligence, contre des circonstances terribles, l'homme s'était enivré de sa propre force. Il s'était habitué à croire que tout lui était possible, en dehors des principes qui sont les lois souveraines du monde politique. M. Fiévée était un des sectateurs de ce culte de l'omnipotence humaine. Il est possible qu'il ait vu l'établissement de la monarchie dans l'union de son influence d'écrivain avec le génie gouvernemental et l'épée conquérante de Napoléon : nous avons rencontré, dans les derniers temps, un si grand nombre d'illusions de ce genre, que celle-ci n'aurait rien qui pût nous surprendre. M. Fiévée lui-même justifierait, au besoin, notre assertion, car nous trouvons, dans sa correspondance avec Bonaparte, un passage où il dit textuellement que les doctrines du *Journal des Débats* ne prévalent que parce qu'elles sont défendues par des hommes de mérite, et que si un esprit supérieur voulait embrasser la défense des idées philosophiques, il leur assurerait l'ascendant. On ne peut pas pousser plus loin la superstition de la puissance humaine.

La tendance du *Journal de l'Empire* continua donc celle du *Journal des Débats* sans la changer. C'était M. Fiévée qui, dans les colonnes de celui-ci, avait le plus rudement attaqué les idées gouvernementales du xviiie siècle; devenu directeur de la feuille où il avait souvent écrit auparavant, il ne se réconcilia ni avec la philosophie ni avec la Révolution. La couleur du journal demeura donc monarchique. On y voyait plus souvent paraître, si vous le voulez, l'éloge de Napoléon, et ces allusions à la famille des Bourbons qui avaient excité un mécontentement si vif chez l'Empereur, ne furent plus tolérées. Mais qu'importait? Ce n'est point avec l'éloge des personnes qu'on fait les restaurations.

Quand peu à peu les doctrines sociales se sont replacées dans les esprits, quand les idées justes ont chassé les idées fausses, quand les vérités ont dissipé les mensonges, il est bien difficile que l'usurpation ne disparaisse pas aussi, car l'usurpation, c'est un mensonge qui tient le sceptre, c'est un sophisme couronné.

On peut même dire que le *Journal de l'Empire* gagna en force et en puissance par la direction de M. Fiévée. Sans doute il n'abordait pas ouvertement les questions politiques qu'on était réduit, à cette époque, à traiter avec une discrétion de termes, et des ménagemens de pensées incroyables, pour ne point éveiller les soupçons d'un pouvoir défiant et jaloux. Mais il y introduisait quelques aperçus de sa métaphysique gouvernementale, espèce d'algèbre monarchique qui posait les formules de la science politique, avec une sagacité à laquelle on ne peut reprocher que l'obscurité, souvent par trop abstruse, de la phraséalogie dont elle se servait. En outre, M. Fiévée, en homme qui savait que la puissance d'un journal est dans la force intellectuelle de sa rédaction, employait tous ses efforts à assurer au *Journal de l'Empire* cette prééminence déjà si universellement reconnue. Les questions qu'on ne pouvait prendre sous le point de vue politique, on les abordait par le côté moral et littéraire, et, de cette manière, on continuait à battre en brèche toutes les théories insensées, accréditées par le philosophisme dans la première moitié du xviii° siècle, et qui avaient reçu, dans sa seconde moitié, un commencement d'exécution.

Ce titre de *Journal de l'Empire* qu'on avait imposé au *Journal des Débats*, pour le lier plus étroitement à la fortune de l'Empereur, avait tourné à l'avantage de la feuille périodique et augmenté sa publicité. Il semblait que le chef de l'empire eût adopté le journal qui, de son aveu, avait pris ce nom. On s'habituait à le regarder comme l'expression autorisée, sinon de la pensée, au moins des doctrines du gouvernement, et chaque fois que Bonaparte accroissait, par une campagne heureuse, l'empire français d'une province ou d'un royaume, il conquérait des abonnés et des lecteurs au *Journal de l'Empire*, qui avait ainsi ajouté, pour auxiliaire à la plume de Geoffroy, de M. Fiévée, de M. Féletz, et de tant d'hommes d'esprit, l'épée de Napoléon.

Malheureusement, les obstacles dont nous avons parlé, ne tardèrent pas à naître, et l'espèce de trêve qui avait été signée entre le ministre de la police et le *Journal de l'Empire*, ne fut pas à une plus longue échéance que ces rapides armistices, courtes respirations de l'Europe entre deux guerres, que l'Empereur décorait du nom de paix. C'était dans les derniers mois de l'année 1805 que s'était effectuée la négociation qui avait fait du correspondant de l'Empereur la caution politique du *Journal de l'Empire*, et, dès le mois de janvier 1806, les hostilités étaient commencées.

Voici quelle en fut l'occasion :

L'Empereur rédigeait quelquefois ses proclamations dans un style qui se ressentait de son admiration pour Ossian, comme aussi de cette langue ampoulée et déclamatoire que la révolution de 93 avait greffée sur la langue française; car cette époque de rhéteurs, en même temps que de bourreaux, sembla, en plus d'une occasion, avoir trempé les *Précieuses ridicules* dans le sang, pour en faire son dictionnaire. Or, à la suite de la bataille d'Austerlitz, l'Empereur, encore dans la fièvre de la victoire, avait dicté une de ces proclamations Ossianiques, dont les expressions trop pompeuses parurent contraires aux règles du goût et de nature à choquer une partie du public. On en fit donc une autre plus convenable, mais on ne put détruire la première qui avait déjà été publiée par les journaux allemands. Le *Journal de l'Empire* l'ayant reçue par les soins de son correspondant à Francfort, la reproduisit. Aussitôt Fouché, sans blâmer la proclamation dont il avait reconnu l'auteur, saisit l'occasion par un biais, et accusa le correspondant de Francfort d'être un intrigant vendu aux Anglais, accusation banale dirigée contre tous ceux que l'on voulait perdre.

Le directeur du *Journal de l'Empire* n'était pas homme à ne point prendre sa revanche. Ayant découvert une édition de Colin d'Harleville, récemment publiée, qui portait, à la dernière page du dernier volume, une approbation de la censure qui n'avait, à cette époque, aucune existence légale en France, il imprima cette autorisation dans son journal. Le scandale ne tarda point à opérer, et ce petit fait fut, à Paris, un grand événement. L'Empereur, ennuyé de cette guerre intestine qui s'était élevée entre le ministère de la police et le *Journal de l'Empire*, les fit blâmer tous les deux dans le *Moniteur*. Mais M. Fiévée, déployant en cette occasion l'indépendance de son esprit, refusa de reproduire dans la feuille qu'il dirigeait le blâme jeté sur sa personne. Lorsque Fouché lui fit observer que, lui ministre, il n'était pas blessé de ce que le *Journal de l'Empire* avait reproduit ce qui le concernait, le journaliste répondit: «Moi,

» je n'ai pas d'ambition pour me consoler ; il me
» faut toute ma réputation. »

Ces piqûres n'étaient pas propres à rétablir la bonne harmonie ; aussi les différends se renouvelaient-ils à chaque instant ; les plus grands comme les plus petits événemens leur servaient de motifs. Il faut avouer que le *Journal de l'Empire* ne laissait échapper aucune occasion de heurter les idées de la secte philosophique qui se ralliait autour de Fouché.

Il y eut, vers ce temps, une controverse au sujet de la réception du cardinal Maury à l'Institut, qui fournit un nouvel aliment à cette guerre. L'Institut était un corps éminemment révolutionnaire, à cette époque. Là, était le foyer de toutes les idées philosophiques ; là, se groupaient les débris de la société jacobine, et l'on y résolut de faire, de la réception du cardinal, un scandale académique. Dans les premiers instans, on allait jusqu'à prétendre que le cardinal Maury était dans l'obligation de se présenter avec l'uniforme de l'Institut et l'épée au côté, ce qui eût été une dérision jetée sur le caractère dont il était revêtu. On se borna ensuite à soutenir que l'on ne devait pas lui donner la qualification qui appartenait à sa dignité ecclésiastique. Ce fut à l'occasion de cette querelle que le cardinal répondit, avec un rare à-propos, au citoyen Chénier, dont l'opposition était la plus violente : « Pourquoi ne me dirait-on pas *monseigneur*? Je vous dis bien *monsieur*! » On devine assez quelle ligne suivit le *Journal de l'Empire* dans cette circonstance, quoiqu'il blâmât, comme inopportune, la démarche qu'avait faite l'abbé Maury en entrant à l'Institut.

C'était toujours la même querelle qui se représentait sous toutes les formes, querelle des hommes qui voulaient que la France fût monarchique, contre ceux qui avaient peur qu'elle ne le devînt trop, parce qu'ils se souvenaient qu'ils avaient été révolutionnaires. Or, Fouché, chacun le sait, était de ce nombre, et sa colère contre le *Journal de l'Empire* allait si loin qu'il

ne parlait que de faire arrêter celui qui était, pour le moment, la personnification vivante du journal. « Parmi les petitesses du ministère, lit-
» on dans la correspondance de M. Fiévée, je
» citerai l'inquiétude qu'on a de mon crédit. De
» là le bruit qu'on fait courir, que je suis tombé
» en disgrâce, et, par suite, la nouvelle de mon
» arrestation devenue si publique que, le même
» jour, plus de trente personnes sont venues
» chez moi demander pourquoi on m'avait ar-
» rêté, et quelques-unes n'étaient pas sans crain-
» te de se compromettre par cette preuve d'in-
» térêt ou de curiosité. Heureusement j'étais
» chez moi pour les rassurer et pour leur ap-
» prendre que les haines ministérielles ne sont
» rien sous un chef qui règne par lui-même, et
» seraient encore moins si le chef de l'état était
» faible ; car alors que seraient les ministres? Il
» est vrai que M. Fouché, qui a le malheur
» d'être nerveux, avait crié, m'a-t-on dit, qu'il
» me ferait arrêter, et, comme il y avait beau-
» coup de témoins, cela paraissait un engage-

» ment. Je m'imagine que c'est pour savoir ce
» qu'il devait en penser lui-même qu'il a rendu
» une visite à M. de Lavalette, et qu'affectant
» alors une colère qu'il n'avait plus, il répéta
» qu'il me ferait arrêter. M. de Lavalette, avec
» la douceur que l'Empereur lui connaît, se con-
» tenta de répondre : *Vous n'en ferez rien.* Et il
» avait raison. En vérité, je ne sais ce qui tour-
» mente ces gens-là; je crois quelquefois que
» leur agitation est une punition de Dieu. »

Ces attaques mutuelles finirent par enveni-
mer tellement les haines, que le parti philosophique, qui se sentait battu devant l'opinion
publique, résolut de prendre sa revanche à l'A-
cadémie. L'Institut s'entendait à merveille avec
la police; les délations secrètes n'avaient point
réussi, on tenta les délations publiques, et
M. Suard se chargea de dénoncer, en séance
académique, les rédacteurs du *Journal de l'Empire* comme partisans des Bourbons et travaillant à les faire revenir. Ce fut le sujet de nouvelles plaintes de M. Fiévée qui remontrait avec

raison à l'Empereur tout ce que ce procédé avait d'inconvenant et de peu généreux. « Nous avons,
» il est vrai, disait-il, le tort d'attaquer, avec un
» succès toujours croissant, cette philosophie
» du dix-huitième siècle, mauvaise en morale,
» en littérature, autant qu'en politique; et com-
» me la réputation de M. Suard tient à cette phi-
» losophie, puisqu'il n'a fait aucun ouvrage qui
» puisse recommander sa mémoire, il ne peut
» nous pardonner notre irrévérence pour ses
» maîtres; irrévérence qui réduirait à rien les
» disciples comme lui. Mais aller jusqu'à une dé-
» nonciation politique faite en pleine séance
» d'Académie, appuyer avec un tel éclat les rap-
» ports secrets du ministre de la police, c'est
» une action d'autant plus lâche, qu'on a dû cal-
» culer d'avance que le nom des Bourbons se
» trouvant mêlé dans cette attaque, il serait im-
» possible de se défendre dans les journaux. »

Les choses n'en restèrent point là, et la guerre que le ministre de la police avait déclarée au *Journal de l'Empire*, prenant des allures plus directes, un des numéros de ce dernier fut saisi à la poste. Le prétexte était si futile et si peu raisonnable, que cette mesure de rigueur ne se cachait pas même sous l'apparence de la justice. Le *Journal de l'Empire* avait annoncé que les vaisseaux de ligne le *César* et le *Duguesclin* avaient été lancés dans le port d'Anvers. Sans perdre un instant, la police mit la main sur le numéro, comme suspect de révéler à l'Angleterre l'état de nos armemens maritimes. La police qui, avec ses yeux de lynx, n'aperçoit point les gros événemens et grossit démesurément les petits, ne s'était point souvenue que l'article était emprunté textuellement au *Moniteur*. Nouvelle lettre de M. Fiévée, qui instruit l'Empereur de cette persécution nouvelle, et qui, après lui avoir fait sentir toute la puérilité du motif, lui expose les véritables raisons de l'animosité toujours croissante du ministère de la police contre le *Journal de l'Empire*. Ce n'était point un changement de titre qu'on voulait, c'était un changement de propriété. Comme il n'avait pas été possible jusques-là d'arriver à ce but, on avait fait main-basse sur les autres journaux. Les personnes chargées de les surveiller, les avaient mis plus ou moins au pillage. Mais malheureusement pour elles, les journaux dont elles s'étaient emparées rapportaient fort peu d'argent, tandis que le journal qu'elles n'avaient pu prendre, en rapportait beaucoup. Que faire? On avait essayé de tuer le *Journal de l'Empire* en favorisant d'autres journaux pour les nouvelles étrangères, tactique sans résultats, parce que la partie littéraire et l'esprit du *Journal de l'Empire* le soutiendraient, même sans nouvelles aucunes. Alors on avait accablé le directeur de défenses : il en avait quarante-six enfilées dans l'ordre de leur date, et qui réduiraient le journal à paraître en blanc, s'il s'était prêté à les exécuter. Enfin dans le désespoir de le tracasser, jour par jour, sans succès, on avait voulu porter un grand coup et faire croire aux provinces que le journal était supprimé. C'était à l'époque d'un semestre, c'est-à-dire d'un renouvellement pour six mois, que l'ordre avait été donné de l'arrêter à la poste, avec défense à M. Lavalette d'en avertir la partie intéressée.

Ces plaintes peignent merveilleusement la position du *Journal de l'Empire* pendant ces deux années, où on lui laissa quelqu'ombre de sa liberté. C'était une double guerre, et une guerre de tous les jours qu'il fallait soutenir. Il fallait combattre, en secret, contre les embûches du parti révolutionnaire et contre les inimitiés du ministre de la police, pour conserver la faculté de combattre publiquement les idées du philosophisme et de la révolution. Au demeurant, il était impossible que la liberté du *Journal de l'Empire* ne finît point par être complètement anéantie. M. Fiévée répétait lui-même, peut-être sans le croire, que, ne pouvant espérer qu'on lui sacrifierait le ministre de la police, il s'attendait à être sacrifié. Ce n'était point là précisément qu'était la question; elle était plutôt dans ces paroles de l'Empereur, *Vous avez le dessein de m'entraîner dans une autre monarchie que celle que je veux former.* C'est que M. Fiévée en effet demandait à Bonaparte plus qu'il ne pouvait faire. Dans les conditions où il était placé, tant par l'origine de son autorité que par la nature du parti qui occupait autour de lui toutes les situations politiques, il lui était facile de faire du pouvoir, mais non de la monarchie. Ce n'était point son génie qu'il fallait en accuser, c'était sa situation. Ce qu'on lui demandait, c'était tout simplement d'être le petit fils de Louis XIV.

Il était facile de lui dire, comme M. Fiévée, dans l'embrasure d'une croisée : « Quand on est né sur le trône; » facile de demander qu'on fît de la monarchie, comme le demandait le *Journal de l'Empire*, qui ne remuait que des mots et ne touchait que des idées. Mais les situations ont un langage bien plus rude que les correspondans des empereurs, quelque francs qu'ils puissent être, et, quand on touche aux affaires et qu'on remue les hommes, on est vivement frappé des difficultés qui échappent dans la théorie. L'Empereur, en accordant une ombre de liberté au *Journal de l'Empire*, avait voulu tenir en bride le parti révolutionnaire, de même qu'à l'aide du parti révolutionnaire il tenait en bride l'opinion monarchique. Si le *Journal de l'Empire* avait l'instinct de ce qui était utile à la France, en réclamant la monarchie, Bonaparte avait l'instinct de ce qui lui était utile à lui-même en ne la voulant point complète, car son dernier complément lui ôtait la couronne de dessus la tête. La crainte qui atteignait Fouché dès qu'on faisait les premiers pas sur ce terrain, finissait par gagner Napoléon lui-même quand on allait trop avant, car à tout prendre il y avait de la révolution dans sa puissance et dans sa personne. Il était son dernier né et son plus glorieux rejeton ; mais la filiation n'en était pas moins réelle. Tout absolue qu'elle paraissait, son autorité n'était pourtant que conditionnelle ; il y avait entre lui et le parti révolutionnaire des liens qui ne pouvaient être rompus. C'est là le vice de ces positions mixtes qui commandent tout autour d'elles et qui sont commandées par un principe. Ce que reprochait Bonaparte au *Journal de l'Empire*, c'était d'être plus monarchien que bonapartiste ; ce qu'aurait volontiers reproché le *Journal de l'Empire* à Bonaparte, c'était d'être plus bonapartiste que monarchien.

Il arriva de là que, lorsque l'Empereur vit que cette balance qu'il avait voulu établir était impossible, il pencha du côté de la révolution. Vers le milieu de l'année 1807, la direction de l'esprit public, comme on disait alors, fut remise au ministre de la police qui dut s'entendre avec Napoléon sur l'impulsion à imprimer. Le grand général établissait partout la discipline des camps. La pensée eut ordre de se mouvoir dans tous les journaux, et par conséquent dans le *Journal de l'Empire*, au commandement d'un caporal et entre deux roulemens de tambour ; à cette époque le dévouement indiscipliné de M. Fiévée cessa ses fonctions.

CHAPITRE IX.

Sommaire : M. Etienne est mis à la tête du *Journal des Débats*. — Peu de temps après Bonaparte s'empare de la propriété. — Il la partage entre plusieurs personnes. — M. Molé et M. Pasquier. — Nature du talent de M. Etienne. — Tendance de ses idées. — Conséquences de son entrée au *Journal des Débats*. — La partie littéraire continue à recruter les plus habiles écrivains. — Hoffmann. — Aperçu biographique et littéraire sur Hoffmann. — Une anecdote relative à la représentation d'*Adrien*. — Sa polémique avec Geoffroy. — Son talent et son esprit encyclopédique. — Insuffisance de la partie politique. — Mot d'ordre donné et reçu. — Humiliations et menaces. — Toute l'attention demeure tournée vers le feuilleton.

Un soir, après avoir dîné au château de Saint-Cloud, le duc de Bassano se promenait dans le parc avec l'Empereur : celui-ci lui demanda un homme capable et sûr pour diriger le *Journal de l'Empire*. Le duc de Bassano nomma trois personnes, parmi lesquelles se trouvait M. Etienne: à l'instant même l'Empereur choisit ce dernier.

La propriété du *Journal de l'Empire* ne resta plus qu'un moment dans les mêmes mains. Bonaparte avait, en fait de propriétés littéraires, des principes d'une rare élasticité. Il se contenta de dire qu'il était absurde d'assimiler la propriété d'un journal à celle d'un bien mobilier ou immobilier, et comme il concluait vite et bien, il s'empara du *Journal des Débats*. Cette riche proie fut divisée entre quelques uns des serviteurs du maître. M. Pasquier, que l'Empereur avait créé baron au commencement de la réaction vers les anciens titres, accepta la part qu'on lui donna. C'est ainsi que, dans les premiers jours de la restauration, M. Pasquier fit réclamer à la caisse du journal un trimestre qu'il avait oublié de faire toucher, au milieu de la crise de l'invasion : exactitude fiscale qui exita la gaîté des salons politiques.

C'était toute une révolution que l'introduction de M. Etienne au *Journal de l'Empire*. Par ses opinions, par ses goûts, par ses liaisons, il appartenait à cette école du dix-huitième siècle jusque là si vivement combattue dans la feuille dont il allait prendre la direction. Esprit orné, mais froid, littérateur d'une précision un peu mécanique, il avait moins de verve que d'élégance, et l'on remarquait plus de correction que d'inspiration, dans sa phrase soigneusement châtiée et dans ses épigrammes laborieusement spirituelles. Quant à la politique, il recevait à ce sujet des ordres dont on ne pouvait s'écarter; mais la tendance naturelle de son esprit le faisait plutôt incliner vers les idées de la révolution. Il y a moins loin qu'on ne pense de l'arbitraire du pouvoir à l'arbitraire de la place publique. Après avoir développé le premier, contre la monarchie, dans le *Journal de l'Empire*, M. Etienne était encore destiné à développer le second, toujours contre la monarchie, dans le *Constitutionnel*.

Par l'avènement de M. Etienne à la direction de l'ancien *Journal des Débats*, l'Empereur opérait une étrange confusion. Il avait essayé inutilement de soutenir dans une indépendance réciproque, vis-à-vis l'un de l'autre, l'esprit révolutionnaire et l'esprit monarchique, de manière à établir entr'eux l'équilibre. Ayant perdu l'espoir d'y parvenir, il les faisait entrer tous deux à la fois dans le *Journal de l'Empire*, symbole de l'impraticable fusion qu'il voulait réaliser, et de cette unité qu'il comptait créer à son profit, en fondant ensemble deux contrastes. D'un côté, M. Etienne et M. Tissot, qui bientôt parut dans le *Journal de l'Empire*, représentaient la nuance philosophique ; de l'autre, Geoffroy, M. de Feletz et Hoffmann, à qui l'on avait laissé leur indépendance littéraire, représentaient la nuance monarchique et religieuse.

Puisque nous avons été amenés, par les progrès du récit, à parler de ce célèbre critique qui, avec Geoffroy et M. de Feletz, forma, pendant si long-temps, le triumvirat littéraire du *Journal des Débats*, auquel il commença à travailler, vers l'époque à laquelle nous sommes arrivés, il importe d'apprécier la nature de son talent et la part qu'il prit au succès du journal auquel son souvenir est resté attaché.

Hoffmann était un homme d'une trempe de caractère ferme et arrêtée, d'une érudition presqu'universelle, pour qui le travail était une passion, à laquelle toute autre considération était sacrifiée. Comme tous les esprits habitués à la méditation et par conséquent à la solitude, il avait une certaine sauvagerie de mœurs qui lui donnait de l'éloignement pour la société. Cependant son intelligence si mordante et si vive ne manquait point de grâce et d'atticisme, et l'on s'apercevait à son style qu'il n'avait point perdu le souvenir des réunions brillantes auxquelles présidait la marquise de Bouflers, à Nancy; c'était la ville natale d'Hoffmann qui, dès l'âge de vingt-deux ans, s'était fait remasquer par cette société d'élite. Arrivé à Paris en 1785, à la veille d'une révolution qui commençait à soulever le sol, il s'essaya d'abord sur la scène dramatique, et, quoique cette branche de la littérature semble avoir peu de rapports avec celle où Hoffmann s'illustra depuis, il y obtint de nombreux succès. *Phèdre, Nephté, Adrien, la mort d'Abel*, à l'Opéra ; aux Français, l'*Original* et le *Roman d'une Heure* ; à Feydeau, *Euphrosine et Coradin* et les *Rendez-vous Bourgeois*, telles furent les principales compositions d'Hoffmann. Son opéra d'*Adrien* devint le sujet d'une contestation que nous devons rappeler, parce qu'elle peint à la fois l'époque et le caractère de l'homme.

C'était au moment de la crise révolutionnaire, l'opéra d'*Adrien* avait été reçu avec enthousiasme ; mais le maire de Paris, Péthion de Villeneuve, arrêta la représentation par son *véto*. Le grand grief de la censure reposait sur ce que les chevaux qui devaient traîner le char d'Adrien avaient appartenu à la reine Marie-Antoinette. On ajoutait encore, pour aggraver cette première infraction au puritanisme républicain, que le nom de roi et d'empereur était prononcé par quatre fois dans la pièce. Enfin, on concluait de tout cela que les ex-chevaux de la ci-devant reine, et l'auteur qui avait employé ce ci-devant mot de roi, rayé dorénavant du dictionnaire, étaient coupables du crime de lèze-nation.

Hoffmann, dont l'intelligence ne pouvait s'élever à la hauteur de ce civisme, se rendit chez David, qui, pour être un grand peintre, n'en était pas moins un ridicule censeur; car ni raison, ni raisonnement ne purent le fléchir, et il déclara que « la commune de Paris brûlerait l'O-
» péra, plutôt que d'y voir triompher les rois. »
Or, vous savez comment, quelques années plus tard, la commune de Paris tint l'escabeau au grand général qui monta sur le trône, et comment le républicain David (nous l'avons déjà dit) devint le premier peintre de sa majesté l'empereur et roi. Mais, dans le moment dont nous parlons, sa conversion à la royauté n'était pas encore accomplie. Hoffmann, avec son à-propos ordinaire, répondait à ses observations sur la tendance monarchique d'Adrien : « Que ce n'é-
» tait pas le choix du sujet d'une pièce ou d'un
» tableau qui pouvait témoigner du civisme d'un
» artiste ou d'un auteur, puisqu'un des plus

» grands peintres de l'école française avait re-
» présenté les Horaces jurant de combattre pour
» le roi Tullus. » Ce à quoi David répliqua :
« Ne me parlez pas de cela; je suis au désespoir
» d'avoir traité un pareil sujet. »

La nature, qui avait doué Hoffmann d'un esprit dont la flexibilité s'étendait à toutes les branches de la littérature, lui avait donné un caractère inflexible. Il refusa toutes les corrections qu'on lui demandait, brava toutes les menaces, et dans un temps où l'on sortait plus souvent de la prison pour aller à l'échafaud que pour rentrer dans son domicile, il fit imprimer dans les journaux une lettre où l'on remarquait le passage suivant : « On a voulu me forcer à re-
» trancher ou à refaire quelques vers d'Adrien.
» Des conseils littéraires m'auraient trouvé do-
» cile; des ordres despotiques m'ont trouvé in-
» flexible. Quand le public, qui est mon seul
» juge, désapprouvera quelques scènes de mon
» ouvrage, ces scènes disparaîtront. Si l'autorité
» s'en mêle, les scènes resteront, fussent-elles

» mauvaises, et mon opiniâtreté lassera même la
» tyrannie. Je ferai plutôt mille mauvais vers
» qu'une bassesse. »

Adrien ne fut pas représenté à cette époque. Ce ne fut que quelques années plus tard que cette pièce, qui devait tenir une grande place dans la carrière politique d'Hoffmann, parut à l'Opéra. Elle devint alors le sujet d'une vive polémique entre l'auteur et Geoffroy, le roi du feuilleton, qui, du bout de sa plume, régentait la scène. Dans ce temps, on aimait ces batailles littéraires dans lesquelles on dépensait le reste de cette ardeur que les commotions civiles avaient donnée aux esprits. D'ailleurs, la politique faisant silence dans les journaux, il fallait bien que l'activité intellectuelle débordât sur d'autres matières ; et le *Journal des Débats*, qui a toujours bien compris le mécanisme de la presse périodique, ouvrait avec plaisir ses colonnes à ces duels de la littérature, quand il ne les provoquait pas.

Les honneurs de la journée restèrent à Hoffmann. Né dans une ville française d'un père long-temps officier dans les armées autrichiennes, il possédait l'esprit d'un Français joint à une érudition d'Allemand. Il avait sur Geoffroy l'avantage d'une exquise politesse, et la supériorité d'un savant, homme du monde, sur un savant, régent de classe. Hoffmann, c'était Geoffroy tempéré par M. de Féletz. Avec moins de douceur que le second, il avait moins de violence que le premier. Il frappait plus rudement que M. de Féletz, qui avait toujours quelque chose d'aimable, même dans ses plus grandes sévérités; mais sa main était gantée, tandis que celle de Geoffroy était nue. S'il instruisait souvent dans son feuilleton, il ne professait jamais. Il enveloppait sa science au lieu d'en faire parade; ses épigrammes, quelque poignantes qu'elles fussent, étaient toujours polies : c'étaient des ongles d'acier sous un gant de velours.

Ce fut une précieuse acquisition pour le *Journal des Débats* qu'un critique de cette instruction et de cette verve. *Les Lettres Champenoises* qu'il publia dans cette feuille, mais sans avouer qu'il en était l'auteur, produisirent une vive impression dans le monde littéraire. Ce mélange de savoir et de finesse, de gravité et de malice, d'érudition et de gaîté, cette puissance de raison au service de laquelle il mettait une fécondité inépuisable d'épigrammes, exerçaient leur attrait sur toutes les classes de lecteurs. Lorsqu'Hoffmann prenait à parti le docteur Gall et son système de protubérance, on eût dit qu'il était un anatomiste consommé en même temps qu'un profond philosophe. Quand il attaquait Mesmer, il semblait que ce fût un physiologiste et un physicien du premier ordre qui tînt la plume. Examinait-il un ouvrage sur l'antiquité, il avait l'érudition de Saumaise ou de Mme Dacier, jointe à une pureté de style qui rappelait le grand siècle. Quoi de plus? Il mettait en action la fameuse thèse de Pic de la Mirandole. A la fois médecin, géographe, poète, artiste, littérateur, philosophe, antiquaire, son esprit s'ouvrait à toutes les connaissances et son style se pliait à tous les sujets.

Il était nécessaire de rappeler tous ces détails, pour faire comprendre la vogue immense du *Journal de l'Empire* qui s'imprimait alors à plus de vingt mille exemplaires ; car si, trompé par la situation de la presse contemporaine, on attribuait ce prodigieux succès à la politique du journal, on commettrait une grave erreur. Nous pensons que c'est à cette époque que les feuilles périodiques méritèrent ce nom de *papiers-nouvelles*, que le dédain peu intelligent de certaines personnes leur a conservé mal à propos de nos jours. Toute la partie politique, en effet, se compose de nouvelles. Les événemens qui se passent en Italie, en Allemagne, en Russie et en Angleterre, projettent leur reflet, coloré ou pâli par la censure, dans les colonnes du journal. Nous avouerons bien, si l'on veut, que nous donnerions les plus beaux articles insérés aujourd'hui dans le *Journal des Débats* pour quelques nouvelles du genre de celles-là : « *Sir Burdett a dit au parlement que ce n'était pas trop que d'opposer la population tout entière aux Français ;* » ou bien encore celle-ci : « *Lord Castelreagh a répondu à l'honorable membre que la France possédait une immense étendue de côtes, d'où elle menaçait l'Angleterre par tous les points à la fois.* » Mais si l'on trouve souvent des nouvelles de ce genre dans le *Journal des Débats* de 1808, si l'on y rencontre la table des victoires de l'Empire, il est impossible d'y découvrir une appréciation de la situation générale, un aperçu sur l'état des choses et des hommes, enfin un jugement ; les détails, que nous avons donnés plus haut, en expliquent la raison.

Le *Journal de l'Empire* est comme un registre officiel des actes, des lois, des paroles de l'Empereur. Il ne parle point par lui-même, il répète. C'est l'écho qui vient après la voix, l'ombre qui suit la lumière, l'instrument qui cède à l'impulsion de la main qui le conduit. Ainsi, il conserve la trace de ce fameux blocus continental qui mit l'Angleterre à deux doigts de sa perte. Quand Napoléon, qui donnait des couronnes comme on donne aujourd'hui des préfectures, transférant l'impuissance de son frère Joseph de trône en trône, lui ordonne de cesser de régner à Naples et d'aller régner à Madrid, le *Journal des Débats* est encore là pour enregistrer les paroles d'obéissance du souverain transféré, qui s'écrie dans sa proclamation à ses anciens sujets: « Peuples du royaume de Naples, la Providence, » dont les desseins nous sont inconnus, nous » appelle au trône des Espagnes et des Indes. » On sait que ces ordres de la Providence étaient datés de Valençay.

Il est un seul point sur lequel le *Journal de l'Empire* élève spontanément la voix, c'est la question anglaise. Ce n'est pas lui qu'on entendrait souhaiter à une reine d'Angleterre un règne aussi glorieux que celui de la reine Anne (1). Le *Journal des Débats* de ce temps-là savait l'histoire de France: il n'ignorait pas que la gloire de la reine Anne avait été acquise contre nous.

---

(1) Ce souhait a dernièrement été adressé à la reine Victoria par le *Journal des Débats*.

Il ne souhaitait pas à nos voisins de ces succès qui, pour notre pays, se traduisent en revers; il était aussi anti-anglais que peuvent l'être aujourd'hui les journaux les plus français. M. Malte-Brun, l'un de ses rédacteurs de fondation, publiait alors, à la date de l'année 1808, ces lignes : « L'anglomanie est la seule des puissances coa- » lisées sur laquelle l'Angleterre compte en- » core. » Puis, dans un autre numéro, venait cette phrase d'une indignation éloquente : « Cette na- » tion vraiment barbare, cette nation qui ne sait » point apprécier les vertus, les travaux, les dé- » couvertes des autres peuples, qui ne respecte » point, chez les autres, les sentimens de patrio- » tisme et de liberté dont elle s'enorgueillit, » nous la jugerions avec indulgence, avec bien- » veillance ! Non, une sévère justice est encore » de la générosité, quand c'est envers des bri- » gands qu'on l'exerce. »

Nous aurons plus d'une occasion de nous convaincre que le *Journal des Débats* n'a pas la phrase polie en politique. Du reste, sauf la brutalité de l'épithète, le jugement de M. Malte-Brun est équitable aujourd'hui comme alors. Ce n'est pas l'Angleterre qui a changé de caractère, c'est le *Journal des Débats* qui a changé d'avis.

Ces excursions dans le domaine de la politique sont bien rares. Sous le règne de Napoléon, la politique était un monde fermé ; au blocus continental, il faut ajouter un autre blocus qui ne fut ni moins strict ni moins sévère, c'est le blocus des idées. La condition de la presse politique, à cette époque, était misérable, et les publicistes de quelque valeur auraient cru avec raison déshonorer leur plume, s'ils avaient accepté un droit de cité dans les journaux où la pensée ne pouvait entrer qu'à genoux. Ceci explique pourquoi, pendant l'Empire, il n'y eut que des littérateurs dans la presse périodique ; la critique littéraire étant libre, pouvait mettre en avant des hommes de cœur et d'intelligence ; la critique politique étant enchaînée, parlait rarement, et, quand elle parlait, elle empruntait des voix sans autorité. Il faut donner ici une idée de ces humiliations journalières auxquelles la presse était en butte, et nous choisirons naturellement le *Journal de l'Empire*, qu'on devait cependant ménager à cause de son dévoûment bien connu et de son vasselage.

Comme on ne jugeait point, dans ce temps-là, les actes du gouvernement, il n'y avait pas d'opposition proprement dite. Les papiers-nouvelles, ils méritaient bien ce nom, pouvaient donc seulement publier des bruits, des rumeurs, des nouvelles enfin de nature à contrarier les vues ou à déranger les combinaisons du gouvernement impérial. C'est ce qu'avait fait le *Journal des Débats* à la fin de 1808. Il avait rapporté par étourderie probablement, car l'ancien secrétaire de M. de Bassano n'était pas homme d'opposition, il avait rapporté l'extrait d'une feuille allemande qui donnait, comme possible, une rupture entre la France et l'Autriche. Notez que le crime de cette insinuation n'était pas irrémissible, car on était à la veille de cette célèbre campagne de 1809, qui, l'année suivante, conduisit

Napoléon, de victoire en victoire, jusque dans les murs de Vienne. N'importe, la feuille prévaricatrice fut contrainte d'insérer le lendemain le démenti du *Moniteur*, dans lequel on traitait avec la dernière sévérité le triste *Journal de l'Empire*, pour avoir malencontreusement accueilli les nouvelles de la *Gazette de Bayreuth*. On finissait par lui apprendre que cette gazette venait d'être supprimée, et l'on ajoutait : « Nous dé- » sirons que ce salutaire exemple puisse servir » aux rédacteurs. Le commerçant, le citoyen, le » spéculateur honnête, ont le droit de demander » justice contre ce concours d'intrigans qui vou- » draient obscurcir la vérité et semer partout » l'alarme. » Le *Journal de l'Empire* insère textuellement cette brutale leçon, et se contente de faire humblement observer que, dès qu'il a connu la fausseté de la nouvelle (qui était vraie), il s'est hâté de la démentir. Tout n'était pas dit, la police préparait la confiscation du journal.

On conçoit qu'au milieu de ce profond asservissement des journaux pour tout ce qui se rattachait à la politique, les esprits se soient vivement tournés vers des articles où toutes les questions étaient traitées avec liberté. Au moins quand Geoffroy, suivant le cours de ses inimitiés contre Voltaire, attaquait son *Tancrède*, un arrêté de police ne venait pas lui imposer, le lendemain, la rétractation de son jugement de la veille. On aimait mieux lire même un article où les débuts de Mlle Maillard étaient comparés, avec toute franchise, à ceux de Mlle Florine, qu'un article où il n'était pas même permis, à la veille de la bataille d'Essling, de dire que l'Autriche armait secrètement contre la France. La partie qui touchait aux affaires d'état était si terne, et la partie qui concernait la littérature si brillante, que cette lumière ressortait encore par le contraste de cette nuit.

Que le docteur Gall, qui, lui, n'avait pas la police à ses ordres, vienne exalter le système immoral des protubérances, et vous verrez avec quelle verve d'ironie le *Journal des Débats* va le combattre. Gall, Mesmer, les mauvais poètes, les prosateurs inhabiles paieront pour les empereurs et les rois. Napoléon avait dit : « Laissons-leur la république des lettres ; » c'est dans cette république que le *Journal de l'Empire* se réfugia.

CHAPITRE X.

SOMMAIRE : M. Etienne était l'homme de M. Maret, et à un degré moins éminent de Fouché contre M. de Talleyrand. — Son avènement au *Journal des Débats* avait coïncidé avec la seconde phase de l'histoire de l'empereur. — Ce que sont ces deux phases. — Période de clairvoyance et période d'enivrement. — Illusions de ceux qui veulent employer, dans leur intérêt personnel, la force que la société leur a donnée pour son propre avantage. — Motifs qui contribuèrent à créer les illusions de Bonaparte. — Adulations immodérées. — Succès prodigieux. — Ces succès et ces adulations se reflètent dans le *Journal des Débats*. — Fêtes d'Erfurt. — Talma joue Mithridate devant un parterre de rois. — Apogée de la fortune impériale. — Les causes qui amèneront sa chute se laissent entrevoir. — La guerre des peuples. — Mort de Pitt. — Avertissemens. — Anecdote relative au roi Joseph. — Une épigramme du *Journal des Débats*. — Le moucheron et le lion. — La fortune de Napoléon grandit encore. — Son mariage avec une archiduchesse d'Autriche. — MM. Tissot, Lemercier et Geoffroy célèbrent les fêtes du mariage. — Souvenirs et rapprochemens.

Nous voici entrés dans une époque où nous serons sobres de détails, et où nous ferons marcher rapidement cette histoire jusqu'au moment de la première restauration. On l'a vu, toute liberté politique a cessé désormais pour le *Journal de l'Empire*. Le caractère de M. Fiévée avait été pour cette feuille une dernière indépendance : cette ombre d'indépendance a disparu. M. Etienne est l'homme de M. Maret contre M. de Talleyrand, et, à un degré moins éminent, l'homme de Fouché contre le prince de Bénévent. Or, il ne faut point l'oublier, M. de Talleyrand et M. Fouché représentèrent, autant qu'on pouvait les représenter sous l'empire, les deux partis qu'il avaient trahis, c'est-à-dire la monarchie et la république. D'un autre côté, M. de Talleyrand et M. Maret étaient l'expression, l'un d'une habileté obéissante et d'un enthousiasme dévoué, l'autre d'une intelligence indépendante et d'une capacité qui n'abdiquait jamais son avis. De sorte que, dans l'avènement de M. Etienne au *Journal des Débats*, on voyait triompher la réaction révolutionnaire au détriment de l'élément monarchique, et la seconde phase de l'histoire de l'Empereur succéder à la première.

Dans la première, Bonaparte aimait la contradiction des capacités. Il livrait volontiers ses plans, ses idées, ses opinions au contrôle des hommes éminens, et, suivant la politique des abeilles qui couvraient son écusson impérial, il composait sa sagesse souveraine du suc de toutes les sagesses qu'il aspirait chaque jour.

Dans la seconde, le conquérant est enivré de sa fortune. Le contredire, c'est le contrarier. Il commence à craindre le voisinage des capacités qui conservent, en face de lui, une sorte d'indépendance. « Les capacités, disait-il souvent, sont égoïstes. » Il ne veut plus admettre que des dévoûmens moins utiles, mais plus soumis. Il traite les faits comme des courtisans et disgracie ceux qui osent se raidir contre ses desseins, c'està-dire qu'il ne veut point y croire. Il a vu, dans le passé, sa volonté devenir l'histoire de l'Europe ; il est maintenant convaincu que, pour lui comme pour Dieu, vouloir c'est faire. Quand l'histoire est désobéissante, il la traite donc de roman. L'impossible, c'est ce que ne veut pas l'Empereur.

Cette période d'enivrement commence à la guerre d'Espagne, continue par les persécutions dirigées contre le Souverain Pontife ; elle voit tous les hommes qui puisent, dans la supériorité de leur esprit, une valeur personnelle qui ressemble à l'indépendance, s'éloigner insensiblement de Napoléon ; et elle ne se termine qu'avec les désastres de la campagne de Russie.

Pendant cette phase, l'histoire du *Journal de l'Empire* subit l'influence de l'histoire de l'Empereur, et l'on comprend facilement comment M. Etienne se trouva l'expression politique de cette période. Sa fortune auprès de Napoléon avait commencé par une ode composée avec cette élégance qui est le cachet du talent de l'écrivain dont nous parlons. M. Etienne voyageait, dans la voiture de M. de Bassano, à la suite de l'Empereur. On était en Pologne, et une campagne brillante venait d'ajouter à l'éclatante renommée militaire du grand général ; M. Etienne se sentit inspiré et il écrivit une espèce de dithyrambe sur les merveilles dont il venait d'être témoin.

Sa pièce de vers, communiquée à M. de Bassano, obtint son approbation et fut mise sous les yeux de l'Empereur. Ce fut là le commencement de la fortune de M. Etienne. Le grand homme n'oublia point l'opportunité de cette louange, et quand il voulut que toute voix qui s'élevait ne fût que l'écho de sa propre voix, que toute pensée ne fût que le reflet de sa propre pensée, on a vu qu'il nomma, dans la personne de M. Etienne, le dithyrambe de Varsovie directeur de la politique du *Journal de l'Empire*. C'était annoncer que désormais le *Journal de l'Empire* ne serait plus qu'une ode au génie de l'Empereur.

On comprend maintenant pourquoi nous avons annoncé que nous passerions légèrement sur cette phase. Le journal, dont nous écrivons l'histoire, ayant perdu sa personnalité, et, malgré les sacrifices de tout genre que ses fondateurs avait faits pour conserver la propriété matérielle d'une feuille dont la direction morale et politique ne leur appartenait plus, cette propriété venant elle-même à leur échapper en 1811, il n'y a plus, à proprement parler, de *Journal des Débats*. Ce journal n'a plus d'histoire, puisqu'il n'a plus d'indépendance. Tout ce que l'on peut y chercher, à partir de ce moment, c'est le mouvement de la politique impériale et la suite des destinées de l'Empereur. C'est ce que nous avons commencé à faire, c'est ce que nous devons faire encore, car, jusqu'à la fin de ce drame, le *Journal de l'Empire* sera ce que le maître voudra qu'il soit. Il attaquera par ordre, louera et blâmera, suivant l'impulsion qui lui sera donnée. La responsabilité ne peut être séparée de la liberté, or le *Journal de l'Empire* ne fut alors qu'un instrument de plus au bout du bras de Napoléon.

Elle est pourtant curieuse à suivre cette période dans les colonnes de la feuille confisquée. On y saisit la loi qui domine ces grandes fortunes politiques, dont l'élévation et la chute nous frappent d'étonnement, parce que nous n'étudions pas, avec assez de soin, le mouvement des affaires et les tendances invincibles de l'esprit humain. Lorsque Napoléon commence, il ne marche si vite et ne monte si haut que parce qu'il marche avec un intérêt général. Tous les esprits élevés sont avec lui, parce qu'il veut rétablir l'ordre, la religion et la société. Mais il arrive à Napoléon ce qui arrive à presque tous les hommes. Il a été l'instrument d'une grande réaction sociale, il croit en être le but. Beaucoup de choses ont été faites par lui; il croit que tout a été fait pour lui. Il veut plier la société à son égoïsme; il s'imagine être aussi fort contre elle que pour elle. Il se sépare de la religion, qui lui a prêté tant de forces, et fait maltraiter, dans le *Journal de l'Empire*, la papauté. L'autorité, il veut en faire le despotisme; l'ordre, il veut en faire la servitude; et, en même temps, abusant de la victoire comme de tout le reste, il substitue la perturbation d'une guerre extérieure, sans cesse renaissante, aux perturbations de l'anarchie intestine qu'il a apaisée au commencement de sa carrière.

Ce sont là deux périodes bien distinctes de tous les gouvernemens de ce genre. La puissance qu'ils ont acquise en servant les intérêts généraux, ils veulent l'employer à servir leur intérêt particulier. Ils ne voient pas que la dictature est à courte échéance, et que ce que le pouvoir gagne en étendue, il le perd en durée. Il se trouve naturellement que l'autorité, qui ne pouvait être trop grande quand tout était à faire, devient exhorbitante quand la tâche est accomplie. Alors cette autorité blesse tous les intérêts qu'elle a autrefois servis, et, sans comprendre que tout ce qu'elle a pu, elle ne l'a pu que pour eux et par eux, elle veut prolonger, pour son propre avantage, une omnipotence qui a été le remède de l'anarchie, mais qui est le fléau des sociétés tranquilles, et elle meurt par ses propres excès.

Il faut dire, à l'excuse de Napoléon, que les hyperboles des adulations dont il fut l'objet, contribuèrent sans doute à cette idolâtrie politique qu'il voulut établir en son propre honneur.

Le *Journal de l'Empire* nous offre à ce sujet des exemples qui n'ont peut-être point été égalés depuis. Nous voyons, dans ses colonnes, qu'un maire de Toulouse disait, à la fin de 1808, à l'Empereur : « Arbitre souverain des destinées » du monde, les rois de la terre ont recours à la » sagesse de vos conseils pour apprendre à ré- » gner. Interprète des volontés du ciel, vous » êtes l'exécuteur de ses décrets. En voyant le » grand Napoléon, nos ames s'ouvrent à la re- » connaissance. Acceptez, Sire, l'hommage de » nos vœux brûlans d'amour. »

Cinq ans après, le grand Napoléon, fugitif et proscrit, traversait, sous les habits d'un courrier de cabinet, ces mêmes provinces, et n'échappait qu'à la faveur d'un déguisement à la fureur de la population. Mémorable exemple de la fragilité des usurpations les mieux établies, du brusque retour des choses humaines, et de la vanité de ces flatteries que les usurpateurs prennent pour le cri de l'opinion publique ! La même année, jour de la saint Napoléon, le *Jour-*

nal de l'Empire annonce, en lettres gigantesques, que, *pour mieux solenniser la fête de l'Empereur, le Journal de l'Empire ne paraîtra pas.* On lit plus bas : *Madame Forioso dansera aujourd'hui sur la corde.* Les deux nouvelles se suivent et se ressemblent. Depuis ce temps-là, pour combien de gouvernemens madame Forioso n'a-t-elle pas dansé sur la corde, et combien de fêtes politiques le *Journal des Débats* n'a-t-il pas chômées?

Mais voici qui surpasse tout ce que nous avons vu. Dans cette même année, un ministre protestant, M. Pierre Joux, président du consistoire à Nantes, s'écriait, en s'adressant à Bonaparte : « La France entière, attendrie à votre vue, ne reconnaît qu'un seul axiome politique, celui de vous obéir. » Quelle différence avec ces paroles hautes et dignes du provicaire catholique de la Vendée, paroles où la leçon est à côté de la louange, et l'enseignement religieux auprès de l'hommage politique : « Il était juste, Sire, que la France vous devant déjà son salut et sa gloire, l'église gallicane vous dût aussi sa victoire et son triomphe : sans cela, votre règne aurait manqué son plus bel ornement ; c'est sans doute ce respect pour la religion de vos pères que la postérité regardera toujours comme la source de votre prospérité et le comble de votre gloire. Nous ne demandons rien, Sire, pour le clergé ; s'il a quelques besoins, vous les connaissez, et cela nous suffit. Mais daignez jeter les yeux, nous vous en supplions, sur votre bon et malheureux peuple de la Vendée. » Et de telles paroles ne retentissaient pas en vain. Napoléon savait honorer le courage et les malheurs de la Vendée. Il donnait, à cette époque, trois cent mille francs, non pour y échelonner des garnisaires, mais pour y rétablir ou y réparer les églises, et il décidait qu'une exemption de contributions serait accordée, pour quinze années, à quiconque rebâtirait une chaumière détruite pendant la guerre civile.

Ce fut au milieu du concert d'adulations qui s'élevait de toutes parts autour de Bonaparte, au sein de l'enivrement, résultat de tant de succès, que la réunion de l'Espagne à l'Empire fut résolue, et la spoliation de la maison de Bourbon arrêtée. On a vu Joseph appelé au trône d'Espagne ; Murat fut choisi pour le remplacer sur le trône de Naples, et il commença sa proclamation par ces mots : « *Nous, Joachim I*er*, par la grâce de Dieu, roi des Deux-Siciles.* » Dieu est mis ici pour Napoléon. Cette grande iniquité de Valençay s'accomplit dans un profond silence. On comprend que le *Journal de l'Empire* donna les pièces officielles sans réflexion, sans commentaire ; nous l'avons dit, le *Journal de l'Empire* allait prendre le mot d'ordre, soit au ministère de la police, soit au château. Cependant on voit poindre, dans les colonnes de la feuille obéissante, l'orage qui va bientôt s'élever. La situation, qu'il est défendu de signaler, vient s'inscrire d'elle-même dans la presse par les décrets de l'Empereur. Une levée de deux cent mille hommes est annoncée, et la précaution dénonce le péril. En même temps il paraît, dans le *Journal de l'Empire*, de furieux commentaires sur une lettre de M. Stein, ministre dirigeant la Prusse, lettre que le hasard a fait tomber entre les mains du gouvernement français, et qui prouve qu'il faut s'attendre à une rupture prochaine de la part de la cour de Berlin. Dans ces commentaires, on sent percer la colère de Napoléon, et on aperçoit l'imminence d'une nouvelle guerre continentale.

Cette époque est capitale dans l'histoire de l'Empire. Napoléon n'a fait jusqu'ici la guerre qu'à des cabinets ; il va faire la guerre à un peuple. C'est ce que disait un grand ministre d'Angleterre, en apprenant l'iniquité de Valençay. « Maintenant, je le tiens ; car ce n'est plus à des rois qu'il a affaire, c'est à un peuple ! » L'Espagne, cette héroïque contrée qui semble destinée à être l'instrument des grandes solutions politiques, indique aux autres nations comment on peut vaincre l'invincible. C'est par un mouvement national plutôt que par un mouvement militaire, que Napoléon sera chassé de la Russie, comme c'est par une grande réaction de la nationalité allemande qu'il sera, plus tard, rejeté en France. Il avait vaincu, jusque là, les rois et les armées; à la suite de l'Espagne, les peuples descendront à leur tour sur les champs de bataille et terrasseront le géant.

C'est le sentiment confus de cette situation qui commence à remuer tout le Nord, attentif à la lutte qui s'élève dans le Midi. Il y a, par toute l'Europe, des mouvemens de troupes dont le retentissement arrive jusque dans les colonnes du *Journal de l'Empire.* Les revues se multiplient. La grande-armée, qui a si long-temps vaincu sur les bords de la Vistule et du Danube, traverse l'Allemagne à marches forcées, puis franchit d'un bond la France, en se dirigeant vers les Pyrénées. Napoléon a senti l'importance de cette guerre; il veut étouffer ce soulèvement d'un peuple sous le poids de ses gigantesques armées. En même temps, comme pour suppléer à leur absence, il va se placer, de sa personne, dans les États de la confédération du Rhin, cette tête de pont de la France. De là il affermit la Russie dans ses bonnes dispositions, impose à l'Autriche et déconcerte la Prusse. Bien plus, pour tenir en respect ce monde d'ennemis dont il se sent entouré, il veut avoir à Erfurt une entrevue avec son grand allié de l'Occident. Napoléon et Alexandre arrêtent, par leur union, la réaction européenne qui se prépare; mais cependant, au milieu des pompes d'Erfurt, l'influence de cette réaction est visible. Bonaparte, lorsqu'il reviendra de ces conférences, ne parlera dans sa proclamation que de la Russie et du Danemarck comme de ses alliés. Il a humilié les autres souverains, mais il n'a pu les enrôler dans ses intérêts.

Les fêtes d'Erfurt furent magnifiques. Ce fut là que Napoléon dit à Talma, qu'il avait fait venir avec toute la troupe du Théâtre-Français : « Talma, je vous ferai jouer devant un parterre de rois! » Il lui tint parole, comme le *Journal de l'Empire* en fait foi : les deux empereurs avaient deux fauteuils en avant du théâtre. Le parquet était divisé en deux parties : l'une pour les têtes couronnées, l'autre pour les princes. Le roi de Saxe, le roi de Bavière, le roi de Westphalie, le roi de Wurtemberg, le grand-duc de Courlande, le prince royal de Prusse se faisaient remarquer dans cette royale cohue. Il y avait, parmi ces princes, un humble souverain, un potentat ignoré, auquel personne ne prenait garde, et dont Napoléon eût à peine accepté la fille pour l'un de ses lieutenans, c'était le duc de Mecklembourg.

Le *Journal de l'Empire* est rempli du récit de ces fêtes et de ces représentations théâtrales. «*Avant-hier*, y lit-on, *les Comédiens Français ont joué* Mithridate *devant l'empereur Napoléon et l'empereur Alexandre, le grand-duc Constantin, le prince Guillaume, les rois de Saxe et de Bavière étaient à l'orchestre.* »

Mithridate dut produire de l'effet à l'orchestre :

« Je vous rends dans trois mois au pied du Capitole. »

Beau vers à entendre prononcer devant tous les chefs de la grande coalition de 1813, qui étaient assis, là, derrière Napoléon! Ne pensez-vous pas aussi que lorsque Talma déclama, de cette voix profonde et accentuée que nous lui avons connue, ce belliqueux appel :

> Marchons, et dans son sein rejetons cette guerre
> Que sa fureur envoie aux deux bouts de la terre;
> Attaquons dans leurs murs ces conquérans si fiers :
> Qu'ils tremblent à leur tour pour leurs propres foyers!
> Daces, Pannoniens, la fière Germanie,
> Tous n'attendent qu'un chef contre la tyrannie.
> Vous avez vu l'Espagne........

Ne pensez-vous pas que lorsque Talma prononça ce belliqueux appel, il dut se faire un mouvement dans le cœur de tous ces princes vaincus et de tous ces rois humiliés ? En vérité, c'était une étrange idée, de la part de Napoléon, que de faire jouer *Mithridate* devant ce parterre de rois réunis à Erfurt, et il fallait que son mépris pour eux fût bien grand ou que sa prudence fût bien courte.

Après *Mithridate*, Napoléon demanda à Talma *la Mort de César*. Voulait-il prouver qu'il ne craignait point les allusions, et que tout germe de républicanisme était éteint dans ses armées? C'est là du moins la manière dont Talma expliquait le choix d'un répertoire si peu fait pour des oreilles royales. *Mithridate* eût été la pensée du dehors *la Mort de César*; celle du dedans; au dehors, pensée de défi et de dédain; au dedans, pensée de sécurité et de confiance.

A cette époque de la réunion d'Erfurt, nous trouvons, dans le même numéro du *Journal de l'Empire*, une description magnifique des pompes du congrès, et, un peu plus bas, la relation d'un voyage à l'île d'Elbe. Le hasard a de ces jeux. Ne dirait-on pas qu'il s'est plu à heurter ici les deux noms qui représentent les prospérités de Napoléon, dans ce qu'elles eurent de plus haut, et ses adversités dans ce qu'elles eurent de plus triste, la toute-puissance et la captivité:

les destinées de l'Europe entière dans les mains d'un seul homme, et les destinées de cet homme, qui se trouvait à l'étroit dans le monde, renfermées dans une île ?

C'est aussi une remarquable chose que de voir rapprochées, dans les colonnes du *Journal de l'Empire*, les nouvelles qui arrivent d'Espagne et celles qui viennent d'Erfurt. A Erfurt, Napoléon est comme le soleil dans tout l'éclat de son midi; mais on aperçoit, au bout de l'horizon, l'orage se former sur les Pyrénées, et le point qui cache le dénoûment s'élargir et se grossir peu à peu. Déjà les armes impériales perdent leur renom d'invincibles. Le duc d'Abrantès est contraint d'évacuer le Portugal, et la clause de la reddition de la flotte russe qui se livre aux Anglais, *à condition qu'elle ne sera qu'en dépôt et qu'elle sera restituée à la Russie après les six mois qui suivront la signature de la paix entre les cabinets de Londres et Saint-Pétersbourg*, cette clause singulière annonce que le dernier anneau de l'alliance continentale, formée par Napoléon, peut être rompu.

Tous les événemens qui doivent dominer l'avenir et renverser la fortune du conquérant sont donc indiqués au milieu de ses prospérités les plus hautes : le soulèvement des peuples, par la guerre d'Espagne ; la défection de l'Allemagne, par l'attitude de la Prusse et de l'Autriche dans les conférences d'Erfurt ; le détachement de la Russie, par la clause de la reddition de la flotte moscovite. La Providence en agit souvent ainsi avec les hommes. Elle entrebaille la porte de l'avenir, et montre à ceux qu'elle veut avertir, les solutions qu'elle prépare : puis, lorsqu'ils ne savent pas comprendre ses avertissemens salutaires, elle livre ces aveugles à de nouvelles prospérités et remet à leur propre orgueil l'exécution de ses arrêts souverains.

C'est ce qui arrive à Napoléon. Au sortir des conférences d'Erfurt, nous le voyons courir en Espagne, ramener la victoire sous ses drapeaux, marcher de succès en succès, et signaler le quatrième anniversaire de son gouvernement par son entrée triomphale dans la ville de Madrid qui capitule à la suite de la bataille de Somo-Sierra. Il y avait, dans le cortége de l'Empereur, un homme timide et inquiet qui se laissait piteusement déporter sur le trône d'Espagne et qui poussait l'obéissance jusqu'à accepter le sceptre : c'était Joseph Bonaparte qui, partagé entre la crainte que lui inspirait Napoléon et celle que lui faisait éprouver la Grande-Bretagne, avançait vers Madrid, parce qu'il n'avait pas assez de fermeté pour se retirer. Napoléon connaissait si bien son frère, qu'il fit défendre par le duc de Bassano, aux traducteurs des journaux anglais, de les communiquer au roi Joseph, qu'ils auraient rempli de terreur.

Le *Journal de l'Empire* n'est plus qu'un miroir où ces grands événemens viennent se réfléchir. Cependant nous trouvons encore, à cette époque, une de ces attaques discrètement voilées, glissée dans les colonnes du *Journal de l'Empire*, sans doute par une de ces mains royalistes qui avaient pris tant de part à la rédaction du *Journal des Débats.* Dans un numéro de la fin de 1808, on lit deux nouvelles, dont le rapprochement nous semble trop hostile et trop ingénieux pour être fortuit.

Voici la première : « Il est arrivé de Grenoble une partie de la collection des statues antiques de la Villa-Borghèse. »

Maintenant voici la seconde : « On imprime dans ce moment une traduction de la harangue de Cicéron contre les vols de Verrès, intitulée *les Statues.* »

Vous le voyez, la presse, comme le moucheron de la fable, trouvait encore moyen de faire sentir son dard au lion.

Pourtant le lion impérial était dans tout l'éclat de sa force. L'année suivante, le mouvement européen qui devait plus tard aboutir à une coalition européenne, se manifeste par une rupture avec l'Autriche. C'est pour Napoléon l'occasion de nouveaux triomphes; et nous voyons paraître dans le *Journal de l'Empire* les bulletins d'Essling et de Wagram. Une paix victorieuse, qui ôte à l'Autriche quatre millions d'habitans, est signée à Schœnbrunn : c'était là que devait s'éteindre, vingt ans plus tard, la mélancolique destinée du seul héritier de Napoléon.

Après le traité de Schœnbrunn, l'enivrement du grand capitaine augmente encore. Ses prétentions sont sans bornes comme ses succès sans limites. Il brise son mariage avec Joséphine et force l'Autriche à acheter la paix en donnant une de ses archiduchesses à son vainqueur. Le *Journal de l'Empire* va reprendre ici ses fonctions de registre de l'état civil de tous les princes et de toutes les dynasties. L'enthousiasme et l'amour envahissent ses colonnes, il est en plein épithalame ; l'allégresse difficile à décrire est à son poste, au commencement de chaque phrase, et présente les armes à l'Empereur. Peu satisfaite de sa prose, la feuille dévouée emprunte de détestables vers à MM. Tissot et Népomucène Lemercier, qui étaient les Scribe et les Dupaty de ce temps-là. M. Lemercier s'écrie dans son langage barbare :

> Lien des nations, tes nœuds auront des charmes,
> Crois-en nos hymnes solennels.

Ce à quoi M. Tissot ajoute cette strophe non moins déplorable, dans laquelle il fait bénir les *dieux* par un empereur catholique :

> Cependant, ô Germains, un père vertueux
> Ne va plus gouverner que des sujets heureux,
> Et des prospérités de sa noble famille
> Il bénira les *dieux*, et son gendre et sa fille.

Quoi de plus ? d'un bout du *Journal de l'Empire* à l'autre, le niais et l'absurde se donnent la main et répondent par leurs fiançailles aux fiançailles impériales. Ici on s'écrie, au sujet d'un changement de temps : « L'étoile de Napoléon l'a emporté sur les vents de l'équinoxe, les nuages se sont dissipés devant elle. » Plus loin on ajoute : « Le palais et le jardin des Tuileries rappelaient l'image de ces jardins féeries dans les contes orientaux. » Comparaison dont le *Journal des Débats* s'est heureusement souvenu dans des noces princières dont le souvenir est récent. Enfin Geoffroy lui-même écrit cette singulière phrase : « Nous avons vu des merveilles » qu'on n'avait encore vues dans aucun pays et » dans aucun siècle, une nuit enflammée qui » faisait honte au soleil, une ville dont les monu- » mens semblaient être de diamans et de pierres » précieuses, un peuple immense, ivre de joie, » conduit partout par une Providence invisible : » *voilà le triomphe d'une bonne police!* » Singulière chute après un si magnifique début, et phrase qui serait ridicule, si elle n'était point instructive. La police est la Providence des gouvernemens athées, c'est-à-dire sans principes ; Providence qu'il faudrait peindre un bandeau sur les yeux, et brandissant un glaive qu'elle tient par la pointe, au lieu de le tenir par la poignée.

Les fêtes du mariage avaient été splendides. L'Europe entière y avait assisté, représentée par ses ambassadeurs. Six mille jeunes filles royalement dotées, une amnistie complète, des illuminations magnifiques, la grande salle de l'exposition des tableaux disposée en chapelle et contenant quatre mille spectatrices et quatre mille spectateurs, des réjouissances qui se prolongèrent pendant un mois entier; rien ne manqua pour rendre plus solennel ce mariage, qui devait asseoir pour jamais, sur le trône de France, la dynastie de Napoléon. L'empereur et l'impératrice, après le mariage civil, entrèrent dans Paris par le bois de Boulogne et l'Arc de Triomphe de l'Etoile. C'est le même chemin qu'ont suivi, il y a peu de mois, dans leur entrée solennelle, le jeune duc d'Orléans et la jeune duchesse de Mecklembourg, qui doivent perpétuer la couronne dans la branche cadette de la maison de Bourbon.

CHAPITRE XI.

Sommaire : Dernières années de l'histoire du *Journal de l'Empire.* — Guerre de Russie. — Le *Journal de l'Empire* rassemble des quatrains pendant que les deux Empereurs rassemblent des armées. — M. Guizot et M. Elie Decazes apparaissent dans le *Journal de l'Empire.* — Cette feuille est employée à la reproduction de pamphlets militaires. — Presse de l'armée. — Flatteries. — Le *Journal de l'Empire* prend parti pour la mémoire de Chénier contre M. de Châteaubriand. — Conspiration de Mallet. — Eloges de la police par le *Journal de l'Empire.* — Il qualifie Mallet de brigand au même instant où Napoléon qualifie Rostopchin d'aliéné. — Derniers bulletins de la grande armée. — Pronostics de mauvais augure. — Le vendredi et le nombre 13. — Retour de Napoléon. — Optimisme du Sénat et du *Journal de l'Empire.* — Campagne de France. — Efforts de la presse de police. — Mort de Geoffroy. — Fin de l'empereur et du *Journal de l'Empire.* — Le *Journal des Débats* reparait avec son ancien titre le 1ᵉʳ avril 1814.

Nous allons parcourir les dernières années de l'histoire du *Journal des Débats*, pendant la durée de l'empire, et nous ne nous arrêterons, cette fois, qu'au moment où la chute retentissante de

Napoléon marqua le commencement d'une ère nouvelle, pour la feuille qu'il avait confisquée au profit de sa politique. Dans les choses humaines, l'apogée touche à la décadence ; quand on cesse de monter, on commence à descendre, car il n'est pas plus donné à l'homme de fixer le mouvement qui l'emporte, qu'à la paille légère d'arrêter le flot qui l'entraîne vers les gouffres de l'Océan. Napoléon était au comble de sa puissance et au faîte de sa fortune : vainqueur de l'Europe, arbitre des destinées du continent, il était entré dans la famille impériale d'Autriche comme il était entré à Vienne, par la victoire. Le canon des batailles venait d'annoncer qu'un héritier était né au grand capitaine. Ses regards traversaient l'Europe sans rencontrer un regard levé, ses redoutables bras s'étendaient sans trouver un obstacle. La Prusse était soumise, l'Autriche subjuguée et obéissante ; restait encore la Russie qui, debout à l'extrémité de la carrière, semblait, comme un formidable lutteur, avoir été mise en réserve pour un suprême duel.

Pour tout esprit attentif, il était indiqué que Napoléon et la Russie en viendraient prochainement à une rupture. Le grand génie continental et le grand empire continental devaient nécessairement se heurter : la question de fait ne pouvait point être équivoque ; il n'était possible d'hésiter que sur la question de temps. On sait comment cette rupture inévitable eut pour prétexte l'espèce de relâchement avec lequel la Russie faisait observer le blocus imposé à toute l'Europe par l'Empereur, qui voulait affamer ainsi la Grande-Bretagne à l'aide de ses propres richesses et l'étouffer sous le poids de son industrie, en arrêtant, pour ainsi parler, ce mouvement de respiration par lequel l'Angleterre rejetait de sa puissante haleine, sur le continent européen, ce qu'elle aspirait sur tous les points de l'univers. Mais la cause première de cette rupture, c'était, du côté de Napoléon, le besoin d'achever la tâche qu'il avait commencée, d'imprimer le sceau de la défaite à des armes dont l'honneur était demeuré jusques-là intact, d'affaiblir dans la Russie le chef indiqué d'une coalition possible contre la prépondérance française, dont les accroissemens avaient dépassé toutes les limites comme toutes les prévisions. Du côté de la Russie, c'était le besoin d'arrêter ce développement prodigieux d'une puissance qui étendait la Prusse et l'Autriche contre elle, comme deux bras, pour la repousser dans ses déserts. Ajoutez à cela que la France et la Russie, visant à la prééminence continentale, il fallait que cette question fût vidée, et elle ne pouvait l'être que par l'épée.

Aussi nous lisons, à la date du 5 juillet 1812, qu'un traité d'alliance entre Napoléon, l'Autriche et la Prusse, contre la Russie, fut communiqué au sénat.

Au moment où ce terrible choc se préparait, quel grave sujet préoccupait le *Journal de l'Empire?* C'était une polémique contre la *Gazette de France* au sujet d'une question musicale. Les deux adversaires rassemblaient leurs quatrains pendant que Napoléon et Alexandre rassemblaient leurs armées. La *Gazette*, commençant les hostilités, disait au *Journal de l'Empire* :

> Vante moins ta légèreté,
> Sois plutôt pesant mais solide.
> Le beau mérite, en vérité,
> D'être léger quand on est vide ?

Ce à quoi le *Journal de l'Empire* répondait avec une parfaite courtoisie :

> Perrin Dandin de la musique,
> Aux doux chants de Grétry, juge insensible et sourd,
> Malgré les lois de la physique
> Tu prouves qu'on peut être à la fois vide et lourd.

Triste condition de la presse, au temps de l'empire, d'en être réduite à de pareils sujets et à de semblables duels! Comparez les polémiques actuelles des journaux avec leur polémique d'alors, et vous aurez la mesure de la différence qui existe entre les deux époques. La presse domine aujourd'hui la situation, elle vivait alors des miettes qui tombaient de la table autour de laquelle les événemens, ces grands convives, venaient s'asseoir.

C'est qu'elle était grave en effet cette crise qui allait décider du sort du monde. La dernière, la seule alliance qui restât à Napoléon était rompue. La Prusse et l'Autriche avaient été trop souvent humiliées pour être considérées comme alliées, elles n'étaient que sujettes : la peur et non l'affection les enrôlait sous le drapeau qui leur avait été si souvent fatal. La Russie, au contraire, traitée avec une sorte d'égalité, pour laquelle notre gloire n'était ni oppressive, ni insolente, et qui pouvait être notre alliée parce qu'elle n'etait pas notre voisine et qu'elle n'avait pas été notre vassale, devenait notre ennemie. Napoléon devait donc vaincre sous peine de mort; sinon ce glaive continental dont il dirigeait la pointe contre la Russie, se retournait naturellement contre sa propre poitrine, et ces haines, ces rancunes de vaincus, dont sa fortune avait fait des obéissances, allaient s'empresser à qui dévorerait ses adversités.

Par un de ces jeux des choses humaines qu'on rencontre dans tous les siècles, au moment où l'heure de cette grande décadence allait sonner, le *Journal de l'Empire* nous montre M. Guizot se présentant à l'époque en tenant à la main sa traduction de la *Décadence Romaine*, de l'anglais Gibbon. Un peu plus loin, à la date du 15 juillet 1812, nous lisons qu'un jeune conseiller de la cour impériale, un de ces magistrats de l'empire, fringans et pleins d'élégance, qui tenaient de l'aide-de-camp plus que du jurisconsulte, et qui avaient plus souvent respiré l'air des salons que l'air du Palais-de-Justice, a été nommé secrétaire des commandemens de *Madame Mère*. Ce conseiller c'était M. Elie Decazes. Vous savez quelle influence devaient exercer plus tard le ministre de l'ordonnance du 5 septembre et le chef du parti doctrinaire. Ainsi les figures qui joueront un rôle dans les époques suivantes, commencent à se montrer et regardent, par dessus l'épaule des événemens, l'avenir qui leur appartient.

En apprenant que le comte de Lauriston n'avait point été reçu par l'empereur Alexandre, Napoléon s'était écrié : « Les vaincus prennent le ton » de vainqueurs, la fatalité les entraîne, que les » destins s'accomplissent ! » Il y avait quelqu'un en effet que la fatalité entraînait et les destins allaient s'accomplir.

C'est une curieuse étude que de suivre, dans le *Journal de l'Empire*, les bulletins de la campagne de Russie. Ils se succèdent d'abord, brillans comme des promesses et radieux comme des espérances. Qui pourrait arrêter cette puissante armée gonflée de tant de peuples différens, glorieux débris de tant de triomphes et dans les rangs de laquelle Napoléon peut lire le résumé de ses victoires ? A peine est-elle en marche qu'elle est à Willkowisky ; quelques jours de plus, elle entre à Kowno, où les premières lances de Cosaques apparaissent. Puis arrive un bulletin daté de Wilna. Que vous dirai-je ? le *Journal de l'Empire* n'a de voix que pour raconter les premières scènes de ce drame qui commence. Ne faut-il pas rassurer l'opinion inquiète de ne pas recevoir tout d'abord ces nouvelles décisives qui marquent ordinairement la fin des campagnes de l'Empereur si près de leur début ? N'est-il pas urgent de reproduire la *Réponse du grenadier français* au manifeste russe qui attaque l'insatiable ambition de Napoléon, ou bien encore la *Réponse d'un Allemand* à l'appel adressé aux Allemands par les Russes ? presse militaire faite, sinon par le soldat, au moins pour le soldat, hommage de l'épée à l'intelligence, sa suzeraine, qu'elle invoque après avoir voulu la proscrire.

Cependant, au milieu de ces événemens, le *Journal de l'Empire* trouve encore le temps et le courage de célébrer un petit volume publié sous ce titre : *l'Hymen et la Naissance*, en l'honneur de leurs majestés impériales et royales. « Ce petit
» volume, s'écrie-t-il, mérite d'être présenté à
» la postérité comme un des monumens de ces
» deux grandes époques dont l'influence se pro-
» longera dans les siècles, et dont les siècles
» étudieront toutes les circonstances. Un jour

» l'auguste Enfant les lira, ces vers où les Muses
» françaises, en célébrant sa naissance, ont chanté
» leurs espérances et celles de tout l'empire. Ils
» seront pour lui la première de toutes les ins-
» tructions, et l'hommage de la poésie deviendra
» le code de la vertu. Ces accens de l'allégresse
» générale qui a signalé sa naissance, seront le
» gage présent comme ils ont été la prophétie du
» bonheur public qui signalera sa vie et son règne.
» Donner ce livre en prix aux jeunes étudians,
» n'est-ce pas cueillir des fleurs sur l'autel de
» l'Hymen pour les enlacer aux lauriers? »

Comme le mérite de ces sortes d'allocutions est dans leur ridicule, nous avons cru devoir rappeler celle-ci, comme hors de ligne, à la mémoire du *Journal des Débats*; pour qu'il s'épargne les frais d'inspiration en cas qu'il ait encore à célébrer l'hymen et la naissance, et qu'on tresse ensemble les stances de M. Scribe et les couplets de M. Dupaty pour en faire le code de la vertu. Peut-être n'est-il pas inutile de dire que, dans ce volume de madrigaux dynastiques publiés en

1812, on trouvait une pièce de vers de M. de Lavigne qui promettait, en latin, l'immortalité à la dynastie de Napoléon, comme il a depuis promis, en français, l'éternité à la révolution de juillet.

Le *Journal des Débats* a toujours ressemblé à ces faux prophètes que les princes infidèles payaient pour se faire prédire des prospérités et des victoires, la veille même de leur ruine. Pendant que ses colonnes chantaient des hymnes à l'immortalité de la dynastie napoléonienne, Napoléon, après les combats de Mohilow, d'Ostrowno, de Smolensk et la bataille de Borodino, s'approchait de Moscou.

Ce fut vers la même époque que prit place la nomination de M. de Châteaubriand à l'Académie, et la discussion qui occupa l'opinion publique à ce sujet. Les idées monarchiques et les idées révolutionnaires qui se heurtaient partout, se rencontrèrent sur ce terrain. On put voir, dans cette occasion, combien l'esprit du journal était changé depuis la spoliation dont il avait été victime. Il prit parti contre M. de Châteaubriand, qui avait refusé de prononcer l'éloge de Chénier, parce qu'avec ses principes il ne pouvait, disait-il, vanter un homme dont les écarts politiques étaient connus; il prit parti contre l'honorable résistance de M. de Châteaubriand en faveur de la mémoire du poète conventionnel. « Comment osez-vous, » s'écriait le *Journal de l'Empire* avec aigreur, » comment osez-vous vous adresser aux passions » haineuses en réveillant sans cesse des souvenirs » que le temps affaiblit, en flattant les coupables » espérances d'un très petit nombre d'hommes qui » voudraient faire rétrograder leur siècle? Voyez » le génie de la France fixer la civilisation générale » sur des bases inébranlables; suivez l'aigle triom- » phateur ouvrant au monde un nouveau livre de » destinées! »

Au moment où l'on écrivait ces magnifiques paroles, l'aigle, étendant une dernière fois ses ailes, allait retomber glacé dans les flots de la Bérésina.

La bataille de la Moscowa ouvrit les portes de

Moscou à Napoléon. On sait comment il n'y trouva qu'un piége brûlant au lieu d'y trouver un asile. Il avait compté que les murs hospitaliers de Moscou abriteraient son armée pendant les rigueurs d'un hiver précoce qui commençait à sévir ; quand il se présenta en vainqueur dans la ville sainte, il ne se rencontra, dans cette vaste solitude, qu'un seul hôte pour le recevoir, l'incendie. Rostopchin, par un de ces actes de furieux patriotisme, plus digne encore des épouvantemens que de l'admiration de l'histoire, avait préparé au conquérant une illumination formidable ; Moscou fumait, comme un flambeau colossal, devant son vainqueur.

Le *Journal de l'Empire* fut employé, comme les autres journaux, à déguiser les conséquences terribles de ce désastre. La direction de l'esprit public, comme on disait alors pour désigner la police de la presse, la direction de l'esprit public y mit tous ses soins. D'abord on annonce que l'incendie a été arrêté à temps, que des approvisionnemens immenses ont été trouvés. Puis arrive le 21ᵉ bulletin, tout couvert d'un nuage de tristesse ; on apprend que les trois quarts de la ville ont été consumés par le feu. La dissimulation devenait inutile ; le public, par une de ces sortes d'intuitions particulières aux masses, avait mesuré d'un regard toute l'étendue de la catastrophe. L'incendie de Moscou avait une signification menaçante: jusque-là Napoléon était allé chercher une paix victorieuse dans les capitales ennemies ; cette fois la solution du problême n'avait point été trouvée, et, à la lueur des flammes du Kremlin, dans cet adieu de haine et de fureur que laissait le peuple russe en se retirant de la capitale de l'empire, il était facile de lire une guerre inexpiable. Il ne dépend pas toujours des grandes nations de ne pas être vaincues, mais il dépend presque toujours d'elles de ne pas être soumises ; or chacun voyait, d'une manière plus claire que le jour, que la Russie ne voulait pas l'être et ne le serait jamais.

D'un autre côté, il se passait à Paris un événement étrange et qui eut, dans la suite, des conséquences très graves, parce qu'il révéla le secret de la faiblesse de ces puissances qui ne reposent que sur la tête d'un homme ; nous voulons parler de la conspiration de Mallet. La guerre d'Espagne et la conspiration de Mallet sont les deux faits peut-être qui exercèrent le plus d'influence sur la chûte de Napoléon. La guerre d'Espagne apprit au monde que, si l'on ne pouvait pas résister au conquérant avec des armées, on pouvait lui résister avec des peuples ; on sait comment la Russie profita de la leçon. Mais pour donner à l'Europe le cœur d'attaquer le grand capitaine qui l'avait si souvent vaincue, pour lui faire trouver la résolution d'entrer sur cette terre de France réputée invincible et défendue par le souvenir de tant de triomphes, il fallait qu'un accident imprévu vînt lui révéler combien cette puissance impériale, si formidable à la circonférence, était précaire et mal assise au centre même de sa domination. C'est ce que fit la conspiration de Mallet. Peut-être la Russie n'aurait-elle point osé accepter la guerre, si elle n'avait pas vu l'Espagne la soutenir avec avantage, en lui imprimant un caractère national. A coup sûr les armées coalisées n'auraient jamais osé envahir la France et penser à renverser le gouvernement impérial, si l'échauffourée de Mallet, qui renversa l'empire, lui troisième, en une seule nuit, sans qu'aucun des serviteurs de Napoléon songeât à faire proclamer son fils ou à se faire tuer pour le défendre, si cette échauffourée n'avait point appris ce qu'il fallait penser de cette organisation administrative si vantée, et de cette fidélité si prodigue de paroles et si stérile en actions. On peut dire que tout ce qui se passa depuis, lorsque les armées coalisées entourèrent Paris, était écrit dans les circonstances qui accompagnèrent la conspiration du 23 octobre 1812. Les autorités n'avaient-elles pas rendu Paris à Mallet avant de l'avoir rendu à l'empereur Alexandre? N'avaient-elles point abandonné la dynastie napoléonienne sur l'injonction du conspirateur, comme elles l'abandonnèrent depuis sur celle de l'autocrate? Sans cette affaire de Mallet, on aurait toujours cru qu'on faisait la guerre à un peuple, on apprit ce jour-là qu'on ne la faisait qu'à un homme.

Quant au *Journal de l'Empire*, il ne vit dans ce fait qu'une occasion de vanter l'habileté de l'administration impériale, qui s'était partout laissé surprendre, et le courage de M. Pasquier, qui s'était caché dans le four d'un apothicaire. La police était dans un paroxisme de fureur difficile à décrire. Avec sa prévoyance ordinaire, elle n'avait deviné le péril que le lendemain du jour où il éclata. Les sphynx de la rue de Jérusalem, faute de se précipiter eux-mêmes dans le gouffre, avaient été malhonnêtement jetés au fond des cachots pour n'avoir point deviné l'énigme; et ils en revenaient tout meurtris de contusions et de ridicule. On retrouve dans le *Journal de l'Empire* les traces de leur colère et de cet optimisme niais qui a toujours été le cachet des hommes de police. Dans ces articles que la feuille dont nous écrivons l'histoire était condamnée à insérer, on cherche à présenter la conspiration comme un événement favorable à la dynastie.

et l'on crache lâchement à la face de ces hommes que l'on envoyait au supplice en les appelant *brigands*. Presqu'au même instant Napoléon traitait, dans ses bulletins, Rostopchin d'*aliéné*. Le brigand Mallet et l'aliéné Rostopchin n'en avaient pas moins frappé à mort le colosse impérial, l'un en prouvant qu'on pouvait l'arrêter au dehors, l'autre en révélant qu'on pouvait le renverser au dedans.

Nous demandons qu'il nous soit permis de ne pas suivre un à un dans le *Journal de l'Empire* ces tristes bulletins qui, annonçant les désastres de la retraite de 1812, sont comme les respirations d'une agonie qui se rapproche à chaque pas du terme fatal, ou comme les glas de la cloche qui sonne les funérailles de la grande armée. C'est ainsi qu'on arrive au 29° bulletin, d'une immortelle et lugubre mémoire, dans lequel le passage de la Bérésina est retracé. Bien peu de temps après l'avoir reçu, on apprit que Napoléon revenait seul de cette campagne, pour laquelle il était parti à la tête d'un monde de soldats.

On entrait dans l'année 1813, qui devait voir de si grands événemens. Tous les esprits étaient remplis de pressentimens sinistres, et, comme cela arrive toujours dans des circonstances pareilles, les prévisions générales s'exprimaient par ces superstitions politiques qui attestent au moins la gravité des circonstances et la préoccupation des esprits.

Ainsi l'on faisait remarquer ce nombre 13 qui, dans l'imagination de certaines personnes, a quelque chose de fatal, et qui terminait l'année. On rappelait les funestes souvenirs de l'année 1793. On ajoutait que, dans l'année qui commençait, on comptait treize lunes; que la retraite de Moscou s'était faite dans la treizième année du consulat; qu'en additionnant les quatre chiffres de l'année 1813, on obtenait encore pour résultat le nombre 13, qui revenait ainsi avec une insistance de mauvais augure. Il y avait aussi des personnes qui confirmaient ces sinistres présages en faisant remarquer que l'année s'ouvrait et se fermait sur un vendredi. Les siècles les plus éclairés comme les plus ignorans sont sujets à ces superstitions. Quand les peuples sentent les malheurs venir, ils voient partout des signes qui les leur annoncent; ils font parler les dates, ils prêtent une voix aux chiffres muets; il semble enfin qu'à travers tous les bruits qui retentissent, tous les objets qui frappent leur vue, ils sentent transpirer des calamités.

Il n'y avait, dans ce temps-là, de confiance inaltérable que dans le sénat conservateur et dans le *Journal de l'Empire,* qui continuaient leurs hymnes obligés à la gloire et à la puissance impérissable de Napoléon. Le sénat disait, avec cette bassesse qui était devenue pour lui une seconde nature : « Premier conseil de l'Empereur, le sénat, dont » l'autorité n'existe que lorsque le monarque la » réclame et la met en mouvement, est établi pour » la conservation de cette monarchie et de l'hé- » rédité de votre trône dans notre quatrième » dynastie. Tous ses membres seront toujours » prêts à périr pour la défense de ce palladium de » la sûreté et de la prospérité nationale. » Nous avons cité ces lignes, qui se terminaient par de lâches insultes jetées à la mémoire de Mallet, pour qu'elles servissent d'enseignement aux usurpateurs à venir, et qu'elles leur apprissent le compte qu'on peut faire sur les sermens de fidélité et les promesses de dévoûment des corps politiques. L'année n'était point encore écoulée, que le sénat, qui devait mourir pour le maintien de la quatrième dynastie, avait adhéré à sa chute, à la seule condition qu'on respecterait les dotations des sénateurs. Napoléon répondit avec quelque dureté à ces professions de foi de magistrats qui insultaient Mallet, parce qu'il avait mis à nu leur inhabileté et leur défaut de courage : « Les magistrats pusillanimes, dit-il, détruisent » l'empire des lois. Le plus grand besoin de l'État, » c'est celui de magistrats courageux. » Ces paroles jetées avec sévérité, rencontrèrent parmi les membres de la députation M. le baron Pasquier.

A partir de ce moment, le *Journal de l'Empire* n'est plus que le reflet des derniers événemens qui signalèrent les dernières années de l'empire. La grande épée continentale échappe aux mains de Napoléon et passe dans celles d'Alexandre, qui en tourne la pointe contre son rival. La guerre d'invasion s'ouvre déjà, et le *Journal de l'Empire* est employé à en nier l'imminence ou à en cacher les dangers. Bientôt cette hypocrisie devient inutile, toutes les frontières sont envahies, et nous lisons dans ces colonnes où nous avons trouvé tant de victoires, l'annonce de nos revers et la trace des suprêmes efforts de Napoléon, qui demande trois cent mille conscrits à la France épuisée. Plus que jamais l'Empereur essaie de se servir de la presse. Mais en lui ôtant son indépendance, il lui a ôté son crédit. A quoi bon tous ces articles du *Journal de l'Empire* pour réchauffer les courage refroidis, pour ranimer la confiance détruite, pour exciter le zèle expirant? On reconnaît le seing et le contre-seing de la police au bas de chaque page, et cette presse sans liberté n'exerce aucune influence.

Déjà la campagne de France est commencée.

L'Empereur est à Saint-Didier, à Vitry-le-Français, à Nogent, à Brienne, à Laon, à Château-Thierry, à Montereau ; il était partout, ce grand capitaine, triomphant en courant, marquant chaque étape par une victoire, mais réduit à une telle extrémité, que toutes ses victoires ne sauvaient rien, et qu'une seule défaite aurait tout perdu. La France est sur tous les points en proie aux maux d'une invasion ; on fortifie Paris, on fait passer dans le *Journal de l'Empire* des bulletins, et dans la capitale quelques drapeaux et deux ou trois milliers de prisonniers. On est dans le mois de mars 1814 ; M. Dupaty, dont les gouvernemens superstitieux devraient éviter les louanges, chante celles de Napoléon et lui promet l'éternité. Geoffroy, cette expression du *Journal de l'Empire*, meurt avec cet à-propos qu'il avait mis dans toutes les actions de sa vie, quelques jours avant la chûte de Napoléon, et échappe ainsi aux embarras d'une position difficile. On est arrivé au 27 mars 1814, le *Journal de l'Empire* annonce que l'Empereur est en

marche pour délivrer sa capitale assiégée. Trois jours après, c'est-à-dire le 30 mars, la feuille dont nous parlons s'appelle encore le *Journal de l'Empire*, et elle nomme encore Napoléon l'Empereur. Le lendemain, c'est-à-dire le 1er avril, il n'y a plus de *Journal de l'Empire*, le titre de *Journal des Débats* a reparu, et on lit dans la première page : « MONSIEUR, frère du roi, est
» arrivé à Vesoul; » puis un peu plus loin :
« Bonaparte est rejeté à plusieurs lieues de nos
» murs. »

La révolution est accomplie.

CHAPITRE XII.

SOMMAIRE : — Avis placé en tête du numéro du 1ᵉʳ avril. — Le *Journal des Débats* songe avant tout à l'intérêt matériel. — Distinction entre M. Bertin et M. Bertin de Vaux. — Ce dernier était l'expression véritable du *Journal des Débats*. — Cette feuille n'avait contribué qu'indirectement à la restauration. — L'inconséquence des hommes n'empêche pas la logique des idées. — Appréciation générale de la ligne suivie par le *Journal des Débats* depuis sa création. — Comment il se conduisit en présence d'une restauration monarchique. — Curieuse étude. — Théorie générale tiré d'un exemple particulier. — Le *Journal des Débats* n'est pas gêné par les précédens. — Note remarquable par laquelle il explique sa conduite pendant l'Empire. — Comment il traite les usurpations tombées. — Ses fureurs contre Bonaparte. — Réflexions.

En tête du premier numéro d'avril 1814, qui annonçait la transition de l'empire à la restauration, le départ de Napoléon, la rentrée des Bourbons après vingt-cinq ans d'exil, et tous ces merveilleux événemens dont le souvenir frappe encore de surprise, on lit ces lignes : « Messieurs les souscripteurs sont avertis que les conditions d'abonnement sont toujours les mêmes. »

Toute l'histoire du *Journal des Débats* est dans ces trois mots. L'empire tombe, les armées coalisées entrent à Paris, la fortune de l'Europe est changée : En présence de ces immenses intérêts, le *Journal des Débats*, à l'exemple du sénat-conservateur, songe à sa propre fortune. Il avertit que, si le titre que lui avait imposé l'Empereur disparaît avec lui, les conditions de l'abonnement sont maintenues. L'enseigne pouvait varier suivant les circonstances, mais le comptoir était toujours ouvert. M. Fiévée avait donc eu raison de dire à Napoléon, que le *Journal des Débats* était moins une tribune politique qu'une affaire.

Certes nous sommes loin de vouloir envelopper dans cet arrêt sévère toutes les personnes qui contribuèrent à son succès ; il est même juste de le rappeler, un de ses deux fondateurs, M. Bertin, dès l'année 1800, avait été banni de France.

Revenu avec les Bourbons, pour lesquels il avait souffert, il se présentait pour couvrir du renom de sa fidélité souvent éprouvée et jusqu'alors sortie victorieuse des épreuves, il se présentait pour couvrir du renom de sa fidélité, les variations politiques de la feuille dont il avait été l'un des fondateurs. Mais il ne faut pas l'oublier non plus, M. Bertin de Vaux, son frère, demeuré à la tête du journal, avait montré moins d'obstination politique et plus de savoir-faire commercial ; or c'était ce dernier surtout qui avait été l'expression du *Journal des Débats.* Si on a suivi avec attention les phases de cette histoire, on a vu que, long-tems avant que les propriétaires du *Journal de l'Empire* eussent été dépossédés par le gouvernement impérial, le journal avait sacrifié la question morale à la question d'existence matérielle. Il avait admis les faits accomplis, il les avait admis le lendemain de l'exécution du duc d'Enghien, il avait accepté la reconstruction du pouvoir, en abandonnant le principe monarchique. Le *Journal des Débats*, pendant l'empire, avait été moins une opinion qu'un intérêt. Il avait adopté les doctrines sociales dans tout ce qu'elles pouvaient avoir d'utile à son succès, il les avait rejetées dans tout ce qu'elles pouvaient avoir de dangereux pour son existence. La spoliation dont ses propriétaires se plaignaient, n'avait pas été méritée; c'était plutôt encore la conséquence des intrigues de compétiteurs avides, que le résultat de dangers réels suscités à l'empire par la direction monarchique du journal. Quelques allusions isolées y avaient bien paru, de temps à autres, mais c'était l'expression particulière des opinions de quelques-uns des rédacteurs qui laissaient percer, dans leurs écrits, une nuance de leurs sentimens, et ces allusions avaient été plus qu'effacées par l'encens continuel qui, du feuilleton de Geoffroy, s'élevait vers le maître.

La censure, censure rare et timide, avait été l'exception; la flatterie avait été la règle. Même avant la révolution qui mit, dans la personne de M. Etienne, le secrétaire du ministre de confiance de Napoléon à la tête du *Journal des Dé-*

bats, cette flatterie avait dépassé toutes les bornes. Le journal, menacé, avait traité Napoléon comme ces dieux du paganisme qu'on désarmait avec de l'encens et des sacrifices. Nous avons cité quelques-unes de ces hyperboles louangeuses, étendues comme des tapis de velours sous les pieds du premier consul et de l'Empereur, au retour de chaque campagne ; et, en voyant les limites de l'adulation reculées par ces phrases à genoux, on a dû moins s'étonner que Napoléon, pour qui elles étaient écrites, ait reculé les limites de l'orgueil.

Si le *Journal des Débats* avait contribué au retour de la maison de Bourbon, c'était donc d'une manière indirecte et involontaire. En travaillant au rétablissement des saines doctrines en religion, en littérature, en philosophie, il avait travaillé en effet au rétablissement de l'ordre politique, parce que l'inconséquence des hommes n'empêche pas la logique des doctrines et des événemens. Mais, dans ces occasions, le mérite appartient aux doctrines et non aux hommes.

Nous l'avons dit, dans toute cette suite de circonstances si graves, le *Journal des Débats* avait été la personnification du *moi* humain, l'expression naïve de l'égoïsme le mieux senti et le plus prudent qui fut jamais. En lui s'était résumée cette nombreuse classe des matérialistes politiques qui ne s'attachent qu'à l'organisation matérielle de la société.

Il est curieux maintenant d'examiner quelle attitude va prendre l'ancien *Journal de l'Empire*, revenu à son premier titre. Que fait le *Journal des Débats* en présence d'une restauration qu'il n'a point provoquée, bien plus, qu'il a déclarée impossible par la voix même du plus influent et du plus célèbre de ses rédacteurs? Est-il embarrassé des louanges qu'il a prodiguées à une autre dynastie, à une dynastie qu'il a souvent proclamée éternelle et indestructible? L'idolâtrie politique qu'il a affichée envers le chef de cette dynastie gêne-t-elle en quelque chose l'expression de nouveaux sentimens? Comment traite-t-il la personne gouvernementale qu'il a rassasiée, fatiguée de ses louanges? On comprend tout l'intérêt de ces questions.

Or, voici la conduite du *Journal des Débats* en présence d'une restauration monarchique.

Cette feuille est douée d'une faculté admirable en politique, quoique moins irréprochable en morale peut-être. Elle oublie d'une manière complète, absolue, tout ce qui, dans sa conduite, a été contraire aux principes qui triomphent, et elle ne se souvient que de ce qui a pu leur être favorable. Dès que les dynasties nouvelles tombent, elle se sent enflammée contre elles d'une indignation irrésistible; et toutes les vérités qu'elle a économisées pendant leur prospérité, elle les adresse avec une verve inépuisable à leur chute. Le grand homme de la veille est un tyran; l'homme habile, un despote stupide; le souverain plein de prudence, un détestable hypocrite; l'immortel fondateur de dynastie, un infâme usurpateur. La mesure manque au *Journal des Débats* dans les censures comme dans les louanges. Il ne loue pas, il adule; il ne blâ-

blâme pas, il insulte. Caractère inévitable de ces natures molles et sans énergie, qui, emportées par les événemens qu'elles suivent en esclaves, se jettent avec eux dans toutes les extrémités envers ces hautes fortunes qui deviennent de grandes ruines.

Par contre, le *Journal des Débats* n'est pas plus embarrassé envers le principe de la légitimité qui revient, et la dynastie dont il a déclaré le retour impossible. Il se sert de ce qu'il y avait de social et de religieux dans sa polémique, et il se fait honneur de la logique des événemens, qui a fécondé ces doctrines. Il s'écrie que ses vœux secrets sont enfin accomplis. Il adopte à l'instant la restauration comme son ouvrage, et il fait remarquer que le rétablissement des principes religieux et sociaux impliquait nécessairement le rétablissement de la monarchie légitime. Par la bruyante expression de son dévoûment il étourdit les autres, et il s'étourdit lui-même. Les couleurs, la poésie, l'enthousiasme qu'il a dépensés pour les solennités, les mariages, les anniversaires de l'usurpation, ne l'empêchent pas de trouver des couleurs, de la poésie, de l'enthousiasme pour célébrer la rentrée d'un Roi légitime dans sa capitale, et pour déclarer que jamais il n'y eut de plus beau spectacle sous le soleil. Ce jour-là, on a honte de son peu de dévoûment à côté de ce dévoûment expansif, bruyant et chaleureux. On est tout prêt à s'attendrir en voyant cet attendrissement, et l'illusion est si grande qu'on croirait que, pendant le règne de l'usurpation, le journal dont il s'agit s'est caché dans quelque caverne, et qu'il n'a voulu revoir la lumière du ciel que le jour où a reparu la dynastie pour laquelle il nourrissait, dans le fond de son ame, une religion de dévoûment et d'amour.

Ce tableau n'est pas un tableau de fantaisie, c'est l'histoire. Nous allons appuyer toutes nos assertions par des faits, car, quoique nous croyons difficile de calomnier le *Journal des Débats*, nous ne voulons pas même qu'on puisse accuser notre justice d'exagération.

Dans le temps où nous parlons, le *Journal des Débats* faisait des examens de conscience, pratique éminemment recommandable et non moins utile aux journaux politiques qu'aux individus; le *Journal des Débats* faisait donc, en 1816, ces examens de conscience que l'on est obligé de faire aujourd'hui pour lui. Or, voici ce qu'il écrivait à la date du 1ᵉʳ janvier 1816 : « Il
» y a bientôt quinze ans accomplis que le *Jour-*
» *nal des Débats*, fondé sur la fin de 1800, existe;
» les esprits attachés aux anciennes institutions,
» et qui gardaient le plus religieusement le dé-
» pôt des traditions et des souvenirs de la mo-
» narchie légitime, voyaient bien à quel terme
» ultérieur tendaient, avec discrétion et mesure,
» ces mêmes efforts auxquels ils prodiguaient les
» encouragemens. Plus d'une espérance se rat-
» tacha quelquefois aux frivolités apparentes
» d'un feuilleton. Les circonstances ont changé;
» nous n'aurons plus, il faut l'espérer, à poursui-
» vre les doctrines subversives de tout ordre,
» mais nous aurons les bonnes doctrines à re-

: commander. Le *Journal des Débats*, rendu à ses
» vrais, à ses légitimes propriétaires, auxquels
» la tyrannie l'avait arraché par une des plus
» scandaleuses violences, rentre dans les mains
» de ceux que le despote avait dépouillés, parce
» qu'il les soupçonnait, avec raison, d'être dé-
» voués à la bonne cause ; il conquiert donc de
» nouveaux droits à la bienveillance du public. »

Tout est à admirer dans ce petit avis aux lecteurs. Vous avez d'abord remarqué avec quelle habileté le *Journal des Débats* se fait un mérite de la prévoyance des esprits *les plus attachés à la monarchie légitime;* vous avez vu comment il établit une sorte de communauté entre eux et lui, avec quel art il fait valoir à son profit les espérances que ces hommes fidèles nourrissaient dans leurs cœurs, et comment il insiste sur le *terme ultérieur auquel tendaient ses efforts,* c'est-à-dire comment il se pare de la logique des doctrines et des événemens. Cette nuance imperceptible de royalisme qui s'exprimait par de craintives allusions glissées, à de longs intervalles, dans les colonnes prudentes du *Journal de l'Empire*, cette nuance imperceptible s'agrandit tout à coup jusqu'à remplir tout l'examen de conscience du *Journal des Débats*. Mais aussi ces colonnes de louanges, ces adulations de chaque jour, ces hymnes dont la monotonie caressante devait fatiguer l'oreille impériale, tant et de si magnifiques descriptions de fêtes, tant et de si emphatiques éloges, tant et de si bruyans témoignages de dévoûment prodigués à Napoléon, tout cela se réduit jusqu'à tenir dans la maigre parenthèse qui termine cette phrase : « On voyait à quel but ultérieur tendait le *Jour-* » *nal des Débats*, avec *mesure et retenue.* »

Ainsi, toutes ces flatteries immodérées, jetées sous les pieds du maître, c'était de la mesure. Cette incontinence d'adulation, qu'on nous passe ce terme, il faut que la monarchie légitime en remercie le *Journal des Débats*, c'était de la retenue. Il est prêt à demander que les Bourbons le récompensent des éloges qu'il adressait à Bonaparte, car, enfin, c'est grâce à ces éloges que le journal a continué à exister et à marcher *vers le terme ultérieur,* et vous pensez bien que ce n'est que par résignation qu'il a consenti à vivre, par dévoûment pour la légitimité qu'il a déclaré le retour de la légitimité impossible.

La fin de cette note n'est pas moins digne d'attention : vous y voyez le point sensible du *Journal des Débats.* Quand il est arrivé à cette spoliation que ses propriétaires ont cherché à éviter par des sacrifices de tout genre, cette spoliation doublement injuste, il faut l'avouer, car tant de docilité aurait dû désarmer Napoléon, alors l'indignation du journal ne connaît plus de bornes : c'est la *tyrannie* qui a dépouillé les propriétaires *légitimes ;* elle les a dépouillés *par la plus scandaleuse des violences,* et celui qui a commis ce scandale est un *despote.* On se souvient que le *Journal de l'Empire* acceptait plus patiemment la spoliation des héritiers légitimes de la couronne de France, dont il déclarait le retour impossible, et qu'il ne trouvait pas des termes aussi énergiques pour flétrir l'extradition et le meurtre du duc d'Enghien. Cette expression de *la plus scandaleuse des violences*, appliquée à la confiscation d'un journal, sous le règne d'un homme qui usurpa le trône et fit fusiller un Condé, peint le journal dont nous écrivons l'histoire. Ces ames métalliques avaient senti plus vivement ce coup que tout le reste, et la plaie était saignante encore. Du reste, la vivacité de leurs ressentimens n'ôte rien à la justesse de leurs calculs. La persécution qu'il a subie, le journal va en tirer avantage. Il s'était défendu d'être royaliste, quand c'était un péril de l'être ; maintenant que le jour de la récompense est venu, il s'accuse résolument de l'avoir été. Il avait fait dire à Napoléon, par M. Fiévée, que ses soupçons étaient injustes, et que le *Journal des Débats* s'occupait trop d'affaires pour s'occuper de dévoûment ; maintenant que Napoléon est tombé, il déclare, avec toute la fierté de ce courage posthume, naturel aux grandes ames, que Napoléon lui rendait justice en le soupçonnant d'être dévoué à la bonne cause. Puis il s'enveloppe dans cette spoliation qu'il a tout fait pour éviter, même ce qu'il n'aurait jamais dû faire; il se drape dans ce souvenir comme dans l'auréole de son martyre, et de là il tend la main aux passans comme une victime de la fidélité, en disant au public, avec une fierté modeste : « *Da obolum Belsario* : Donnez une obole à Bélisaire. »

Vous voyez que nous n'avions pas tort de dire que le *Journal des Débats* avait des ressources incroyables dans l'esprit pour n'être jamais embarrassé en face d'une restauration. Ainsi, supposons qu'au lieu d'être un journal français il soit un journal espagnol, cette supposition n'est pas mal séante, quand on a changé si souvent d'opinion on peut changer une fois de patrie); que le *Journal des Débats* soit donc dans ce moment un journal espagnol, un journal dévoué à l'usurpation de Christine, qu'il ait déclaré le roi Charles V à jamais déchu, qu'il ait vingt fois répété qu'il ne remonterait jamais sur le trône, et que l'Espagne a fait un pacte éternel avec la dynastie d'Isabelle II, dynastie de son choix; qu'il ait ajouté à tout ceci des éloges outrés en faveur de Christine, qu'il ait vanté son habileté, exalté ses vertus, juré de mourir avec elle. Charles V entre demain dans sa capitale, l'usurpation disparaît, le *Journal des Débats* n'est pas plus embarrassé pour cela.

Il commencera par rappeler qu'il a constamment combattu la république, et il fera remarquer que combattre un principe, c'est travailler pour le principe contraire. « Or, dira-t-il, il n'y
» a que deux principes au monde : la souverai-
» neté du peuple et la légitimité; donc je n'ai
» pas cessé un moment d'avoir pour terme ulté-
» rieur le triomphe de la légitimité et de l'im-
» mortel roi Charles V. » Que si vous lui rappelez les louanges qu'il a prodiguées à l'usurpation, ses adulations de tous les jours, ses protestations de dévoûment envers la nouvelle dynastie, il rangera tout cela sous le titre général *de discrétion et de mesure*. Il vous dira que c'est à cette

sage mesure et à cette habile discrétion qu'il a dû le rare avantage d'avoir pu travailler pour la sainte cause à laquelle il était secrètement dévoué. Il adoptera cette restauration si discrètement préparée, comme son ouvrage; et peut-être, de l'apologie passant aux récriminations, il vous dira que si tous les défenseurs de la légitimité avaient été aussi *mesurés et aussi discrets* que lui, la restauration serait depuis long-temps accomplie; et il revendiquera une part d'autant plus large de louanges, qu'il a dû, pour amener la restauration, surmonter les obstacles que lui suscitaient ce courage *peu mesuré* et cette *indiscrétion* d'héroïsme qu'il se croit en droit de reprocher à son illustre complice le général Zumalacarrégui.

Que si vous voulez savoir comment le *Journal des Débats*, toujours en le supposant espagnol, traitera l'usurpation tombée, c'est-à-dire Christine, après l'avoir élevée jusqu'au ciel quand elle était debout, nous sommes en mesure de vous dire comment il traita, après sa chute, Napoléon, envers la fortune duquel nous vous avons rappelé la honteuse exagération de ses louanges. Les noms de despote, de tyran, d'oppresseur sont les plus doux. Ceux de tigre à face humaine se présentent à chaque page. Les épithètes d'hypocrite, de lâche, de menteur, de comédien, reviennent sans cesse. Il y ajoutera, mais plus tard, après les cent-jours, la qualification de crocodile. Les transports de la haine égalant ceux du dévoûment, le *Journal des Débats* ne se contentera point de dépouiller Bonaparte des vertus qu'il lui a prêtées, il voudra lui enlever jusqu'à son nom, sans doute pour se venger de ce que l'Empereur l'a forcé jadis à changer le sien. « Ce » nom de Napoléon est un faux nom, dira-t-il, » c'est une usurpation de plus; le despote s'ap- » pelle Nicolas. » Puis il ajoutera le lendemain : « L'usurpateur ne se nommait ni Napoléon, ni » Nicolas : il se nommait Maximilien, et il a quitté » ce nom pour éviter les parallèles qui se seraient » présentés naturellement entre lui et Robes- » pierre. » Vous voyez qu'il y aurait à trembler pour l'usurpation, le lendemain du jour où la légitimité rentrerait dans la capitale ; ce jour-là, il ne servirait à rien à Christine d'avoir été louée et défendue par le journal en question, pendant ses prospérités : cette feuille ne donne pas ses louanges, elle les prête. Elle couvre, de la boue de ses injures, l'idole de la veille, pour cacher les guirlandes de fleurs dont elle l'avait parée.

Pour achever de donner une idée du courage, nous nous servons de l'expression polie, avec lequel le *Journal des Débats* exécute ces reviremens d'opinion et d'idées, il nous suffira de dire qu'à l'époque où nous sommes arrivés, il ne craignait pas d'écrire ces lignes sur le cardinal Maury : « Il est clair que son éminence a aban-
» donné, au jour de l'infortune, la maison de Bour-
» bon pour un usurpateur, et qu'elle a préféré
» ses intérêts à son devoir, ce qu'elle voudrait
» maintenant déguiser. » Ainsi le *Journal des Débats* ne craindrait pas de flétrir sa propre conduite dans celle des autres. Il deviendrait le censeur impitoyable de ses complices. Il dirait,

toujours dans notre supposition, de ceux qui auraient, comme lui, trahi la légitimité de Charles V pour l'usurpation de Christine : « Il est clair » que son Excellence a abandonné, au jour de » l'infortune, la maison de Bourbon pour servir » l'usurpation, et qu'elle a préféré ses intérêts à » son devoir, ce qu'elle voudrait maintenant dé- » guiser. »

Nous ne concevons rien de plus propre à dégoûter les gouvernemens de ces flatteries, utiles à ceux qui les offrent, fatales à ceux qui les reçoivent, que la lecture du *Journal des Débats* de cette époque. Si les Spartiates, pour prévenir chez leurs enfans le goût de l'ivrognerie, leur donnaient en spectacle l'ivresse des ilotes, on pourrait donner en spectacle aux pouvoirs, pour les guérir du penchant qui les entraîne vers les flatteurs, ces palinodies incroyables d'un journal qui, sans transition, traînait la même renommée du Panthéon aux Gémonies. On conçoit une pauvre idée de la grandeur humaine quand on voit à quoi elle est en butte. En contemplant les restes de ce colosse qu'on nommait Napoléon, livrés aux injures du *Journal des Débats*, nous avons éprouvé la même impression que l'on ressent, lorsqu'après avoir connu une personne pleine de force, de santé et de vie, on voit son cadavre livré aux vers du sépulcre et aux pourritures du tombeau. Cette grande fortune impériale, en effet, n'était plus qu'un cadavre, et les injures du *Journal des Débats*, en s'y mettant, annonçaient la présence de la mort.

Que les hommes qui n'avaient point plié devant les prospérités de Napoléon, comme M. de Châteaubriand, par exemple, l'attaquassent avec violence, cela se concevait. Ce n'était pas un jugement qu'ils écrivaient pour la postérité, c'était une bataille qu'il s'agissait de gagner dans l'opinion, et, des deux côtés, on visait au cœur. Puis, il faut le dire, de même que dans notre époque nous louons trop Napoléon, parce que, le regardant de trop loin pour apercevoir ses taches, nous n'apercevons que les proportions colossales qu'il conserve dans l'histoire ; au moment de la restauration, on était si près de l'homme, qu'on ne voyait que les taches dont il était couvert, sans faire attention à la hauteur de sa taille. D'ailleurs, dans ce temps-là, les plaies de la France étaient ouvertes et saignantes, et maintenant elles sont fermées ; or, l'on est toujours moins indulgent pour les souffrances que l'on endure que pour celles dont la trace, à demi effacée, n'existe plus que dans la mémoire. Mais si ces considérations expliquent la différence que l'on remarque entre les appréciations du caractère de Napoléon à cette époque, et les jugemens exprimés de nos jours, elles n'excusent en rien le langage et la conduite du *Journal des Débats*. Il fut sans noblesse contre l'adversité de Bonaparte, devant la fortune duquel il avait été sans fermeté ; et l'on peut dire qu'il se conduisit dans cette occasion comme ces gens qui, à la suite des armées, attendent que la victoire soit décidée pour achever les ennemis portés à terre et piller les bagages.

CHAPITRE XIII.

Sommaire : Reconnaissance du *Journal des Débats* pour la légitimité. — Chaleur de son dévoûment. — Le gouvernement provisoire le soumet à un comité de censure. — Services rendus à la cause monarchique. — Son immense publicité. — Rédaction politique essentiellement royaliste. — M. de Chateaubriand. — Le journal ne néglige pas la littérature. — M. Nodier, M. Duvicquet, M. Salvandy. — Ce qu'était la politique à cette époque. — Enthousiasme du *Journal des Débats*. — Anecdotes — Une rencontre chez le restaurateur Robert. — Toast. — Les cent-jours. — La partie morale et intellectuelle du *Journal des Débats* suit le roi à Gand. — Suivait-il le roi ou fuyait-il l'empereur? — M. Bertin à la tête du *Moniteur de Gand*. — Derniers temps de l'empire. — La chambre des cent-jours. — Elle n'a ni l'instinct, ni l'intelligence politique. — Quand le danger cesse le *Journal des Débats* la tourne en dérision. — Seconde Restauration. — Le *Journal des Débats* juge Bonaparte avec une sévérité inouïe. — Une terrible phrase contre les usurpateurs au sujet de Joachim Murat. — Le *Journal des Débats* est le Dracon de la légitimité.

La royauté en arrivant en France avait rendu au *Journal des Débats* un important service : la légitimité du trône ramenait avec elle toutes les légitimités, et le jour où les petits-fils de Louis XIV rentrèrent dans le royaume de leur aïeul, les propriétaires du *Journal des Débats* virent cesser, pour parler leur langage, la scandaleuse violence qui les avait dépouillés. Il faut le reconnaître, entre le journal qui avait timidement hasardé quelques allusions équivoques en faveur de l'ancienne monarchie, et la maison de Bourbon qui débutait avec lui par ce magnifique bienfait, ce n'était pas la maison de Bourbon qui était l'obligée.

Aussi la reconnaissance du journal fut-elle vive, et, nous le croyons, sincère. Il se dévoua tout entier, pendant, le première restauration, à la défense des principes dont il venait d'éprouver les heureuses conséquences. Il arriva même que, dans les premiers momens de la chute de l'Empire, son intervention en faveur des Bourbons fut si vive et si chaleureuse, que le Sénat-conservateur s'en alarma et réclama, du gouvernement provisoire, l'institution d'un comité de censure qui tînt en bride le dévoûment impétueux qui courait droit au but. Ce dévoûment, l'équité historique dont nous avons promis de ne pas nous écarter, nous fait une loi de le dire, ce dévoûment rendit d'importans services au gouvernement royal. L'immense publicité du journal (1) en faisait une puissance; MM. Geoffroy, Fiévée, de Feletz, Hoffmann, Dussault, avaient habitué le public à aimer cette feuille et à la lire; elle avait toujours eu une grande existence littéraire, alors même qu'elle avait été frappée de mort politique.

Ses colonnes étaient donc une tribune du haut de laquelle on pouvait parler, bien sûr d'être entendu. Or, parmi les principes qui règlent sa conduite, il en est un dont elle ne s'est jamais écartée, c'est d'approprier sa rédaction aux circonstances et de faire parler aux situations par les hommes qui peuvent leur plaire. Le *Journal des Débats* semble se regarder comme un gouvernement, et il change de rédaction

(1) On l'imprimait à 25 mille exemplaires.

comme les gouvernemens changent de cabinets.

Quand vint la restauration, la feuille dont il s'agit se livra donc aux plumes monarchiques. Des écrivains royalistes, à la tête desquels il faut placer M. de Châteaubriand, dont la parole aiguë comme une épée, exerça une si grande influence à cette époque, des écrivains royalistes envahirent, dans le journal, la partie réservée à la politique proprement dite. En même temps, on cherchait à remplir le vide laissé dans la rédaction littéraire par la perte de M. Geoffroy, qui sembla d'abord irréparable.

M. Nodier, qui, dans toute la puissance de son talent, se recommandait à la fois et par son royalisme éprouvé et par cette richesse d'imagination et cette malice sans méchanceté qui lui ont fait tant d'admirateurs sans lui faire un ennemi, fut appelé à s'essayer dans la lice où le successeur de Fréron avait régné pendant tant d'années. M. Duvicquet, esprit plus froid, moins brillant, mais plus positif et plus réfléchi peut-être, et par-là moins propre à la composition et plus propre à la critique que M. Nodier, soulevait aussi, d'une main déjà assurée, le sceptre du feuilleton. Il appartenait à la même école littéraire que Geoffroy ; c'était un de ces hommes nourris des beautés des modèles de l'antiquité, d'un goût irréprochable et d'une inexorable sévérité pour tout ce qui violait les lois de la littérature. M. Duvicquet formait, à partir de Fréron, la troisième génération de ces Aristarques qui semblèrent s'être légué, comme un héritage de famille, la mission de défendre la langue française et de perpétuer les saines traditions du théâtre.

Vers le même temps, le journal faisait une acquisition moins heureuse. Il y avait un jeune mousquetaire, d'un talent verbeux, d'une facilité qui dégénérait en inconvénient, et d'une imagination qui, douée de plus de faconde que d'éloquence, s'embarbouillait quelquefois dans les taillis touffus de son style ébouriffé. Sa manière avait une parenté lointaine avec celle de M. de Châteaubriand ; ses ennemis disaient qu'elle en était la caricature, et les ennemis de M. de Châteaubriand affirmaient qu'elle en était la copie. Là où le premier était vaste, le second était enflé ; là où le premier était sur un piédestal, le second était sur un escabeau. Il y avait des personnes qui assuraient que M. Salvandy était la lune de M. de Châteaubriand, ce qui voulait dire sans doute qu'il ne manquait absolument, à cet astre de la littérature, que la flamme qui échauffe et le rayon qui éclaire.

Quant à la politique, elle n'avait point encore atteint, dans la presse périodique, les proportions et l'importance qu'elle a prises aujourd'hui. La politique était une science qui commençait partout, à la tribune comme dans la presse, et le journalisme de ce temps n'avait point le secret de ces graves discussions, de ces études approfondies qui sont le cachet du journalisme actuel. Le papier nouvelle, comme on l'appelait encore, accomplissait peu à peu sa transformation. Il essayait ses ailes avant de quitter sa lourde enveloppe et de commencer à voler. Ce qu'on appelait la partie politique de la presse, à cette époque, c'étaient quelques mots vifs et rapides sur l'événement du jour, une réflexion courte et présentée sous la forme d'une épigramme, un cri de dévoûment, un élan d'enthousiasme, une espèce de morale tirée de la situation. Cela tenait à la fois à bien des causes réunies. D'abord le format nain des feuilles périodiques interdisait les longs développemens; il fallait que le tableau fût taillé pour le cadre, sous peine d'encourir cette mutilation qu'un barbare fit subir à un chef-d'œuvre de peinture dont la toile se trouva trop grande pour la place qu'il devait occuper. Ensuite cette inexpérience politique dont nous avons parlé, ne permettait point de traiter, d'une manière complète, les grandes questions. Enfin il y avait quelque chose de si vif dans les esprits, de si passionné dans les intérêts, qu'il eût été impossible de les captiver par des discussions qu'ils auraient refusé de suivre.

Où le *Journal des Débats* excellait, c'était surtout dans l'expression du dévoûment. Nous en donnerons un exemple. Le *Journal des Débats*, on le sait, a dîné à toutes les époques, et, au milieu de ses variations, il a été invariable dans ce principe ; un jour donc, il dînait en famille, rédaction et propriété, chez le célèbre restaurateur Robert, qui a légué son nom à l'immortalité avec la sauce à laquelle il a laissé son nom. A cette époque, il était impossible au *Journal des Débats*, rédaction et propriété, de dîner sans porter la santé de la royauté légitime. Le cri de *vive le Roi !* au dessert était un cri non moins nécessaire à son cœur qu'à sa digestion. La santé du Roi fut donc portée par le *Journal des Débats*, rédaction et propriété, avec un enthousiasme cette fois impossible à décrire, et avec une ardeur toute chaude encore des libations qui avaient précédé ce dernier toast. Le dévoûment crie haut, surtout quand il a bien dîné ; il avait crié si haut cette fois, que la compagnie d'Havré, qui donnait un banquet à son capitaine, dans la salle voisine, entendit le toast dévoué, et se leva, par un mouvement spontané, pour aller, le verre à la main, faire raison à ces braves convives d'à côté : « Bien sûrs de trouver de bons Français, » s'écrie le *Journal des Débats*, puisqu'ils avaient » entendu porter la santé du Roi légitime, ces » messieurs nous firent l'honneur de porter avec » nous cette santé si chère au cœur de la France. » Les choses n'en restèrent point là : le *Journal des Débats*, rédaction et propriété, alla, le verre en main, rendre à la compagnie d'Havré sa visite. Nouveaux cris, nouvelles libations et nouveaux toasts; les têtes n'y étaient plus, et l'on se conduisait avec les yeux du cœur. Les gardes juraient d'être fidèles jusqu'à la mort, serment noblement tenu par eux ou par ceux qui leur succédèrent ; le *Journal des Débats*, qui n'a jamais été à court de sermens, jurait tout ce qu'on voulait. Il pleurait, il buvait, il chantait des couplets improvisés pour la circonstance, et dans lesquels il s'engageait à mourir pour le Roi légitime. Parmi les dévoûmens avinés qui tenaient ces propos de table, il y avait un convive qui répondait au nom de Salvandy.

Cette verve dura tant que dura la première restauration, et l'on peut dire que le *Journal des Débats* eut des chants pour toutes les prospérités de la maison de Bourbon, des larmes pour toutes ses douleurs. Mais bientôt les cent-jours vinrent remettre en doute ce qui semblait avoir été décidé par la fortune. Les cent-jours étaient une réaction de l'armée contre le pays, réaction insensée, mais presqu'inévitable. Le camp qui avait, pendant tant d'années, occupé la France et l'Europe, ne voulait point faire place à la nation. Il appela son représentant et son expression du fond de l'île où il était relégué, et, mettant la France pour enjeu sur le tapis sanglant des batailles, il demanda des cartes à Waterloo. Le retour de Bonaparte, lors des cent-jours, est peut-être la faute, nous allions dire le crime le plus inexcusable de ce grand génie. Il avait l'intelligence trop haute pour ne pas voir le vice de sa situation, qui rendait d'avance tous ses succès inutiles, et qui mettait sa chute à la merci d'un premier revers. Ce retour n'était point la tentative d'un fier caractère qui essaie de dominer la fortune, c'était l'acte d'un joueur effréné qui, sûr de perdre, joue pour les émotions du jeu.

Nous sommes trop justes pour mettre au compte du *Journal des Débats* la conduite que le *Journal de l'Empire* tint pendant les cent-jours. Il n'y avait plus alors à Paris que le cadavre du journal, sa pensée, son ame étaient ailleurs. Il s'était trop compromis vis-à-vis l'homme de l'île d'Elbe pour rester à la portée des griffes de ce lion qui, pour être malade, n'en était pas moins encore un lion. Sa partie morale et intellectuelle s'exila donc avec la monarchie. Il ne demeura à Paris que la machine; la police impériale s'en empara et la fit fonctionner comme elle voulut, comme elle l'avait déjà fait pendant les trois dernières années de l'Empire. A cette époque des cent-jours M. Bertin fut chargé par le Roi de rédiger le *Moniteur de Gand*.

Cet état de choses ne cessa que lorsqu'après la bataille de Waterloo, Bonaparte eut abdiqué pour la seconde fois la couronne. Si son crime avait été grand, son châtiment fut bien lourd. La Providence sembla vouloir lui faire expier, par la bassesse des moyens dont elle se servit pour le renverser, les excès de son orgueil, en même temps qu'elle nous enseignait le peu que valent ces puissans génies quand Dieu a retiré la main qui les soutient. Celui-ci subit l'humiliation de voir sa destinée dépendre de la volonté de M. Fouché et de l'éloquence de M. Manuel, et son étoile, qui avait prévalu contre le monde, s'éclipsa devant un homme de police et un rhéteur.

Je ne connais rien au monde de plus misérable que cette chambre des cent-jours qui, aveugle instrument dans les mains de Fouché, assista à tous les événemens de cette époque sans les comprendre, et regarda passer la solution de cette crise sans la deviner. Ce précédent eût dû apprendre aux peuples, si les peuples apprenaient quelque chose, ce que serait une chambre de juste-milieu. C'en était une en effet que cette assemblée qui n'avait l'intelligence ni des hommes ni des choses, et qui s'évertuait à jouer à la constitution pendant qu'il s'agissait de savoir s'il y aurait une France.

Pour trouver un fait analogue dans l'histoire, il faut remonter jusqu'aux Grecs du Bas-Empire. En présence de la situation impérieuse qui se dessinait, il n'y avait que deux partis à prendre : ou s'unir à Bonaparte et lui confier les débris du naufrage de la France pour faire une guerre d'extermination aux puissances coalisées, ou bien opter pour la paix et pour les Bourbons, qui en étaient le symbole. Au lieu de cela, les Constituans des Cent-jours voulaient faire la guerre sans Bonaparte pour obtenir la paix sans les Bourbons, c'est-à-dire que, pour arriver à l'impossible, ils prenaient par l'absurde. La puissance militaire en France était un corps dont Napoléon était la tête : vouloir faire la guerre sans Bonaparte, c'était décapiter le corps pour le faire marcher. Les Bourbons portaient en eux un principe qui promettait, à la France, la fin de ses perturbations, et à l'Europe, le terme des guerres révolutionnaires ; vouloir faire la paix sans les Bourbons, c'était fermer devant soi la seule route qui conduisît au but auquel on voulait arriver.

Dès qu'on put parler sans danger, c'est-à-dire dès que les armées coalisées furent sous les murs de Paris, le *Journal des Débats*, reprenant son indépendance, dit à ce sujet des choses pleines de justesse, et fit toucher du doigt la niaiserie de tout ce bavardage de tribune, qui chicanait les événemens sans avoir assez de force pour les maîtriser. « Paris est tranquille, disait-il, il n'y » a de trouble nulle part, excepté à la chambre » des représentans. » Puis il ajoutait, en livrant à la risée publique des intrigues qui n'osaient se montrer au grand jour : « Des gens pour qui tout » est bon hors ce qui est légitime, et qui livre» raient la France au Grand-Mogol, comme ils » l'ont livrée deux fois à Bonaparte, ont conçu la » ridicule idée d'offrir la couronne de saint Louis » au ci-devant électeur de Saxe. »

Il faut relire ces séances de la chambre des Cent-jours pour se faire une idée du degré de ridicule auquel on peut arriver en politique, en parodiant les formes du stoïcisme et du courage. Il y avait surtout, dans cette assemblée, un M. Durbach qui mérite d'être cité comme le modèle de ces entêtemens incorrigibles qui se prennent pour des fermetés, et se drapent à l'antique afin de commettre plus majestueusement leurs bévues. Ces gens-là ne veulent pas comprendre qu'en tout il est un à-propos dont l'absence change le caractère des actions humaines. Le même mot épouvanta dans la bouche de Mirabeau et fit sourire dans la bouche de M. Manuel. Si Robespierre était né sous Louis XIV, et s'il eût voulu faire ce qu'il fit sous Louis XVI, au lieu d'être atroce il n'aurait été que ridicule. Or, dans cette chambre tronquée, au sein de laquelle trente-neuf départemens avaient refusé de se faire représenter, dans laquelle plus d'un député n'avait été nommé que par dix électeurs, tant la France s'était retirée du mouvement des affaires, ils étaient cinq ou six harangueurs, animés de furieuses rancunes contre la maison de Bourbon, et qui, se prenant pour la France, répétaient à l'envi que la France avait rejeté la maison de Bourbon, et qu'elle ne remonterait jamais sur le trône.

D'abord, ils ne le croyaient pas en le disant; ensuite, à force de le dire, ils finirent par le croire. Leur haine, comme ces breuvages fermentés, leur montait à la tête et leur obscurcissait la vue. Ils n'avaient plus qu'un jour à vivre, et ils rêvaient d'éternité; leurs jambes fléchissaient sous eux, et ils s'occupaient d'asseoir la France sur les bases éternelles d'une constitution qui ne devait jamais finir. La restauration était un fait inévitable, presqu'accompli, une nécessité aussi éclatante que le soleil; ils déclaraient que le nécessaire était impossible. Elle avait déjà le pied sur les marches du trône, qu'ils répétaient encore qu'elle n'y remonterait jamais, et ils étendaient leurs bras de pygmées contre la situation, qui ne leur fit pas même l'honneur de les écraser en passant.

C'était bien le spectacle le plus étrange qui

pût se rencontrer, et l'on vit, dans cette occasion, quelle est l'impuissance de ce qu'on appelle le pays légal, quand le moment est venu où le grand pays, le pays réel, se résout à se montrer. Dans ce temps-là, comme le disait le *Journal des Débats*, la France légale arrêtait aux barrières la France réelle qui voulait aller saluer son roi. Elle ne réussit pas à l'arrêter long-temps. Les paroles de la chambre des représentans ne purent ni retarder, ni avancer d'une heure la solution du problème. Elle arriva quand elle devait arriver, ni plus tôt, ni plus tard. Les représentans la regardèrent passer; les choses s'étaient faites à côté d'eux et sans eux. La terre marchait sous leurs pieds et les emportait avec elle pendant qu'ils niaient le mouvement. Quand on en fut à ce point, cette assemblée, qui avait fait un si grand bruit, s'éteignit dans le silence; les Catons et les Décius ne moururent pas, mais ils disparurent; il semblait que c'était une comédie qui venait de finir, et que, pour tout le monde, la vie réelle allait commencer.

Le *Journal des Débats* se montra, après les Cent-jours, plus dévoué que jamais au gouvernement légitime; il venait d'acquérir le droit de parler de sa fidélité en le suivant dans l'exil, quoiqu'il fût assez difficile d'établir si c'était le roi qu'il suivait, ou l'empereur qu'il avait fui. Ses colères contre l'usurpation dépassèrent cette fois toutes les bornes. C'était à cette époque qu'il s'écriait (1) : « Lorsque, le 20 mars, le tyran,
» protégé par une soldatesque parjure, vint usur-
» per la place dans un palais en deuil et dans une
» capitale orpheline, il enveloppa son entrée des
» ombres de la nuit, il arriva seul avec le cortége
» de ses complices et de ses crimes. Une poignée
» de *terroristes* relaps (2), quelques douzaines de
» courtisans et de gens d'affaires avides et éhontés
» qui ont lié leur fortune au succès de l'usurpa-
» teur, et un nombre plus petit encore de sicaires
» fanatiques, stupidement enthousiastes de l'aven-
» turier qui fut leur chef, voilà à quoi se réduit

(1) *Journal des Débats*, 9 juillet 1815.
(2) *Journal des Débats*, 10 juillet 1815.

» le nombre des coupables à punir. S'il était pos-
» sible d'établir quelque comparaison entre le
» ciel et l'enfer, quel homme aurait pu se rap-
» peler, sans être saisi d'épouvante, qu'à la même
» place où la physionomie céleste de notre père
» rayonnait de tout l'amour du peuple et de toute
» la sérénité d'une sublime vertu, on avait pu
» voir naguère, caché à demi derrière ses odieux
» satellites, ce Corse au teint de plomb et à l'œil
» de tigre, dont la bouche n'a jamais souri qu'au
» carnage? Le règne de Bonaparte était le plus
» odieux des opprobres pour quiconque est digne
» d'être Français (1). Il est impossible de ne pas
» s'occuper encore quelque temps de cet homme,
» dont bientôt on ne parlera plus du tout. La sou-
» plesse de jarrets avec laquelle il a grimpé si rapi-
» dement sur l'échelle du *Northumberland*, ne
» forme-t-elle pas un contraste assez piquant avec
» la grande résolution qu'il semblait avoir prise ?
» Toutes ces belles menaces de passer de cette

(1) *Journal des Débats* du 18 juillet 1815.

» vie dans l'autre se sont bornées à passer du *Belle-*
» *rophon* sur le *Northumberland,* et à déployer dans
» ce passage tout le talent d'un danseur de corde.
» Cet homme est un des meilleurs acteurs qui
» aient paru ; le mélodrame lui convenait comme
» la farce ; il pleurait avec la même facilité qu'un
» crocodile (1). »

Si vous vous rappelez tant de flatteries prodiguées au premier consul et à l'empereur, et le feuilleton de Geoffroy tout fumant de louanges, peut-être, après avoir lu cette Iliade d'outrages, penserez-vous qu'on pourrait résumer l'histoire du journal par cette phrase qu'il jette si injurieusement à la chute du vainqueur d'Italie : *Ce journal est un des meilleurs acteurs qui aient paru : le mélodrame lui convient comme la farce, et dans le passage de la satire à l'admiration, de la haine à l'amour, il a déployé toute l'agilité d'un danseur de corde.*

Quelque dures que fussent ces expressions,

---

(1) *Journal des Débats* du 17 août 1815.

ce n'étaient que des paroles qui atteignaient l'homme dans sa vie morale, sans le frapper dans son existence physique et réelle. La colère du *Journal des Débats* alla plus loin ; elle s'expliqua d'une manière bien plus menaçante et bien plus catégorique. Il est vrai que les Cent-jours n'avaient rien respecté, pas même la propriété du *Journal des Débats*. La police impériale s'était emparée de ses presses, tandis que Napoléon usurpait la couronne de la branche aînée, et que, par un arrêté impérial à la date du 11 juin, les princes Lucien et Jérôme usurpaient les caves de M. le duc d'Orléans. Bien a pris sans doute au héros de l'échauffourée de Strasbourg, nous le disons en passant, de n'être le fils ni de Jérôme ni de Lucien, ces audacieux usurpateurs des caves du Palais-Royal, sans parler d'autres usurpations moins criminelles sans doute, puisqu'il ne s'agissait que de royaumes. Tant d'énormités avaient donc lassé la patience du *Journal des Débats* ; il devenait impitoyable pour l'usurpation, tellement impitoyable que, s'il y avait un seul usurpateur au

monde, nous ne voudrions pas répéter la phrase que la feuille dont il est question écrivit, en apprenant la mort de Murat, phrase qui contient une théorie d'une sévérité à faire frissonner tous les voleurs de trône : « Murat, fusillé le 15 oc-
» tobre, dit le journal, est le plus éclatant témoi-
» gnage du retour de la légitimité. Le règne des
» hérésies monarchiques est terminé, tout rentre
» dans l'ordre, les usurpateurs ne sont plus que
» des rebelles, ils trouvent des supplices. »

C'est une terrible phrase que celle-là, et Dracon n'eût pas mieux dit. Nous n'en sommes pas moins persuadés que cette terrible phrase n'aura pas empêché le *Journal des Débats* de prendre part à la souscription récemment ouverte, dans un département, pour élever une statue à Joachim Murat.

FIN DU PREMIER VOLUME.

TABLE DES MATIERES.

CHAPITRE I.

Sommaire : Tableau de la société révolutionnaire. — Des principes qui présidèrent à la révolution française. — Le protestantisme. — Corruption de l'intelligence et corruption du cœur. — L'école philosophique et les roués. — Religion de la volonté humaine. — Superstition de la loi. — L'homme créateur. — Ridicules du nouveau culte. — Poésie. — Le Panthéon. — La guillotine remplace la croix. — La sainte Guillotine et la sainte Montagne. — Mot profond de Vico. — Barbarie sortant de la civilisation. — L'homme devient fou de raison. — Anecdotes. — Lettre d'une courtisane à la Constituante. — Scènes des 5 et 6 octobre. — Un barbier contraint de raser une tête coupée. — Anthropophages. — Chaumette proclame la déesse Raison dans la salle des séances de la Convention. — Danses de députés et de courtisanes. — Justes conseils de Dieu. — Symboles. — L'opéra à Notre-Dame. — La prédiction du père Beauregard accomplie. — Chaumette insulte une statue de la Sainte-Vierge. — Le comédien Monvel monte dans la chaire de Saint-Roch pour faire profession d'athéisme. — La châsse de sainte Geneviève brûlée. — Apothéose de Voltaire, de Rousseau, de Marat. — Extinction du sens moral en France. 11

CHAPITRE II.

Sommaire : Tableau de la littérature révolutionnaire. — La véritable littérature de la révolution était en action. — Mirabeau, Barnave, Vergniaud, Danton, Robespierre. — Pauvreté de la littérature proprement dite.—Les quatrains à Chloris et la terreur. — Le libertinage du sang. — La religion et la royauté insultées. — Néologismes jacobins. — Langue révolutionnaire. — Pièces nationales. — Beaumarchais laissé en arrière par ses successeurs. — Drames de M. Pigault-Lebrun. — Anecdote relative à Chénier. — La tragédie d'allusion. — Sans-culotisme de l'antiquité. — La fête de l'égalité. — Le canonnier convalescent. — Les salpétriers républicains. — Denys à Corinthe. — Feuilleton d'une première représentation au Théâtre de la République. — La salle et la scène. — Le *Jugement dernier des Rois*, par M. Sylvain Maréchal. — La loge de Robespierre. — Anecdote relative à Talma. — La mort de Marat déplorée dans des drames et dans des dithyrambes. — Marat comparé à Dieu. — Marat au 10 août. — Les Catilina modernes. — État déplorable de la littérature. — Le sens littéraire semble éteint en France. 43

CHAPITRE III.

Sommaire : Au sortir de la crise, Bonaparte se présente pour reconstruire la société. — Un ami des propriétaires du *Journal des Débats* leur conseille de mettre leur feuille à la tête de la réaction sociale. — Tentations et craintes. — Objections tirées du passé. — Puissance du philosophisme. — Anéantissement du christianisme. — Réponses. — Le conseil est adopté et suivi. — Premiers symptômes de la réaction. — Précautions et prudence. — Les eaux du déluge s'abaissent, mais elles s'abaissent lentement. — Le calendrier républicain. — Les anciens et les nouveaux exils. — La marquise de la Meilleray. — Lettre d'un citoyen de Paris au Préfet de police. — Rapprochement. 79

CHAPITRE IV.

Sommaire : La rédaction du *Journal des Débats* est toute littéraire ; il conduit en littérature, il suit en politique. — Le feuilleton du *Journal des Débats*. — Geoffroy. — Sa collaboration à l'*Année littéraire*.— Il n'a point été l'élève, mais l'héritier de Fréron. — Son double caractère d'érudit et de journaliste. — Geoffroy travaille à l'*Ami du Roi*. — Sa fuite pendant la terreur. — Il se fait maître d'école. — Retraite de plusieurs années. — Effet de cette retraite sur le talent de Geoffroy. — Son retour à Paris. — Il entre au *Journal des Débats*. — Avènement de Geoffroy au feuilleton. — Influence de ses feuilletons. — Appréciation du talent de Geoffroy. — Ce que la situation fit pour lui et ce qu'il fit pour la situation. — Explication de la haine de Geoffroy contre Voltaire. — M. de Feletz. — Caractère de son talent. — Ses opinions royalistes. — M. Bertin et M. Bertin de Vaux. — — Il y a, dès les premiers temps, au *Journal des Débats*, un côté droit et un centre.................................. 93

CHAPITRE V.

Sommaire : Marche du *Journal des Débats*. — Louanges excessives prodiguées par Geoffroy au premier Consul. — Etait-ce prudence? Etait-ce enthousiasme? — Théorie du paratonnerre en matière de journalisme. — La partie politique en désaccord avec le feuilleton. — Bonaparte rétablit le catholicisme et rouvre les églises. — Le *Journal des Débats* s'enhardit. — Guerre systématique livrée aux principes de la révolution.—Le *Journal des Débats* anti-voltairien.— Retour aux idées et aux coutumes de l'ancienne monarchie. — Le premier Consul à Ivry. — Anecdote. — Napoléon à l'embranchement de deux routes. — Cromwel et Monk. — Le *Journal des Débats* hésitant entre l'idolâtrie du pouvoir de fait et la religion du pouvoir de droit. — Remarquable article de M. De Lalot.................. 113

CHAPITRE VI.

Sommaire : Monck devient Cromwel. — Arrestation du duc d'Enghien. — Epouvante de Paris. — Terreur muette. — Les fossés de Vincennes. — Attitude du *Journal des Débats*. — Courage par allusion.—Vers de M. Aignan sur Pacuvius, seigneur de Capoue. — Le prince est fusillé. — M. de Chateaubriand sépare sa ligne de celle du *Journal des Débats*. — Celui-là rompt avec le premier Consul ; celui-ci prépare les voies à l'Empereur. — Une phrase de Fourcroy. — Harangue de M. de Fontanes. — Le *Journal des Débats* renie la maison de Bourbon et déclare qu'elle a pour jamais cessé de régner. — Le Consulat fait place à l'Empire. — Retour des pompes de la monarchie. — Les républicains courtisans. — Le citoyen David premier peintre de S. M. l'empereur.— — Les éternités révolutionnaires passent vite. — Rapprochemens. — Un baptême dynastique célébré par le *Journal des Débats*.. 133

CHAPITRE VII.

Sommaire : Partie secrète de l'histoire du *Journal des Débats*. — Le philosophisme lui fait une guerre sourde. — Puissance de l'école voltairienne dans le gouvernement où elle est cantonnée. — Colères et cupidités. — Fouché devient le centre de cette conspiration. — Intrigues et menées. — Geoffroy accusé d'être le complice de Georges Cadoudal. — On impose un censeur au journal. — Intervention de M. Fiévée. — Rôle qu'il jouait. — Sa correspondance avec Bonaparte. — Il entreprend de lui persuader qu'il a tout à gagner à la réaction monarchique. — La position de l'Empereur était fausse et son esprit était juste. — Une note de Napoléon sur le *Journal des Débats*. — Portrait de M. Bertin de Vaux par M. Fiévée. — Transaction. — Le *Journal des Débats* quitte son titre pour celui du *Journal de l'Empire*. — M. Fiévée prend la direction du journal......... 159

CHAPITRE VIII.

Sommaire : Le *Journal des Débats* sous la direction de M. Fiévée. — Nature de l'esprit de M. Fiévée. — Il maintient la couleur du journal. — Comment le nouveau titre augmente sa publicité. — L'Empereur conquiert des abonnés au *Journal de l'Empire*. — Le philosophisme et la police recommencent la guerre. — Bulletin d'Austerlitz. — Bonaparte et Ossian. — Le *Journal de l'Empire* blâmé dans le *Moniteur*. — Fouché parle de faire arrêter M. Fiévée. — Note de ce dernier à l'Empereur. — M. Suard dénonce le *Journal des Débats* en séance académique. — Nouvelle lettre de M. Fiévée. — Le *Journal des Débats* arrêté à la poste. — Bonaparte ôte la direction à M. Fiévée. — Motifs qui lui font prendre cette mesure. 181

CHAPITRE IX.

Sommaire : M. Etienne est mis à la tête du *Journal des Débats*. — Peu de temps après Bonaparte s'empare de la propriété. — Il la partage entre plusieurs personnes. — Anecdote sur M. Pasquier. — Nature du talent de M. Etienne. — Tendance de ses idées. — Conséquence de son entrée au *Journal des Débats*. — La partie littéraire continue à recruter les plus habiles écrivains. — Hoffmann. — Aperçu biographique et littéraire sur Hoffmann. — Une anecdote relative à la représentation d'*Adrien*. — Sa polémique avec Geoffroy. — Son talent et son esprit encyclopédique. — Insuffisance de la partie politique. — Mot d'ordre donné et reçu. — Humiliations et menaces. — Toute l'attention demeure tournée vers le feuilleton. 201

CHAPITRE X.

Sommaire : M. Etienne était l'homme de M. Maret, et à un degré moins éminent de Fouché contre M. de Talleyrand. — Son avènement au *Journal des Débats* avait coïncidé avec la seconde phase de l'histoire de l'Empereur. — Ce que sont ces deux phases. — Période de clairvoyance et période d'enivrement. — Illusions de ceux qui veulent employer, dans leur intérêt personnel, la force que la société leur a donnée pour son propre avantage. — Motifs qui contribuèrent à créer les illusions de Bonaparte. — Adulations immodérées. Succès prodigieux. — Ces succès et ces adulations se reflètent dans le *Journal des Débats*. — Fêtes d'Erfurt. — Talma joue *Mithridate* devant un parterre de rois. — Apogée de la fortune impériale. — Les causes qui amèneront sa chute se laissent entrevoir. — La guerre des peuples. — Mort de Pitt. Avertissemens. — Anecdote relative au roi Joseph. — Une épigramme du *Journal des Débats*. — Le moucheron et le lion. — La fortune de Napoléon grandit encore. — Son mariage avec une archiduchesse d'Autriche. — MM. Tissot, Lemercier et Geoffroy célèbrent les fêtes du mariage. — Souvenirs et rapprochemens. 221

CHAPITRE XI.

SOMMAIRE : Dernières années de l'histoire du *Journal de l'Empire*. — Guerre de Russie. — Le *Journal de l'Empire* rassemble des quatrains pendant que les deux Empereurs rassemblent des armées. — M. Guizot et M. Elie Decazes apparaissent dans le *Journal de l'Empire*. — Cette feuille est employée à la reproduction de pamphlets militaires. — Presse de l'armée. — Flatteries. — Le *Journal de l'Empire* prend parti pour la mémoire de Chénier contre M. de Châteaubriand. — Conspiration de Mallet. — Eloges de la police par le *Journal de l'Empire*. — Il qualifie Mallet de brigand au même instant où Napoléon qualifie Rostopchin d'aliéné. — Derniers bulletins de la grande armée. — Pronostics de mauvais augure. — Le vendredi et le nombre 13. — Retour de Napoléon. — Optimisme du Sénat et du *Journal de l'Empire*. — Campagne de France. — Efforts de la presse de police. — Mort de Geoffroy. — Fin de l'empire et du *Journal de l'Empire*. — Le *Journal des Débats* reparaît avec son ancien titre le 1ᵉʳ avril 1814. . . 247

CHAPITRE XII.

Sommaire : Avis placé en tête du numéro du 1er avril. — Le *Journal des Débats* songe avant tout à l'intérêt matériel. — Distinction entre M. Bertin et M. Bertin de Vaux. — Ce dernier était l'expression véritable du *Journal des Débats*. — Cette feuille n'avait contribué qu'indirectement à la restauration. — L'inconséquence des hommes n'empêche pas la logique des idées. — Appréciation générale de la ligne suivie par le *Journal des Débats* depuis sa création. — Comme il se conduisit en présence d'une restauration monarchique. Curieuse étude. — Théorie générale tirée d'un exemple particulier. — Le *Journal des Débats* n'est pas gêné par les précédens. — Note remarquable par laquelle il explique sa conduite pendant l'Empire. — Comment il traite les usurpations tombées — Ses fureurs contre Bonaparte.— Réflexions. 271

CHAPITRE XIII.

Sommaire : Reconnaissance du *Journal des Débats* pour la légitimité. — Chaleur de son dévoûment. — Le gouvernement provisoire le soumet à un comité de censure.— Services rendus à la cause monarchique. — Son immense publicité. — Rédaction politique essentiellement royaliste. — M. de Chateaubriand. — Le journal ne néglige pas la littérature.— M. Nodier, M. Duvicquet, M. Salvandy. — Ce qu'était la politique à cette époque. — Enthousiasme du *Journal des Débats*. — Anecdotes. — Une rencontre chez le restaurateur Robert — Toast. — Les Cent-Jours. — La partie morale et intellectuelle du *Journal des Débats* suit le Roi à Gand. — — Suivait-il le Roi ou fuyait-il l'Empereur?—M. Bertin à la tête du *Moniteur de Gand*. — Derniers temps de l'empire. —La chambre des Cent-Jours.— Elle n'a ni l'instinct, ni l'intelligence politique. — Quand le danger cesse le *Journal* des *Débats* la tourne en dérision. — Seconde Restauration. — Le *Journal des Débats* juge Bonaparte avec une sévérité inouie. — Une terrible phrase contre les usurpateurs au sujet de Joachim Murat. — Le *Journal des Débats* est le Dracon de la légitimité... 293

FIN DE LA TABLE DU PREMIER VOLUME.

ERRATUM.

Page 113, chapitre V, à la 4e ligne du texte, *au lieu :* du concordat qui eut lieu en 1803, *lisez :* 1802.

SECONDE PARTIE.

CHAPITRE XIV.

CHAPTER XIV

CHAPITRE XIV.

Sommaire : Ligne suivie par le *Journal des Débats* pendant les premières années de la Restauration. — Sa politique. — Le ministère Decazes. — Sa tendance funeste. — Les royalistes calomniés par le pouvoir. — Conspiration du bord de l'eau. — Le ministère comprime la presse monarchique. — Le *Journal des Débats* voit renaître les temps de la censure. — Sa politique émigre au *Conservateur*. — Le *Conservateur* fut le *Journal des Débats* de cet interrègne de la liberté de la presse. — MM. de Châteaubriand, de La Mennais, de Bonald. — L'assassinat de M. le duc de Berry renverse le ministère Decazes. — Le *Journal des Débats* flétrit ce ministère. — Sa douleur toute royaliste de la mort du duc de Berry. — Comment il parle de cette mort. — Comment il devait en parler onze ans plus tard. — Naissance de Henri-Dieudonné. — Hymne d'allégresse *des Débats*. — Curieux passages relatifs à cette naissance. — Avènement du ministère de M. de Villèle. — Le talent royaliste du *Journal des Débats* atteint tout son développement, et sa renommée tout son éclat. — Une scission fatale éclate dans le conseil.

Nous avons donné assez d'étendue aux premières périodes de l'histoire du *Journal des Débats*, pour en renfermer la fin dans des limites plus étroites et la présenter sous une forme plus concise. L'esprit de cette feuille est maintenant connu. On sait qu'elle est la personnification de cet égoïsme individuel funeste aux intérêts généraux, de ces timides complaisances pour le fait, qui sont des injures pour le droit. Son enthousiasme pour la légitimité a éclaté, il est vrai, mais c'est le lendemain du jour où la légitimité a eu un retour de fortune. Le *Journal des Débats* qui, en 1805, lorsque les Bourbons étaient en exil, les proclamait dangereux et impossibles, les voyant rentrer aux Tuileries, les déclara nécessaires et promit l'immortalité à leur dynastie. Il y a peut-être plus de constance qu'on ne le croit dans ces variations; à travers toutes ses infidélités, le *Journal des Débats* a toujours été fidèle à la fortune.

Pendant les premières années de la restauration, il demeura constant dans les sentimens qu'il avait exprimés après les Cent-Jours. Il jouissait en paix de son immense réputation littéraire, à laquelle la plume des publicistes royalistes avait ajouté une réputation politique. Le

Journal des Débats était devenu le journal des principes en matière de gouvernement comme en matière de littérature. De toutes les feuilles périodiques, c'est celle peut-être où l'on trouve les plus belles théories de la légitimité, c'est celle qui a le mieux établi que, dans l'histoire des peuples, l'usurpation est presque toujours une honte, toujours un fléau. C'est ainsi que la feuille dont nous parlons traversa les temps difficiles de l'établissement du pouvoir royal, et les ministères orageux qui aggravaient, par leurs fautes, les difficultés naturelles de la situation.

Ces fautes, nous avons dit ailleurs jusqu'où elles allèrent. Le pouvoir était tombé dans les mains d'un jeune ministre que la bienveillance marquée de Louis XVIII avait élevé au premier poste de l'État. La fortune de M. Decazes avait été aussi prompte que grande. Il était arrivé, à l'âge où d'ordinaire on part, et la faveur royale, comblant toutes les distances, avait rapproché, en peu d'instans, son obscurité des honneurs, son inexpérience du pouvoir. Dans ce poste important, M. Decazes fut l'instrument d'un système dont il se crut l'inventeur. On lui répéta que son ministère n'avait rien à craindre des hommes de la révolution, car ce n'était pas du sein des opinions de la gauche qu'il pouvait voir sortir l'héritier de sa puissance; tandis qu'il avait tout à craindre des hommes de la droite, candidats naturels désignés au choix de la couronne par leur dévoûment et leurs services. On en concluait qu'il valait mieux s'appuyer sur la gauche que sur la droite. Les hommes qui donnaient ce conseil étaient ceux qui avaient tenu les affaires, soit pendant la révolution, soit pendant l'Empire. Ils craignaient que la restauration, devenant trop forte, ne leur échappât, ils voulaient donc que la révolution conservât de la vie en France; ils en avaient besoin comme d'un épouvantail, pour contraindre la royauté à respecter leurs positions, comme d'un brûlot pour faire sauter le trône, si le trône s'affranchissait de leur influence.

C'est alors que commença cette politique dont

les conséquences devaient être si déplorables. On vit les amis du roi ennemis du ministère, et le ministère prit peu à peu, pour amis, les ennemis du roi. Chacun sait jusqu'où ce système fut poussé, et l'on n'a point oublié cette conspiration du bord de l'eau, dans laquelle on enveloppa tant de noms royalistes. Ces accusations, qui n'étaient que ridicules, eurent des suites incalculables. Les masses durent penser qu'il fallait que les projets, prêtés aux hommes monarchiques par la calomnie de leurs adversaires, fussent réels, pour que le prince les éloignât de sa faveur et de ses conseils. D'un autre côté, les révolutionnaires, appuyés par un ministère royal, purent lever la tête. Ils cessèrent d'effrayer quand ils furent présentés au pays par la main de celui qui tenait le pouvoir. Comment croire que l'homme d'état qui jouissait de la haute confiance du trône pût marcher avec des hommes qui eussent été ses ennemis? Il s'établit, à cette époque, une confusion qui devait être fatale : la confusion des intérêts nouveaux, qui voulaient seulement exister, et des haines révolutionnaires qui voulaient tuer la monarchie. Celles-ci, qui n'avaient pour elles ni le nombre ni la force, se cachèrent désormais derrière ceux-là et parvinrent à les alarmer. De sorte que, par suite, ces intérêts attaquèrent en croyant se défendre, et s'enrôlèrent sous le drapeau des passions politiques sans savoir où on les conduisait. En vain dira-t-on que la royauté, étant représentée par ce ministère qui tendait la main à la révolution, ne devait point encourir la solidarité des soupçons et des ressentimens qu'on excitait contre les royalistes. Il y avait un instinct profond qui avertissait tout le monde que, par une pente inévitable, la royauté reviendrait, tôt ou tard, à ses amis naturels. On cherchait donc à l'affaiblir pour ne la leur céder qu'impuissante et désarmée, et le poids des soupçons et des défiances que le ministère de M. Decazes jetait sur les hommes monarchiques, remontait vers le trône, parce que chacun savait qu'un jour viendrait où le trône s'appuierait sur eux.

Si l'on veut se rappeler la situation difficile que la royauté avait alors devant elle, ces intérêts nouveaux qu'il fallait concilier avec les intérêts anciens, tant de motifs de divisions qu'il fallait éviter d'aggraver, tant de souvenirs qui pouvaient se changer en rancunes, tant de passions encore émues, on avouera que le système politique que nous venons d'esquisser devait tout perdre, comme il a tout perdu en effet. Il y avait plus qu'un tort, il y avait un crime dans cet égoïsme ministériel qui sacrifiait l'avenir de la monarchie pour prolonger de quelques instans sa propre existence.

Ce ministère coupable craignait que la vérité n'arrivât jusqu'à l'oreille du prince; il mit un sceau sur les lèvres qui pouvaient parler. La censure lui fit raison de la presse monarchique, et le *Journal des Débats* vit renaître ces temps de servitude qu'il avait connus sous l'Empire. C'est dans le *Conservateur*, qui parut à cette époque, qu'il faut chercher la politique royaliste. Le *Conservateur* était comme une émanation du

Journal des Débats. Les hommes qui étaient venus apporter à cette feuille, au commencement de la restauration, le secours de leur intelligence puissante et l'éclat d'une renommée sans tache, ces hommes transférèrent leur drapeau dans l'asile où il leur était encore loisible de l'arborer.

Là régnaient M. de Châteaubriand avec sa parole semblable à un sceptre; M. de La Mennais, qui préludait par d'éloquens articles à son grand ouvrage de l'*Indifférence*; M. de Castelbajac, si spirituel et si fin; M. Clausel de Coussergues avec son esprit sérieux et son érudition profonde; M. de Bonald avec l'autorité de sa haute pensée, et tant d'autres hommes qui reclassèrent, dans l'opinion, les royalistes que la loi des cent écus avait déclassés dans les colléges électoraux. C'était aussi là que M. Fiévée, que nous avons vu présider à l'une des périodes retracées dans cet ouvrage, écrivait ces articles à la fois pleins de raison et de sel, si redoutés du ministère de la bascule. Nous l'avons dit, l'histoire politique des *Débats*, à cette époque, c'est dans le *Conservateur* qu'il faut la chercher. Les articles qui n'auraient pu paraître dans la feuille soumise à la censure, paraissaient dans le recueil qui, par la nature de sa publicité, échappait à cette loi du silence établie sur la presse périodique. Le *Conservateur* était le *Journal des Débats* de cet interrègne de la liberté de la presse, *Journal des Débats* plus noble et plus pur, glorieuse transfiguration, exempte des taches du passé de la feuille dont nous écrivons l'histoire, comme des taches qui devaient encore souiller son avenir.

Il fallait un coup de tonnerre pour faire tomber le système qui conduisait la monarchie à sa perte, ce coup de tonnerre sortit de la nuit du 13 février. Rendu à la liberté, le *Journal des Débats* parla de cet événement comme le *Conservateur* en avait parlé. Toutes les douleurs des royalistes retentirent dans ses colonnes; sa pensée sembla, pendant long-temps, trempée dans les sombres couleurs du deuil. Il attaqua la révolution sans ménagement, sans détour. Il avait vu la main qui tenait le poignard, s'était écrié un de ses écrivains (1), c'était une idée libérale. Il montra, avec une éloquence incomparable, les conséquences sanglantes qui se remuent au fond des principes de la révolution, et l'on eût dit que la lueur des flambeaux funéraires qui entouraient le cercueil d'un fils de France enlevé avant l'âge, se reflétant dans ses colonnes, jetait sur la situation d'effrayantes clartés.

Cette époque est celle où le *Journal des Débats* est à l'apogée de sa gloire. Il réunit alors tous les genres de mérite. Sa politique marche de pair avec sa littérature. Il n'établit point des principes en philosophie pour les laisser fléchir dans les vivantes applications de l'histoire. La mort de Mgr le duc de Berry, autour du tombeau duquel il agenouille ses tristesses; le berceau de Henri-Dieudonné, qu'il environne de ses espérances; le ministère royaliste de M. de Villèle dont il salue l'avènement : voilà les trois

---

(1) M. Nodier.

faits successifs à l'occasion desquels le talent du journal royaliste atteint tous ses développemens, et sa renommée tout son éclat. Il semble désormais analogue à lui-même, conséquent, homogène. Les ombres qui défiguraient sa réputation sous l'empire, les lignes courbes de la servitude qui gâtaient la rectitude des lignes de sa logique, tous ces défauts, tous ces inconvéniens ont disparu. Ce n'est pas seulement le fait matériel du pouvoir qu'il défend dans la restauration, il veut le droit dans le pouvoir et le pouvoir dans le droit. Il s'est élevé de la superstition de la force physique à la religion de la puissance morale. Il ne baise plus la poignée d'un sabre, comme symbole de l'ordre social, mais il s'incline devant l'autorité d'un principe, et c'est ce principe qu'il salue dans le berceau d'un enfant.

On comprend que si nous ne citons point un volume de preuves à l'appui de notre assertion, ce n'est point que les preuves nous manquent. Il suffit de se baisser pour ramasser, dans les colonnes du *Journal des Débats*, des citations à remplir des livres. Les vers répondraient à l'appel aussi bien que la prose.

Il disait le 29 septembre :

« Voici la troisième fois, depuis deux siècles,
» que Dieu, par un miracle de son amour, si-
» gnalant sa glorieuse prédilection pour l'auguste
» famille qu'il plaça sur le trône de France,
» permet que la tige sacrée des Bourbons se
» relève et se ranime, alors qu'elle paraît abat-
» tue pour jamais, et fait sortir son salut de sa
» perte même. Inconcevable destinée de la plus
» antique monarchie de l'Europe ! Elle renaît
» et se perpétue au moment où elle semblait
» disparaître : c'est du sein des tombeaux qu'elle
» rappelle sa vie et sa force ! Henri-Charles-
» Ferdinand-Marie-Dieudonné, duc de Bordeaux,
» est né !... »

Il s'écriait le même jour :

« Pour vous, jeune Enfant, objet de tant
» d'amour et de vœux, puissiez-vous avoir les
» qualités aimables de votre père, sa bonté, sa
» bienfaisance et son affabilité ! Mais puisse votre

» destinée être plus heureuse! Vous nous appa-
» raissez dans nos orages politiques, comme
» l'étoile apparaît en dernier signe d'espérance
» au matelot battu par la tempête; qu'autour
» de votre berceau viennent se rallier les gens
» de bien! contre ce berceau sacré, que tous
» les complots des méchans viennent échouer!
» Croissez pour imiter les vertus de la noble
» famille qui vous entoure! Croissez pour con-
» soler une mère qui vous a conçu dans la
» douleur! Croissez pour rendre heureux un
» peuple qui vous reçut avec tant de joie et d'es-
» pérance! »

Puis, le lendemain, c'était Madame la duchesse de Berry qui excitait ses transports :

« Princesse qui faites l'admiration du monde,
» disait-il, comme vous êtes l'amour de la
» France, comme votre fils en est l'espoir, la
» Providence a comblé vos désirs et les nôtres,
» et les témoignages de l'allégresse générale ne
» laisseront point les cris des factions arriver
» jusqu'à vous. Ils viennent se perdre et expirer

» auprès de votre fils. Et quel homme, s'il n'a
» une ame de boue ou un cœur de rocher,
» pourrait contempler sans émotion ce courage
» sublime qui, pour l'accomplissement de vos
» hautes destinées, vous élève au-dessus de
» toutes les craintes, vous fait triompher de
» toutes les douleurs, vous inspire une confiance
» surnaturelle, vous communique une force su-
» périeure à votre sexe, à votre âge et à vos
» malheurs! Epouse infortunée, aujourd'hui mère
» auguste et adorée, ministre des décrets ac-
» tuels de la Providence qui veille sur vous et
» autour de vous, vous vivrez pour un fils sur la
» tête duquel repose l'avenir de la France. »

Vous entendez: c'est le *Journal des Débats* qui écrivait que, pour ne point admirer la mère de Henri-Dieudonné, il faudrait avoir une ame de boue!

Puis il continuait:

« La race des fils de Saint-Louis ne périra
» pas; fruit de nos larmes et de nos prières, un
» auguste enfant vient adoucir nos regrets et

» assurer les destinées de la France. Qu'il gran-
» disse, ce prince, notre consolation et notre
» espérance! Qu'il joigne au cœur franc et loyal
» de son père, au sublime courage de sa mère,
» les vertus de St.-Louis, la valeur de Henri IV,
» la fermeté de Louis XIV! »

Il ajoutait encore, car, dans ce temps-là, le *Journal des Débats* était catholique :

« Il y a près de deux siècles, Louis XIII for-
» ma un vœu solennel pour obtenir de la bonté
» divine un digne successeur: ce vœu fut exaucé.
» La France d'aujourd'hui, non moins heureuse,
» depuis neuf mois, le cœur gros tout à la fois
» de regrets et d'espérances, ses mains sup-
» pliantes tendues vers le ciel, lui demandait
» un prince... Et la France aura un second
» Louis XIV; l'heureuse France par lui verra
» renaître le grand siècle !

» O France, objet des plus chères affections
» de ton Roi, sois donc enfin heureuse! il te
» suffirait de le vouloir. Après tant de malheurs,
» de désastres dans tous les temps éprouvés et

» toujours réparés, tu ne saurais périr; Dieu
» veille à ton bonheur, il te traite en enfant de
» sa prédilection, il t'a rendu et te donne encore
» des Bourbons! Oui, tu seras la nation éternelle,
» si la Providence, exauçant nos vœux, daigne
» éterniser la dynastie de Saint-Louis! »

Après ces élans de reconnaissance, venaient les conseils de la raison politique :

« Loin de nous la pensée funeste d'empoi-
» sonner le bonheur présent par de sinistres pré-
» dictions et d'inutiles alarmes. Mais n'imitons
» pas ces matelots qui, long-temps battus par
» l'orage, s'endorment sur la foi d'un calme trom-
» peur et périssent par leur sécurité. Nous
» aussi réjouissons-nous, mais que notre joie
» ne soit pas une confiance imprudente. Et com-
» ment en effet pourriez-vous être un instant
» sans crainte et sans vigilance? Un parti mena-
» çant ne conspire-t-il pas sans cesse la ruine du
» trône où doit monter le prince qui vient de
» nous être donné? Un parti n'avait-il pas même
» juré la mort de ce jeune enfant avant qu'il

» n'eût vu la lumière? Ce parti est-il renversé?
» L'ombre du duc de Berry n'est-elle pas là
» pour nous avertir qu'il faut veiller sur le ber-
» ceau du duc de Bordeaux?... »

« Prince, objet de tant de vœux et d'es-
» pérance! sous quels auspices venez-vous au
» monde! Vous fûtes conçu dans la douleur
» et vous naissez dans la joie publique! Vous
» naissez environné de sujets fidèles, menacé
» par des ennemis implacables; croissez donc
» pour le salut des uns et pour la ruine des
» autres! Les deux plus illustres de vos aïeux
» vous apprendront comment il faut récompen-
» ser ses amis et triompher de ses ennemis
» Henri IV vous montrera ce que peut la clé-
» mence, quand ce n'est pas de la faiblesse ;
» Louis XIV, ce que peut la fermeté, quand ce
» n'est pas de la rigueur. Que votre règne soit
» aussi paternel que celui du premier, aussi
» long que le règne du second! De votre père
» adoptif, de celui qui vous regarde comme la
» plus grande consolation de sa vieillesse et de

» ses malheurs, vous apprendrez par quelles
» heureuses institutions on peut faire entrer la
» liberté des peuples dans le pouvoir royal;
» enfin ajoutez le miracle d'une vie heureuse
» pour vos sujets et glorieuse pour vous, au mi-
» racle de votre naissance! »

Onze ans après le 13 février 1820 (le 13 février 1831), le même *Journal des Débats*, qui avait déploré avec tant de douleur et tant d'indignation la mort de M. le duc de Berry, devait jeter à son tombeau ces dédaigneuses paroles:
« Chacun a ses morts, chacun a ses douleurs;
» les uns ont Borie, les autres ont le duc de
» Berry. »

Il y a un peu loin de ce langage à celui que tenait, tout à l'heure, le *Journal des Débats*, lorsque, changeant sa politique en hymne de douleur, il pleurait, le 13 février, ou lorsqu'éclatant, le 29 septembre, en chants d'allégresse, il déclarait que cette naissance royale fermerait pour jamais le gouffre des révolutions qu'il a contribué depuis à rouvrir, et jurait de vivre et de mourir, s'il était nécessaire, pour celui dont aujourd'hui il n'oserait pas même prononcer le nom (1).

On éprouve je ne sais quelle pudeur à confronter l'expression de ces sentimens avec les sentimens nouveaux exprimés aujourd'hui dans la même feuille. Il semble que ces louanges et ces promesses de dévoûment, si bien démenties depuis par les faits, insultent les princes auxquels elles s'adressaient. Cette prostitution de la parole humaine, ce même nom au bas de professions de foi si différentes, ce sont là de tristes objets d'étude, un spectacle dont on détourne un front couvert d'une honnête rougeur.

Henri-Dieudonné, en naissant, avait rendu à l'opinion royaliste une partie de sa force, et la mort de Mgr le duc de Berry avait jeté une triste lumière sur les horreurs que la révolution cou-

(1) « Cet enfant est l'enfant de la France. Oui, il est à nous cet enfant royal. Jurons de vivre et de mourir pour lui si c'est nécessaire.... Que les ennemis de la légitimité frémissent de leur impuissance ! »

vait dans son sein ; ce fut sous l'influence de ces deux événemens que se dessina la situation qui amena le ministère de M. de Villèle aux affaires. Le *Journal des Débats* salua de longues acclamations l'avènement de ce cabinet qui réalisait tous ses vœux. Il l'appuya dans toutes ses mesures, le soutint dans toutes ses entreprises, et il semblait que désormais il eût atteint le but de ses longs efforts et le terme de ses espérances tant de fois déçues. La guerre d'Espagne, faite malgré l'Angleterre, qui, avec son arrogance accoutumée, avait presque mis au défi le gouvernement français de faire entrer en campagne une armée, cette guerre avait donné à la monarchie cette armée qui lui manquait. Tout semblait prospérer à la maison de Bourbon et à la France, et l'on pouvait espérer un de ses longs ministères qui mettent de la suite dans les desseins des princes et dans la conduite des entreprises politiques, lorsqu'on vit éclater dans le conseil cette funeste scission qui commença la ruine de la monarchie.

CHAPITRE XV.

SOMMAIRE : L'histoire politique du *Journal des Débats* un moment interrompue. — Mouvement littéraire auquel le journal prit part. — Les classiques et les romantiques. — Nécessité de poser quelques principes pour expliquer l'avènement de la nouvelle école. — Période des faits et période des idées. — Nullité de la littérature sous l'Empire. — Où était la poésie à cette époque. — Changemens produits par la Restauration. — La nouvelle école se présente. — Elle veut réformer le théâtre. — Circonstances qui avaient jusque là retardé cette révolution dramatique. — Talma. — Son talent. — Sources auxquelles il avait puisé ce talent. — Sa mort est le signal de la révolution. — Argumens de la nouvelle école. La tragédie du XVIIe siècle venant d'Athènes. — Projet d'un théâtre national. — La nouvelle école se divise en deux classes. — Les ardens et les prudens. — Passions des premiers, raisonnement des seconds. — Modifications proposées dans la langue poétique. — Retour à l'ancienne liberté de la langue française. — Position prise par le *Journal des Débats*. — Hoffman et M. Victor Hugo. — Objections à la théorie des romantiques. — Résumé et conclusion. — Les rebelles à Aristote sont en général fidèles au roi de France. — Les fidèles à Aristote sont dans le camp révolutionnaire. — Explication de cette contradiction apparente.

Nous allons interrompre ici l'histoire du *Journal des Débats*, pour dérouler le tableau de l'histoire de la littérature pendant la restauration. La feuille dont nous retraçons les destinées a toujours été mêlée au mouvement des idées; ainsi le sujet que nous allons traiter se rattache au moins indirectement à cet ouvrage: or, ce fut précisément à l'époque où nous sommes arrivés, qu'une nouvelle école littéraire venant à se présenter, on vit commencer ces querelles des classiques et des romantiques qui remplirent les dernières années de la monarchie, et auxquelles le *Journal des Débats* prit part, ainsi que tous les journaux. A quelle cause faut-il attribuer l'apparition de cette nouvelle école? Pourquoi prit-elle date dans ce temps plutôt que dans tout autre? Quel était son caractère et quelle est sa signification historique? C'est ce qu'il ne sera pas inutile de dire; mais, pour mettre cette question dans tout son jour, il importe de poser quelques principes généraux qui dominent la matière, et qui nous aideront à voir clair dans ce curieux chapitre de notre littérature.

Il y a, dans Napoléon couronnant une vie

d'une activité inouie, en écrivant son *Mémorial* dans l'immobilité de Sainte-Hélène, une belle image de ce siècle, et peut-être un symbole d'une loi qui régit l'humanité. En sortant du règne de l'action on entre dans celui de la pensée. Les époques, après avoir long-temps supporté la chaleur du jour, s'arrêtent, se recueillent et se reposent de leurs fatigues par le travail de l'intelligence. Ainsi vint le siècle d'Auguste, après les bouleversemens et les catastrophes de l'âge précédent; ainsi parut le siècle de Louis XIV, après les déchiremens de la Ligue et le tumulte de la Fronde, car les guerres extérieures n'empêchèrent point cette période d'être calme et reposée. Le mouvement militaire, surtout dans la première partie de ce règne, fut particulier à la noblesse, et il délivra même la société de cette agitation aristocratique qui l'avait troublée si long-temps. Ce mouvement, réglé et méthodique, ne ressemblait en rien à cette fièvre belliqueuse qui, pendant le consulat et l'Empire, jeta la France armée sur l'Europe.

Alors la société tout entière suffit à peine à défrayer le champ de bataille. L'activité de tous les esprits se porta vers le même point : la guerre. Il n'y avait qu'une illustration véritable, celle de l'épée ; qu'une carrière ouverte devant les hautes intelligences, celle des armes. Les épopées, les odes et les drames de ce temps, c'étaient Austerlitz, Iéna, Marengo, Wagram, Friedland, les Pyramides ; drames tout retentissant de la grande voix du canon ; épopées couronnées, comme le Sinaï, de tonnerres et d'éclairs ; odes qui s'élevaient vers le ciel au milieu des grenades écarlates et des bombes enflammées. L'épopée napoléonienne remplissait l'Europe de ses majestueuses harmonies, et les douze maréchaux, ces rapsodes de la gloire, s'en allaient de combat en combat, éparpillant dans tout l'univers les chants de cette victorieuse Iliade.

L'Empire n'avait donc point eu, à parler exactement, une littérature qui lui fût propre ; cela est si vrai que, pour trouver de grandes renommées littéraires, il faut chercher parmi ceux qui, à cette époque, se tenaient en dehors de l'influence de l'Empereur, ou luttaient contre cette influence. Il ne viendra à l'idée de personne de comprendre M. de Châteaubriand, M. de Bonald, M. de Maistre, madame de Staël, M. Michaud, M. Benjamin-Constant dans la littérature impériale. Ces esprits d'élite n'avaient point de place dans cette machine à compartimens qu'on appelait l'Empire. Napoléon ressemblait à ces comètes puissantes qui enveloppent tout ce qui les approche dans leur tourbillon ; pour conserver son individualité intellectuelle, il fallait se tenir à distance ; son génie avait quelque chose de cette fascination brûlante de l'Etna qui entraîna Empédocle dans ses précipices de flammes. Dès qu'on se penchait sur le bord de cette vaste pensée, on se sentait attiré dans ses profondeurs, et on lui était comme assimilé par la lave bouillante qu'elle roulait dans son sein. Ce qu'on appelait la littérature impériale, c'était un pâle reflet de l'école du dix-huitième siècle, moins cette verve de destruction qui fut sa force et qui fit sa gloire; c'était quelque chose de poli et de froid où l'esprit prenait la place du génie, et le savoir-faire celle du talent. En vérité, dans l'uniformité de ces voix qui, d'un bout du royaume des lettres à l'autre, se parlaient et se répondaient avec des souvenirs d'études et des échos de pensées, il y avait quelque chose de la monotonie du roulement du tambour. La discipline qui régnait partout s'était introduite chez les écrivains. Quand nous regardons, du point où nous sommes, cette littérature, nous en trouvons l'alignement irréprochable et l'ordre de bataille parfait; l'intelligence aussi s'était enrôlée et elle avait appris à observer la consigne.

Ce fut la royauté qui, en rentrant en France, changea cet état de choses. La paix succédait à la guerre, le génie de l'Empire, semblable à ces divinités d'airain rougies par le feu, qui, à Carthage, pressaient dans leurs bras enflammés l'élite des enfans, le génie de l'Empire ne dévorait plus la fleur des générations nouvelles. La pensée dictatoriale de l'Empereur qui, à elle seule, tenait toute la place et ne souffrait le voisinage d'aucune autre pensée, avait cessé de régner. Il y eut alors comme un mouvement d'expansion chez les esprits délivrés du poids de ce sceptre qui avait écrasé toute leur liberté et rabattu tout leur élan. La nouvelle génération, ne trouvant plus sa poésie sur les champs de bataille, la chercha dans les lettres. Aux épées aventureuses qui avaient demandé à la guerre une vie d'émotions et un nom glorieux, succédèrent d'aventureuses plumes qui demandèrent cette vie et ce nom à la littérature; de sorte qu'au moment où nous cessions de faire des conquêtes en Europe, nous commençâmes à en tenter dans le monde des idées.

Ce fut surtout vers le théâtre que se dirigea le mouvement des esprits, parce que c'est par là que les noms font brèche le plus vite et le plus facilement pour entrer dans la gloire. Or, il faut l'avouer, quand ces esprits jeunes et vigoureux tournèrent leurs regards vers le théâtre, ils le trouvèrent dans un état de décrépitude et de décadence qui dut les engager à se jeter dans de nouvelles voies.

Si l'on avait pu s'abuser encore quelque temps sur la décadence de l'art et sur les destinées de la tragédie, c'est qu'il y avait alors, sur la scène française, un homme qui, nourri des grandes traditions et créateur lui-même, refaisait, pour ainsi parler, toutes les pièces qui lui avaient été confiées. Cet homme était arrivé à cette limite extrême où le talent s'arrête et où commence le génie. Placé dans des circonstances extraordinaires qui l'avaient fait vivre dans l'intimité d'une révolution et d'un empereur, il profita, dans l'intérêt de son art, du privilége inouï de sa position. Talma racontait souvent qu'il avait appris à représenter les républicains de Rome, un soir qu'il se trouvait avec les républicains de la Gironde. Quand il entendit cette conversation puissante, animée de tous les grands intérêts du moment, cette accentuation pénétrante mais dépourvue d'emphase, quand il vit cette

gravité et cette rareté de gestes, cette expression de physionomie sérieuse et profonde, il comprit qu'il venait de retrouver la tragédie antique avec sa mâle simplicité. Il disait à un homme d'intelligence et de talent qui a conservé la mémoire de ses précieux entretiens (1) : « Dès
» ce moment, j'acquis une lumière nouvelle,
» j'entrevis mon art régénéré ; je travaillai à de-
» venir, non plus un mannequin monté sur des
» échasses pour être à la hauteur d'un Capitole,
» tel qu'on le voit en rhétorique dans ses livres,
» mais un romain réel, un César-homme, s'en-
» tretenant de sa ville avec ce naturel que l'on
» met à parler de ses propres affaires ; car, à tout
» prendre, les affaires de Rome étaient celles
» de César. »

Si les Girondins avaient été les maîtres de Talma dans l'art de représenter les hommes de la république, Bonaparte s'était chargé plus tard de lui apprendre à représenter les empereurs.

(1) M. Audibert.

Napoléon avait connu Talma avant la campagne d'Italie, et du temps où on l'appelait encore le petit Bonaparte. Quand le petit Bonaparte fut devenu le grand Napoléon, il continua à recevoir Talma; et nous avons eu occasion de dire comment, à l'époque des conférences d'Erfurt, il le fit jouer devant un parterre de rois. C'est à cette grande école que Talma apprit cette brièveté de paroles, cette autorité de gestes qu'il porta depuis sur la scène. On a écrit qu'il donna des leçons de pose à Napoléon, nous sommes portés à croire, et la pièce de Sylla, dont Talma fit une tragédie, est là pour prouver qu'il en reçut bien plus qu'il n'en donna. La pantomime de l'Empire n'est jamais bien connue que des mains qui disposent des destinées du monde. Tout en profitant des modèles vivans qu'il avait sous les yeux, Talma n'avait point oublié les enseignemens qu'il pouvait trouver dans les livres; il étudiait ses rôles dans Plutarque, Tacite et Tite-Live; il allait chercher des poses et apprendre à porter la toge ou le casque, dans les salles du Musée ; à tel point qu'un jour, après une représentation de *Manlius*, il reçut de David ce bel éloge : « A ton entrée sur la scène, » j'ai cru voir marcher une statue antique. »

C'est ainsi que, par la réunion de toutes les études nécessaires pour former un grand auteur tragique, Talma réussit à faire illusion sur la médiocrité des auteurs de son temps; imprimant un caractère aux rôles les plus faiblement tracés, suppléant par l'expression de sa physionomie à l'insignifiance du dialogue, faisant oublier, par la perfection de son jeu, les exagérations et les invraisemblances, il possédait presque le don merveilleux de rendre vrai ce qui était faux, de prêter du naturel à l'affectation et de la simplicité à l'emphase. Talma, que la postérité ne jugera point sur les feuilletons de Geoffroy, qui poursuivait plutôt en lui le révolutionnaire qu'il n'appréciait l'acteur, Talma était le véritable auteur tragique de l'époque. En lui résidait la tragédie tout entière, et elle sembla expirer sous le coup qui le frappa.

Alors la tragédie, telle que l'avaient créée nos grands maîtres, sembla avoir accompli ses destinées, et ces jeunes esprits qui voulaient tout renouveler, purent représenter que, de même que l'on vit à Athènes la littérature grecque s'arrêter après avoir enfanté tant de chefs-d'œuvre, et Sophocle, Eschyle, Euripide avoir mille successeurs et pas un héritier, de même, sur la scène française, les pâles imitateurs de nos illustres écrivains déshonoraient leur sceptre et compromettaient leurs grands noms.

Est-ce une des conséquences de la faiblesse de notre nature que cette impuissance où nous sommes de faire franchir à l'art les limites qui l'environnent de tous côtés? En est-il des nations comme des individus, qui s'épuisent à produire? Chaque grand peuple a-t-il sa grande époque littéraire, après laquelle il n'y a plus qu'imperfections, incertitudes et confusion; et faut-il ensuite des invasions de barbares, des guerres, des siècles d'ignorance pour retremper les sociétés et les préparer, par une nouvelle civilisation, à une littérature nouvelle? On serait tenté de le penser lorsqu'on interroge l'histoire. De longues années de misère et de désolation, une religion détruite et une autre fondée, la langue latine ignorée au sein de Rome même et la langue italienne sortant du milieu des ruines, voilà les incroyables vicissitudes qui devaient amener le jour où le Tasse rendrait à l'Italie le sceptre de la littérature qu'elle avait perdu depuis Virgile.

Il est à croire qu'à l'époque dont il est question, peu de personnes en France eussent été disposées à acheter la renaissance de la tragédie, par des moyens de régénération aussi violens et aussi longs que ceux dont il vient d'être parlé; mais, en attendant la guerre et les barbares, une nouvelle école se présentait, en affirmant qu'il serait possible d'introduire la réforme sur notre scène et dans notre littérature par des voies moins désastreuses. On ne pouvait s'empêcher de reconnaître, avec cette nouvelle école, que la tragédie grecque avait servi de modèle à la nôtre, et que c'était peut-être ce qui nous avait empêchés d'avoir un théâtre national. Tandis que Caldéron, en Espagne, créait à lui seul son théâtre, en basant son système dramatique sur les mœurs et sur les idées contemporaines, et en faisant monter la poésie chevaleresque sur la scène, la France suivait pas à pas les anciens, et Paris applaudissait à des sujets et à des formes dramatiques auxquels on avait applaudi bien des siècles auparavant dans Athènes. A la vérité les personnages de l'antiquité, en passant sur notre théâtre, prirent en quelque sorte des lettres de naturalisation. Ils adoptèrent, outre la langue française, plusieurs qualités du caractère français : on aurait tort de prendre cette remarque pour un reproche ; nos premiers tragiques firent, au contraire, preuve d'habileté en appropriant à nos goûts, à nos sentimens et à nos mœurs, les emprunts qu'ils faisaient à un théâtre étranger. C'est ainsi qu'ils restèrent poètes nationaux, en traitant des sujets qui n'étaient point puisés dans notre histoire. On trouvera peut-être bizarre disons-le en passant, que la tragédie française ait présenté toujours des héros étrangers et jamais de héros nationaux; cependant il est assez facile d'expliquer cette bizarrerie. Au moment où la tragédie brilla dans tout son éclat, la langue française venait de se fixer et de prendre les formes précises qu'elle devait à l'influence des langues anciennes ; la poésie chevaleresque, qui était l'interprète naturel des croyances et des mœurs du moyen-âge, avait cédé le pas à une poésie plus savante, mais moins libre, plus noble, mais moins pittoresque ; de sorte que ceux qui voulurent plus tard développer des sujets nationaux sur la scène, échouèrent toujours devant la difficulté qu'ils éprouvaient à trouver un style qui convînt à l'ordre d'idées et aux personnages qu'ils introduisaient au théâtre. Ajoutez à cela, que la plupart des sujets tragiques tirés de l'ancienne histoire de France n'auraient pu que déplaire à la cour, cette protectrice de la littérature, à cause des souvenirs dangereux qu'ils eussent réveillés et des allusions odieuses qu'ils eussent pu faire naître. La nouvelle école profitait de cette direction antique qu'avait subie notre littérature, pour proposer de lui imprimer le mouvement qu'avaient suivi tout d'abord la littérature anglaise et la littérature espagnole. Après avoir été grecque et romaine, pourquoi ne deviendrait-elle point nationale? Après avoir eu un Sophocle et un Eschyle, pourquoi n'aurions-nous pas un Caldéron ou un Shakespeare?

Lorsqu'on en venait aux moyens d'exécution, les novateurs se divisaient en deux camps: la révolution littéraire avait sa Gironde et sa Montagne.

Les jacobins du royaume des lettres voulaient, comme leurs prédécesseurs de la place publique, agir par les masses. Ils multipliaient les personnages, encombraient la scène d'un peuple d'acteurs, remplaçaient l'action et l'intérêt par des évolutions, comme si le bruit et le tumulte étaient des moyens dramatiques, comme si tout ce fracas, ce luxe désordonné dans les décors, n'étaient point un aveu tacite de l'impuissance du poëte qui cherche à déguiser la pauvreté de ses conceptions sous la richesse des accessoires. D'un autre côté, la plupart de ces novateurs, ne pouvant plier la poésie à des formes nouvelles, eurent recours à la prose; et, quoiqu'ils insultassent sans pitié l'histoire dans leurs compositions, comme ils avaient pris soin que tous les costumes et toutes les coiffures appartinssent à l'époque qu'ils voulaient retracer, ils intitulèrent courageusement leurs pièces, *Drames historiques*. Quant aux unités, pour lesquelles nos pères avaient presque tant de respect, et que Quintilien et Boileau avaient placées au nombre des articles de foi, ils s'imaginèrent que c'était déjà un mérite que de les violer; que c'était là une preuve d'indépendance et de courage civique. Alors on les vit insulter les règles avec un zèle sans pareil; Campistron avait été un sot, suivant les règles de Quintilien; ils en conclurent qu'il ne s'agissait que de mettre Quintilien au ban de la littérature, pour transformer la médiocrité en génie, et d'insulter Boileau dans la préface, pour assurer l'immortalité à l'ouvrage. Il y a bien long-temps que Voltaire écrivait : *Nicolas porte malheur à ceux qui disent du mal de lui.* Il faut croire que c'est ce qui a empêché tant de drames historiques de réussir, malgré les beautés innombrables qu'y découvrait, à l'aide de ses yeux de lynx, la camaraderie littéraire, et malgré l'attention toute particulière avec laquelle les auteurs avaient évité, non seulement la vérité, mais jusqu'à la vraisemblance. C'était cependant, entre ces amours-propres, une réciprocité de louanges et un échange d'encens à asphyxier la gloire elle-même. Les préfaces se renvoyaient l'immortalité avec un savoir-vivre qui faisait honneur à la politesse des écrivains. Le matin, les brevets de génie s'expédiaient à bureau ouvert dans toutes les officines de la littérature, et le soir, après la représentation de quelque nouveau drame, on entourait d'une ronde frénétique la statue de Racine, à peu près comme les jacobins de la révolution politique entourèrent, avant de la renverser, la statue de Louis XIV, qui écrasa dans sa chûte ses obscurs blasphémateurs.

A côté de cette classe de réformateurs extrêmes, qui ne demandaient qu'à tout renverser sans pouvoir rien rétablir, il se trouvait des gens un peu moins prompts, un peu plus sociables, qui, ne renonçant point, comme les enthousiastes, à tout commerce avec la logique, en haine d'Aristote, cherchaient à établir par des raisonnemens la nécessité et la possibilité d'une réforme théâtrale, au lieu de l'imposer d'autorité au public comme un alcoran littéraire.

Ils présentaient d'abord une longue liste nécrologique des pièces composées d'après l'ancien système, et comme ils avaient affaire à des adversaires qui en augmentaient chaque jour le nombre, cette suite de défaites, cette accumulation de revers éprouvés par la partie contraire, semblaient un argument en faveur des ennemis d'un genre réduit à de pareils interprètes. Passant ensuite à la question délicate des unités, ils faisaient observer qu'elles n'étaient destinées qu'à accroître la vraisemblance et à favoriser l'illusion ; que dès-lors, si l'on restait vraisemblable sans les unités, si l'on réunissait à captiver l'attention de l'auditeur sans la fatiguer, en employant des combinaisons nouvelles, les véritables règles de l'art n'étaient point violées, puisqu'on se conformait à leur esprit au lieu de les suivre servilement à la lettre. Les théâtres étrangers fournissaient à ce sujet des exemples sur lesquels on devait s'appuyer, et c'était alors que les noms de Caldéron, de Shakespeare, de Schiller venaient retentir en faveur des ennemis des unités dramatiques. Pour achever de décider le public en leur faveur, ils promettaient de délivrer la scène de ces confidens et de ces confidentes qui, depuis tant d'années, ont la mission d'essuyer les larmes des princesses et d'écouter les indiscrétions des tyrans. C'est ainsi qu'on arrivait à la plus importante des innovations, à celle que l'on voulait introduire dans la versification et dans la langue.

On faisait observer que, dans son état et avec ses allures actuelles, l'alexandrin ne pourrait être employé si l'on voulait donner à la tragédie plus de laisser-aller et de liberté. On remontait jusqu'aux Grecs et jusqu'aux Romains, pour rappeler leurs poètes dramatiques abandonnant la solennité de l'hexamètre à l'épopée, et le léger iambe, d'une allure bien plus vive et plus facile, jouissant seul du privilége de paraître sur les théâtres de Rome et d'Athènes. Ainsi les divinités des classiques paraissaient se retirer de leurs rangs pour porter témoignage en faveur de leurs adversaires. Après cette observation, ceux-ci, annonçant plus ouvertement leurs vues, exposèrent que, si l'on voulait traiter des sujets nationaux au théâtre, l'époque chevaleresque étant l'époque vraiment poétique de notre histoire, il faudrait chercher à nous rapprocher de cette originalité et de cette liberté qu'avait l'ancienne poésie française, et remonter aux sources de notre littérature, pour trouver moyen de réchauffer sa vieillesse et de la rendre féconde. C'est alors qu'on parla du *Cid*, comme du point de départ de la nouvelle littérature. A ce glorieux anneau dut se rattacher un nouveau système dramatique plus varié, plus libre, plus hardi, qui remplacerait par des conceptions énergiques et originales, ces compositions froides et décolorées, dans lesquelles se reflétaient, avec une pâleur séculaire, les chefs-d'œuvre de notre scène déshonorés par d'impuissans imitateurs.

Nous avons cru qu'en retraçant l'histoire d'un journal qui exerça une si grande influence sur la littérature, nous devions faire mention de ce chapitre important des annales littéraires de la restauration. Les critiques les plus habiles du *Journal des Débats* traitèrent un peu les espérances de la nouvelle école comme un rêve; en tout cas c'était un beau rêve. Il y eut des lettres vives et poignantes échangées entre M. Victor Hugo et Hoffmann, le redoutable critique, qui ne voulait point laisser entamer la langue française, et qui menaçait de ses derniers et intrépides regards cette armée d'envahisseurs. Figurez-vous l'empereur Charlemagne, déjà sur son déclin, mettant la main sur sa longue épée en apercevant au loin les barques des Normands groupées comme une nuée d'oiseaux de proie et n'attendant plus que sa mort pour se jeter sur l'empire.

Il y avait bien des choses à dire en effet contre le manifeste de la nouvelle école. N'en est-il pas de la littérature comme de la guerre? Tant qu'on reste dans les théories, rien ne peut arrêter, on change le mécanisme de la versification comme l'on prend les villes, on surmonte les difficultés du style comme on traverse les fleuves, on fait des chefs-d'œuvre comme on gagne des batailles, on est Shakespeare ou Caldéron, avec autant de facilité que Turenne ou Condé. Mais quand on arrive à la pratique, que d'obstacles, que d'empêchemens de tout genre! Des mots insolites qui font frémir les oreilles religieuses, des sons durs et discords qui semblent avoir été assemblés à dessein pour chagriner les amis de l'harmonie, des coupes bizarres et à effet pour les vers les plus simples, des enjambemens si multipliés et si extravagans que les enjambemens de Delille, tant critiqués par Chénier, paraissent pleins de timidité et de circonspection à côté de cette audace.

Cependant, malgré toutes ces considérations, c'eût été un tort de condamner d'une manière absolue la nouvelle école, et l'on ne put apprécier que plus tard ses avantages et ses inconvéniens, lorsque les passions refroidies cessèrent d'exagérer les uns et les autres. En effet, au temps dont nous parlons, l'esprit de parti littéraire, qui semblait éteint en France, se réveilla avec une sorte de fureur. On n'assistait plus à des représentations, on assistait à des orages en trois ou cinq actes. Chaque spectateur pouvait se comparer à Vernet se faisant lier au grand mât de son navire pour contempler une tempête dans toute la beauté de son horreur. D'un côté, un enthousiasme bruyant et aveugle qui n'avait pas assez d'applaudissemens pour les contresens et pour les fautes, qui se pâmait d'aise aux vers durs et pleurait d'attendrissement aux inversions barbares ; d'un autre côté, une partialité malveillante qui ricanait aux plus beaux endroits, interrompait, par d'insipides quolibets, les scènes les mieux tracées, trouvait convenable de siffler l'histoire quand l'histoire ne lui paraissait pas assez moderne, assez conforme aux idées nouvelles ; voilà comment était composé l'aréopage qui prononçait sur le nouveau système dramatique destiné à régénérer la tragédie. Il y avait là deux camps rivaux, des cris d'enthousiasme et des cris d'anathème ; mais où étaient les juges ? La véritable critique qui parle et ne sait pas crier, qui craint le tumulte, évite le scandale, n'osait pas même se montrer au milieu de ces champions qui, pleins de défiance pour la logique, ne se confiaient qu'à la force de leurs voix, tout prêts au besoin à simplifier cette question littéraire en en appelant en dernier ressort au pugilat.

Maintenant que cette chaleur des esprits est tombée, il est permis de traiter cette question littéraire avec l'impartialité de l'histoire, et de l'envisager sous un point de vue plus philosophique et plus général.

Quelque jugement qu'on en veuille porter, la nouvelle école était dans les exigences de la situation, et, qu'on nous passe ce terme, dans la fatalité de notre littérature. Cela tient à des causes que nous avons exposées ailleurs, et qui se rattachent à la multiplicité des élémens qui ont concouru à former notre nationalité et notre langue. Nous sommes des barbares travaillés par la civilisation romaine et par l'évangile ; notre littérature a porté et continue encore à porter la trace de cette triple origine (1). Jusqu'au dix-septième siècle, ces élémens divers sont dans la fournaise, et notre langue comme notre littérature exprime ce pêle-mêle violent, cette fusion incandescente, d'où n'est point encore sortie l'unité métallique. Au dix-septième siècle, l'es-

(1) Voir le discours sur l'avenir de la littérature française, à la fin des *Ruines*.

prit chrétien et la forme romaine prévalurent par une raison naturelle : c'est que l'esprit chrétien et la langue latine étaient ce qu'il y avait de plus général, de plus universel, dans ces populations bariolées, rejetons divers de plusieurs souches barbares. La littérature romano-chrétienne du dix-septième siècle était une transaction entre la littérature du nord et celle du midi de la France; on se transportait à Rome et sur le mont Golgotha pour être Français, parce qu'ailleurs on était Bourguignon, Suève, Germain, Gaulois, Visigoth ou Vandale.

Le dix-huitième siècle vient ensuite, et des deux grandes sources de notre littérature, l'*Evangile* et l'*Iliade*, il rejette la première. Il fait de la France une contrée sans religion, qui n'a plus, comme l'Italie et la Grèce antique, que des opinions au lieu de croyances, et des écoles de philosophes au lieu d'autels; cela produit une nouvelle littérature matérialiste et païenne dont le chef est Voltaire, et qui traîne son agonie jusqu'aux premières années du dix-neuvième siècle, après avoir eu son apothéose pendant la révolution.

Que pouvait donc faire la nouvelle école pour mettre un terme à cette agonie? Recommencer la combinaison de la forme latine et de l'esprit chrétien, et refaire le dix-septième siècle? Les époques ne recommencent point lorsqu'elles sont finies. L'esprit humain a quelque chose de fier et d'indépendant qui l'empêche de marcher sur une route battue menant à un but qui a déjà été atteint. Rivarol a dit un mot où se reflète une situation générale : « Je ne ferai point de » vers parce que j'ai lu ceux de Racine. » Ce mot exprime le généreux désespoir qui s'empare des intelligences d'élite, lorsqu'en regardant au-dessus de la montagne qu'elles essaient de gravir, elles aperçoivent une bannière qui a déjà pris possession du sol. Racine, Corneille, Bossuet, assis sur leurs trônes d'or, ferment la carrière où ils ont marché devant les esprits élevés qui savent qu'ils ne peuvent les égaler et qui dédaignent de les contrefaire. Il en est des littératures comme des nations, elles meurent d'être arrivées.

Il était donc naturel que les esprits en se réveillant, à l'époque de la restauration, cherchassent à former une littérature nouvelle par la seule combinaison qui n'eût point été tentée, celle de l'élément national avec l'élément chrétien. Que cette tendance ait eu de graves inconvéniens, c'est un fait hors de doute; quand une langue est formée, ceux qui veulent y apporter des modifications la défigurent et l'altèrent, et la langue française surtout, la plus précise et la plus régulière de toutes les langues, se prête moins que les autres aux essais des novateurs; mais telle est la condition des littératures comme de toutes les choses humaines, où l'on ne voit briller qu'un moment cette fleur de beauté et de jeunesse, lueur rapide qui disparaît bientôt pour jamais. Quand ce moment éphémère de la perfection est passé, on fait autrement ne pouvant faire mieux; on substitue des beautés moins simples et plus tourmentées à ces beautés naturelles et faciles, ornemens spontanés de la jeunesse des langues et des littératures ; on cherche des sites étranges et des perspectives heurtées dans ce paysage dont les grandes lignes ont été depuis long-temps remarquées : c'est le second âge des littératures, âge qui a des beautés, mais d'une autre nature et d'un autre ordre que celles de l'âge d'or où les moissons germent d'elles-mêmes dans une terre vierge encore, aux rayons d'un soleil qui n'a rien perdu de sa chaleur, et sous l'haleine caressante des vents tièdes et doux du printemps. On peut regretter ces époques plus favorisées du ciel, mais les ressusciter, jamais ; peut-être donc faut-il se résigner à voir les esprits créateurs chercher l'originalité sur une route qui n'a point été frayée, travailler péniblement, torturer quelquefois la langue et la littérature pour lui arracher une nouvelle moisson, moins belle et moins fraîche que la première. Du moins ces compositions ont-elles l'avantage de ne point reporter l'esprit vers les chefs-d'œuvre du grand siècle, éternel désespoir des imitateurs qui paraissent dans les âges suivans. Malheur aux poètes qui ont le tort de ne point être Racine et de rappeler Racine! on pourrait comparer leurs compositions, derrière lesquelles on voit scintiller, comme un reproche, un reflet des merveilleuses compositions du grand siècle, à ces manuscrits du moyen-âge dans lesquels on découvre, à l'aide de la loupe, une tragédie de Sophocle, à demi effacée sous une charte ou sous un commentaire verbeux dont les caractères usurpateurs, ont pris la place du chef-d'œuvre. Eh bien! les écrivains de la nouvelle école, au lieu de suivre leur exemple, ont passé l'éponge sur le parchemin et ont achevé de blanchir la page. Lors donc qu'ils altèrent l'idiôme national, lorsqu'ils cherchent à se faire une langue, un style, une poésie, il faut les blâmer de leurs erreurs et de leurs fautes sans doute, mais il faut aussi les plaindre, car c'est comme un rideau qu'ils tirent entre les chefs-d'œuvre qui les empêcheraient de produire, et les œuvres qu'ils cherchent à enfanter. Les littératures sont comme le premier homme, elles ne demeurent pas de longs jours dans leur Eden; le temps, pareil à l'ange à l'épée flamboyante, les en chasse bientôt, et alors elles n'enfantent plus qu'avec douleur et ne fertilisent la terre inculte qu'à la sueur de leur front.

Terminons cet aperçu sur l'histoire de la littérature de la restauration, en expliquant un problème qu'on a souvent agité sans le résoudre. Comment pouvait-il se faire, a-t-on demandé, que les révolutionnaires politiques fussent dans le camp de ceux qu'on a appelés classiques; que tout le parti libéral se composât d'hommes révoltés contre le roi de France et soumis à Aristote, admirant Voltaire et Racine, et voulant renverser le petit-fils de Louis XIV? Cela pouvait se faire, parce que ces gens là ne voyaient dans Racine qu'un des côtés de son génie, le côté antique séparé de l'élément chrétien qu'ils répudiaient. Ce qu'ils admiraient en lui comme dans Voltaire, c'était le côté romain ou grec. Or, les idées grecques et romaines avec leur indépendance, l'esprit des civilisations antiques tout imprégné de matérialisme et de démocratie, s'est de tout temps merveilleusement accordé avec l'esprit révolutionnaire (1). Par contre, ceci peut servir à faire comprendre comment les rebelles à Aristote furent en général les fidèles du roi de France, comme M. de Châteaubriand d'abord, le fondateur de l'école romantique, M. de Lamartine, M. Guiraud, M. de Vigny, et enfin avec eux M. Victor Hugo. C'est que l'école romantique était au fond une réaction contre les idées grecques et romaines, et par conséquent contre le paganisme philosophique de Voltaire, réaction outrée et dénaturée par la

(1) On sait que le *Constitutionnel* était le champion le plus véhément de la littérature classique, et que c'est de ses bureaux que partit la fameuse requête au Roi contre les romantiques. Le Roi répondit avec cette grâce qui n'appartenait qu'à lui : « Messieurs, quand il s'agit de théâtre, je n'ai comme tout le monde que ma place au parterre. » Il est remarquable que le *Journal des Débats*, qui avait conservé quelque chose de ses instincts monarchiques, fut plus favorable que contraire à la nouvelle école tout en blâmant ses excès, tandis que le *Constitutionnel* lui déclara la guerre.

fougue et les passions de quelques auteurs, et dépassant les limites auxquelles elle aurait dû s'arrêter, mais enfin réaction que nous voyons finir aujourd'hui par la chute de l'école de Voltaire et de Diderot.

CHAPITRE XVI.

Sommaire : Le directeur du *Journal des Débats* déclare la guerre à M. de Villèle. — Réponse de ce ministre. — Quelques réflexions sur le ministère de M. de Villèle. — Il était dominé par la situation que lui avait léguée M. Decazes. — Défiances des royalistes. — Inquiétude de la société, craignant tantôt pour le pouvoir, tantôt pour la liberté. — Ministères de pouvoir et ministères de liberté. — Embarras de M. de Villèle. — Le vice de la situation s'aggrave avec le temps. — La Monarchie compromise par la confiance qu'on a dans la force même de son principe. — Influence fatale qu'exerça le *Journal des Débats* dans cette circonstance. — Il cautionne la gauche et accuse la droite. — Statistique de la presse. — Récrudescence voltairienne. — Rôles du *Constitutionnel* et du *Journal des Débats*. — Le premier éveille toutes les idées de révolution. — Le second endort toutes les idées de monarchie. — Il vante la révolution dans la personne de MM. de Lafayette, d'Argenson et Chauvelin. — La coalition de 1826 renverse M. de Villèle. — La prédiction du *Journal des Débats* vérifiée.

Quand le *Journal des Débats* se décida à déclarer la guerre à M. de Villèle, le directeur de cette feuille se présenta dans le cabinet du ministre et lui dit : « J'ai renversé le ministère » Decazes, je vous renverserai. » M. de Villèle répondit : « Cela est possible, mais vous serez » forcé de devenir révolutionnaire. En attaquant » le ministère Decazes, vous avez combattu des » principes funestes à la monarchie ; mais vous » ne pouvez attaquer les doctrines de mon minis- » tère, sans ruiner en même temps le principe » monarchique en France. »

Ce serait ici le cas d'étudier un problème qui excitera les préoccupations des hommes d'état et exercera le jugement de la postérité. Mais la scission de M. de Villèle et de M. de Châteaubriand est encore du domaine de la politique et n'est pas tombée dans le domaine de l'histoire. Loin de nous la pensée d'aborder ce sujet trop brûlant pour être traité dans cette époque. Le plan que nous nous sommes tracé et que nous avons suivi jusqu'à ce moment, nous oblige seulement à examiner cette question dans ses rapports avec la marche du *Journal des Débats*, et c'est ce que nous voulons faire. Cependant il importe de marquer ici quelques points généraux, dont l'intelligence est utile à l'appréciation même des faits dans le cercle desquels nous voulons nous renfermer.

Lorsque, du temps où nous sommes, nous envisageons le ministère de M. de Villèle, nous voyons bien que, parmi les choses qu'il fit, il en est plusieurs qu'il aurait mieux valu éviter, et que parmi les choses qu'il ne fit point, il y en eut plusieurs aussi qu'il aurait été très avantageux d'accomplir. La question est de savoir si ce ministre, à qui tous les partis reconnaissent aujourd'hui une capacité peu commune, eût été maître d'éviter quelques uns des actes de son ministère, et d'accomplir d'autres actes qui ne furent pas réalisés par son administration.

Quand on juge à distance, il est facile de formuler une belle théorie politique; mais aussi quand on sépare le système suivi par un ministre des circonstances au milieu desquelles il se produisit, on court risque d'être injuste. Le bien absolu est presque toujours impossible dans les affaires, c'est ce que ne voient pas assez les métaphysiciens ; le bien relatif est seul praticable, c'est ce que comprennent mieux les politiques. Ainsi, au premier coup d'œil, on éprouve quelque étonnement à voir que les sept années de pouvoir qui furent données à M. de Villèle aient été absorbées par les affaires intérieures, sans que cet homme d'état ait tenté de donner satisfaction à la fierté nationale et aux intérêts français, compromis par les traités qui avaient été un bienfait pour la France de l'Empire, mais qui commençaient à être un fardeau pour la France de la restauration. L'avantage qu'aurait tiré la royauté, aussi bien que le pays, d'une guerre faite avec le secours de puissantes alliances, et avec toutes les chances du succès, frappe les yeux de tout le monde. On aperçoit, d'une manière non moins claire, l'avantage qu'il y aurait eu à éviter quelques lois irritantes et qui avaient le tort impardonnable en politique de marquer le but auquel elles tendaient, sans pouvoir en aucune façon l'atteindre. La révolution n'eût-elle pas perdu son moyen d'influence le plus puissant, si, au lieu de lui répondre à la tribune, on lui eût répondu aux frontières? Comment aurait-elle réussi à émouvoir l'esprit national, si on avait tranché avec l'épée le texte même de ses déclamations? Cela ne valait-il pas mieux que de demander la consolidation de la dynastie à des lois répressives ou à des institutions qui, alors même qu'elles eussent prévalu, n'auraient exercé qu'à la longue une influence tardive sur les destinées de la société?

Certes il y a dans ces observations, auxquelles on pourrait facilement en ajouter d'autres non moins spécieuses, un fonds de justesse; mais lorsqu'on vient à considérer la situation au sein de laquelle intervint le ministère de M. de Villèle, les obstacles qu'il avait à vaincre, les difficultés qui lui étaient suscitées et par ses adversaires et par ses propres amis, on retombe dans l'hésitation et dans le doute, et l'on aperçoit des embarras auxquels on n'avait d'abord nullement songé. M. de Villèle, tout habile qu'il fût, était dominé par la fatalité de la situation qu'avaient créée

M. Decazes et son système, sur les déplorables conséquences duquel on ne peut trop insister.

En donnant de la force aux révolutionnaires, en effet M. Decazes avait donné des défiances naturelles aux hommes de la droite; en ressuscitant le parti de la révolution, il avait fait un parti des royalistes, qu'il aurait fallu à tout prix confondre avec le corps de la nation. Dès lors la société devenait un champ de bataille, les institutions politiques n'étaient plus que des positions dont on se servait pour combattre avec plus d'avantage. La société, tiraillée entre deux influences contraires, se trouvait dans une situation de guerre civile, épouvantée par deux partis, dont l'un disait sans cesse que l'autorité était compromise, tandis que l'autre répondait toujours que la liberté était en péril.

Si vous embrassez d'un rapide regard les ministères qui se succédèrent, vous verrez que, à partir de ce moment et grâce au vice de la situation créée par M. Decazes, il fut impossible de former un ministère qui représentât, d'une manière complète, les intérêts d'autorité et les intérêts de liberté. M. de Villèle fut amené par le mouvement qui se fit dans les esprits en faveur du premier de ces deux intérêts, à la suite de l'assassinat de M. le duc de Berry; M. de Martignac fut l'expression d'une réaction en faveur du second de ces intérêts, réaction qui devint toute puissante quand la société eut été rassurée sur l'existence du pouvoir par un ministère d'autorité qui avait duré sept ans. M. de Polignac fut amené par les craintes qu'inspira à la royauté cette réaction libérale qui prenait chaque jour une extension nouvelle; ce ne fut point un ministère, ce fut une crise du pouvoir qui, réduit à l'agonie, eut une convulsion avant d'expirer

Ainsi l'on peut dire que ce fut M. Decazes qui empêcha M. de Villèle de tirer du ministère de sept ans tout le fruit qu'il aurait pu en tirer pour le pays, si le ministère de M. Decazes n'avait point communiqué un vice originel à la situation. M. de Villèle en effet, comme tous les hommes d'état qui prennent le pouvoir, ne le prit qu'à la charge de remplir certaines conditions que lui imposaient les hommes et les choses. Il arrivait à l'aide d'un mouvement d'opinion excité par les alarmes d'une société qui avait senti jusques dans ses entrailles le coup de poignard du 13 février, et qui se voyait menacée par les théories athées et révolutionnaires. Ce mouvement d'opinion devait donc exiger qu'il cherchât à créer des lois pour servir de barrière à ces tendances fatales. Comme l'autorité paraissait menacée, ce mouvement d'opinion le poussait à asseoir et à consolider l'autorité. On peut comparer sa position à celle d'un capitaine de navire, qui, voyant l'occasion d'une belle victoire se présenter à lui, est obligé de demeurer dans le port et d'occuper son équipage à mettre en mouvement les pompes et à boucher les voies d'eau. C'est là l'image assez fidèle du ministère de M. de Villèle, et c'est ainsi que par les conséquences du système de M. Decazes, les plus belles années de la restauration se trouvèrent en quelque sorte perdues pour la gloire et pour la puissance extérieure du pays qui, sans ce système bâtard et équivoque, aurait maintenant une révolution de moins et des frontières de plus.

La maladie politique, qui datait du ministère qui avait rendu des forces à la révolution et donné des défiances aux royalistes, s'était aggravée avec le temps. Il s'agissait de savoir si les craintes que les hommes de gauche répandaient au sujet des périls de la liberté, prévaudraient sur les craintes que les hommes de droite accréditaient au sujet des dangers du pouvoir. On vit alors la confiance qu'on avait dans la force du principe monarchique pour maintenir l'ordre, devenir fatale à la monarchie. Bien des gens ne purent se résoudre à croire que la sécurité publique fût sérieusement menacée sous le gouvernement légitime, qui paraissait offrir des garanties inébranlables de stabilité. Ils transférèrent donc toutes leurs alarmes du côté des libertés du pays. Il arriva alors en France ce qui arrive dans une barque que tous les passagers croient voir pencher vers un point; on crut que la France allait tomber dans la servitude, et, tout le monde se jetant de l'autre côté pour faire contrepoids et prévenir la chute, on tomba dans une révolution.

C'est ici que le *Journal des Débats* exerça une influence vraiment fatale.

Certes lorsqu'on vient à considérer les rapports réciproques qui unissaient, depuis si longtemps, cette feuille et M. de Châteaubriand, on conçoit que ses sympathies aient été pour ce dernier, et qu'elle ait pu faire d'une affaire d'état une affaire personnelle. Elle devait tant, depuis la restauration, à ce grand écrivain, qui avait couvert le passé du *Journal de l'Empire* des splendeurs de son génie, qu'il est facile de comprendre que le *Journal des Débats* épousât la querelle du ministre dépossédé. D'ailleurs ceux même qui trouvent que la reconnaissance fut ici un défaut, avoueront que ce défaut est si rare dans le journal en question, qu'il y aurait du courage à le lui reprocher. Mais la situation que nous avons exposée, situation que connaissait la feuille dont nous écrivons l'histoire, puisqu'elle avait fait une si bonne et si rude guerre au ministère Decazes qui en était l'auteur, cette situation imposait une grande réserve à ceux qui voulaient faire de l'opposition au cabinet d'où M. de Châteaubriand venait de sortir. La société, nous l'avons dit, était suspendue entre deux craintes : crainte du désordre répandue par les hommes de la droite; crainte du despotisme, accréditée par les hommes de la gauche. Si le *Journal des Débats*, avec ses antécédens monarchiques, prenait place dans les rangs de l'opposition révolutionnaire, il vérifiait la parole prophétique de M. Villèle, ce n'était pas seulement le cabinet, c'était la monarchie qui tombait. En effet, on cessait de craindre une révolution de la part des hommes de la gauche dont le *Journal des Débats* cautionnait la fidélité, on craignait plus que jamais le despotisme de la part des hommes de droite avec lesquels rompait une feuille qui avait si long-temps marché dans leurs rangs.

Cette conduite si préjudiciable à la monarchie, fut celle qu'adopta le *Journal des Débats*. Il brisa cette ligne qu'il suivait, depuis le retour de la maison de Bourbon; ce ne fut plus de l'opposition qu'il fit, ce fut de la révolution. L'orgueil, ce sentiment qui perd tant d'intelligences, l'avait perdu; du moment que la royauté ne se courbait point devant sa volonté, il ne reculait devant aucun moyen pour la réduire. La feuille qui avait plié avec une docilité si infatigable, sous les pieds de Bonaparte, ce destructeur de la liberté de la presse, trouvait un facile courage contre la maison de Bourbon, fondatrice de cette liberté.

Les suites de l'opposition du *Journal des Débats* furent incalculables.

Il apportait, dans le mal, toute la force qu'il avait acquise à défendre le bien; il se faisait une puissance contre la légitimité de l'autorité qu'il avait conquise à son service. C'est ce qui n'est arrivé que trop souvent dans ces dernières années, où l'on a vu tant d'hommes, élevés en talent et en gloire, tourner contre la vérité, la renommée et le génie qui lui devaient tout leur éclat. Triste condition de la nature humaine, qui, livrée à cet orgueil qui est sa plaie, et à cet égoïsme qui est son écueil, finit par s'adorer elle-même, et par considérer les principes dont elle a d'abord admiré la force et la puissance, comme un escabeau qui lui a servi à se mettre en possession de sa gloire, escabeau qu'il faut ensuite repousser du pied, pour que personne ne voie comment l'idole est parvenue à son piédestal.

Il semblait que, dans cette terrible opposition qu'on faisait alors à la monarchie, les rôles fussent naturellement partagés.

Le *Constitutionnel*, dont la publicité était alors si grande, attaquait de front la monarchie légitime. Il représentait toutes les idées et toutes les passions de la révolution, les sentimens d'une jalouse égalité, plus encore que les craintes conçues au sujet de la liberté. Il ralliait au drapeau tricolore, à demi caché sous le vernis de cette constitutionnalité à laquelle il avait emprunté son nom, toutes les répugnances qui dataient de 89 et de 93, tous les mécontentemens qui dataient de l'Empire, auquel il se rattachait par M. Etienne, l'un de ses directeurs politiques, et par M. de Béranger, cette idole de la presse libérale, qui jouait à cette époque le rôle de Tyrtée, et dont la muse taciturne imite aujourd'hui de Conrard le silence prudent. Derrière le *Constitutionnel* se rangeait encore toute l'école voltairienne, qui avait repris une chaleur factice, due à l'opinion généralement accréditée sur les empiétemens du clergé et sur l'imminence d'une tyrannie sacerdotale. Ces idées voltairiennes qui avaient fait leur temps, semblèrent alors se réveiller avec une nouvelle force. C'était un dernier accès de fièvre que des yeux peu clairvoyans prirent pour un véritable retour de puissance. Mais cette fièvre qui devait être courte, s'annonça avec une violence inouie. Il y eut une récrudescence dans la réimpression des livres irréligieux et anti-sociaux. C'est le temps du Voltaire des chaumières et de toutes ces publications qui mirent l'impieté au rabais et livrèrent l'immoralité au prix coûtant.

On pourrait marquer les progrès de cette situation avec des chiffres, et cette statistique serait curieuse. Du mois de février 1817 jusqu'au mois de décembre 1824, on publia trente et un mille six cents exemplaires de Voltaire, formant ensemble un million cinq cent quatre-vingt-dix-huit mille volumes. Dans le même laps de temps on livra à la circulation vingt-quatre mille cinq cents exemplaires de Rousseau, formant ensemble quatre cent quatre-vingt-douze mille cinq cents volumes. Il faut en outre ne point oublier que, de 1785 à 1789, le libraire Kehl avait publié deux éditions de Voltaire, l'une de soixante-dix volumes, tirée à vingt-cinq mille exemplaires; l'autre, de quatre-vingt-dix volumes, tirée à quinze mille exemplaires; de sorte que ces éditions successives réunies formaient la masse énorme de soixante-onze mille six cents exemplaires, composant un total de quatre millions six cent quatre-vingt-dix-huit mille volumes, espèce de déluge voltairien versé sur la société.

On parle quelquefois de l'éloquence des chiffres, ils en disent plus ici que toutes les phrases. Voltaire, qui avait été le précurseur de la première révolution, reparut pour ouvrir les voies à la seconde.

Ajoutons que, durant l'intervalle qui sépara ces années de 1817 et 1825, on réimprima à dix mille exemplaires les œuvres de M. Pigault-Lebrun, qui mettaient la corruption à la portée de toutes les intelligences et popularisaient l'esprit d'irréligion et d'incrédulité. Enfin deux éditions de l'*Emile* et du *Contrat social* de Jean-Jacques s'imprimaient en France pour être importées en Espagne. La révolution, propagée par cette contagion intellectuelle, put dire un peu plus tard à son tour: « Il n'y a plus de Pyrénées. » C'était la presse périodique qui mettait en mouvement les grandes eaux de cette presse plus compacte, en les battant sans cesse de ses cent voix comme de vents impétueux, pour les faire

écouler. Un rapport secret adressé au ministère, disait à ce sujet que c'étaient les journaux qui ouvraient la voie à la vente des livres anti-sociaux et irréligieux, et il peignait ainsi l'état de la presse périodique : « Si le nombre des abon-
» nés est grand aux journaux de l'opposition, le
» nombre des lecteurs est immense, à cause des
» abonnemens collectifs, des cafés, des cercles,
» des cabinets de lecture. On voit au contraire,
» tous les jours, des voyageurs qui ont parcouru
» des départemens entiers sans rencontrer un
» seul journal favorable au pouvoir. »

Voici quelle était en 1824, suivant le même rapport, la situation exacte de la presse périodique. Ces détails précieux trouvent leur place naturelle dans l'histoire d'un journal.

Le gouvernement avait pour lui six journaux : *la Gazette*, qui comptait deux mille trois cents abonnés ; *l'Etoile*, qui en comptait deux mille sept cent quarante-neuf ; le *Journal de Paris*, quatre mille cent soixante-quinze ; le *Drapeau blanc*, dix-neuf cent ; le *Moniteur*, deux mille deux cent cinquante, et *le Pilote*, neuf cent vingt-cinq. Tous ces journaux réunis formaient un effectif de quatorze mille trois cent quarante-quatre abonnés.

L'opposition avait également six journaux : le *Constitutionnel*, qui réunissait, à lui seul, seize mille deux cent cinquante abonnés ; le *Journal des Débats*, qui en avait treize mille ; la *Quotidienne*, organe de la contre-opposition de la droite, comptait cinq mille huit cents lecteurs ; le *Courrier français*, deux mille neuf cent soixante-quinze ; le *Journal du Commerce*, deux mille trois cent quatre-vingts, et l'*Aristarque*, neuf cent vingt-cinq. Tous ces chiffres réunis formaient un total de quarante et un mille trois cent trente souscripteurs attachés aux journaux de l'opposition.

La différence en faveur de cette dernière était donc de vingt-six mille neuf cent quatre-vingt-six abonnés ; en d'autres termes, la publicité du gouvernement était à celle de l'opposition comme un est à trois.

Cette différence devait aller en croissant, et toujours dans un sens hostile au pouvoir. Au commencement de 1824, la presse de l'opposition avait, comme on l'a vu, quarante et un mille trois cent trente abonnés, et la presse gouvernementale en avait quatorze mille trois cent quarante-quatre. A la fin de 1825, la presse de l'opposition avait quarante-quatre mille souscripteurs, et la presse du gouvernement était réduite à douze mille cinq cent quatre-vingts.

Ces calculs sont bons à présenter, parce qu'ils donnent, pour ainsi parler, une évaluation arithmétique des situations. Ce chiffre d'abonnés qui croît d'un côté, et qui décroît de l'autre, ne ressemble pas mal à cette balance dans les plateaux de laquelle Jupiter pesait les destinées des héros Troyens et Grecs, pour qu'en s'abaissant vers la terre, ou en s'élevant dans la nue, ils annonçassent la défaite des combattans ou leur victoire.

Nous avons dit le rôle que jouait le *Constitutionnel* dans cette presse de l'opposition ; celui du *Journal des Débats* dont la publicité était presqu'aussi grande, ne fut ni moins actif, ni moins redoutable à la monarchie; il lui fut plus nuisible peut-être, car, chez le *Constitutionnel*, on voyait passer un lambeau du drapeau tricolore, tandis que, chez le *Journal des Débats*, la révolution marchait enveloppée dans les plis du drapeau blanc et abritée sous le manteau fleurdelysé. Tandis que le premier attaquait la royauté, le second mettait le désordre parmi ses défenseurs et jetait des doutes chez les esprits faibles et préoccupés sur la nature et le but de la guerre que l'on faisait aux doctrines sociales. On l'a dit, en voyant une feuille si long-temps monarchique dans les rangs de l'opposition révolutionnaire, bien des gens ne pouvaient se résoudre à croire que cette opposition fût réellement révolutionnaire; ils lui supposaient une modération qu'elle n'avait pas, et se joignaient à elle sans prévoir les extrémités auxquelles ils seraient entraînés. Ajoutez à cela que, pour achever de rendre leur illusion plus complète et leur sécurité plus profonde, le *Journal des Débats* n'avait pas renoncé à cette phraséologie de dévoûment, dont il s'était fait comme une étiquette de style à l'égard de la personne des princes; l'enseigne était demeurée la même, les idées qu'on débitait à ce grand comptoir d'opinions avaient seules changé.

Les élections de 1826 furent la bataille décisive de cette campagne politique qui durait depuis plusieurs années. Il y eut coalition complète entre le *Journal des Débats* et les hommes de la révolution; ce fait ne surprit personne, le *Journal des Débats* était allé si loin dans les violences de ses attaques et dans les emportemens de ses haines, qu'il avait non seulement frappé le ministère, mais les doctrines et les principes sur lesquels repose la royauté. On l'avait vu protéger la candidature et louer les opinions de M. de Chauvelin, de M. d'Argenson, et enfin de M. Lafayette lui-même. Quoi de plus, il avait écrit en les désignant, cette phrase significative: « Disons-le » à sa gloire éternelle, cette école a fait la révolu- » tion française. » M. de Villèle tomba devant le mouvement électoral de 1826; ainsi se trouva vérifiée la parole de M. Bertin : « Je renverserai » votre ministère comme j'ai renversé le minis-» tère Decazes. » Mais la nature de l'opposition du *Journal des Débats* avait été si peu monarchique, il avait tellement dérivé vers la gauche, que bien peu d'années devaient se passer avant qu'on vît se réaliser cette autre prévision contenue dans la réponse de M. de Villèle : « Cela » est possible, mais vous ruinerez en même temps » le principe monarchique en France. »

CHAPITRE XVII.

Sommaire : Anecdote sur le *Journal des Débats* dans les premiers jours du ministère Martignac. — La royauté mise à rançon. — Paiement de l'arriéré. — La cassette du Roi. — Appui équivoque accordé au nouveau ministère. — Conditions imposées. — Engagemens du journal avec le centre gauche. — Il porte M. Sébastiani. — En quoi cette tactique est favorable à la Révolution. — En quoi elle est fatale à la monarchie. — Tout en invoquant les habitudes politiques de l'Angleterre, on s'en écarte. — On veut procéder par réaction au lieu de procéder par transition. — La ligne du *Journal des Débats* pendant le ministère Martignac est contradictoire. — Il se plaint de l'absolutisme de la prérogative royale, et il veut faire prévaloir l'absolutisme de la prérogative parlementaire. Il rend un ministère de centre gauche nécessaire du côté de la chambre, impossible du côté du trône. — Il facilite la révolution en persuadant à tout le monde qu'elle est impossible. — Curieuses citations à ce sujet. — Ceux qui deux ans avant 1830 croient à une révolution, envoyés par *les Débats* à Charenton. — M. Cauchoix-Lemaire juge autrement la situation. Anecdote relative à sa lettre à M. le duc d'Orléans. — Réquisitoire.

Peut-être rendra-t-on à cette histoire la justice de reconnaître qu'elle a évité, jusqu'ici, toutes ces attaques personnelles, dont la violence révèle l'animosité bien plus que l'équité de l'historien. Nous voulons mériter jusqu'au bout ce témoignage. Cependant, quand il se présente des faits notoires revêtus d'un caractère d'authenticité qui oblige à ne point les révoquer en doute, et de nature à faire apprécier les mobiles secrets de la conduite des hommes, il ne nous est pas permis de les laisser passer sous silence, malgré la répugnance que nous avons d'ailleurs à aborder cet ordre de faits.

On a souvent parlé, dans la presse et hors la presse, des subventions du *Journal des Débats*; on en a fixé le chiffre, on a évalué les sommes que pouvait coûter cette amitié à titre onéreux, aux gouvernemens qu'elle consent à servir. Nous aurions voulu ne point remuer ces détails qui ont quelque chose d'humiliant et de triste, et sur lesquels d'ailleurs il est si difficile de dire quelque chose de certain; mais puisque nous sommes arrivés à l'époque du ministère Martignac, nous devons mentionner une circonstance qui s'y rattache, et qui a, pour nous, un caractère d'authenticité et de certitude que rien ne saurait ébranler, car elle fut révélée par la bouche du Roi lui-même, dans un des conseils du cabinet qui succéda au ministère de 1828.

Voici comment les choses se passèrent :

Un des membres du ministère du 8 août ayant prononcé le nom du journal dont il est ici question, le Roi l'interrompit avec vivacité, et de sa bouche royale laissa tomber des paroles sévères dont nous devons conserver le souvenir, pour qu'elles demeurent comme une des justices de cette histoire : « Ne me parlez point de » ces gens-là, dit Charles X; ils n'ont point d'o» pinion, ils ont de l'orgueil et l'amour de l'ar» gent pardessus tout. Voici ce que j'ai entendu » de Bertin de Vaux lui-même; c'était lorsque le » ministère Martignac fut appelé à remplacer le » ministère Villèle, Bertin de Vaux vint me voir » quelques jours après, et me dit, dans la con» versation : *Ce ministère, c'est moi qui l'ai fait;* » *qu'il se conduise bien avec moi, sans quoi je*

» *pourrai bien le défaire comme l'autre.* Voilà ce
» qu'il m'a dit, parlant à ma personne. » Le Roi
qui était fort animé, continua encore à parler
quelque temps sur ce ton, et ses paroles étaient
de plus en plus sévères. Ce fut alors qu'il raconta au conseil que, dans les premiers jours
du ministère de M. de Martignac, on avait cru
nécessaire de s'assurer l'appui du *Journal des
Débats.* Pour prêter son concours, la feuille qui
avait renversé M. de Villèle, fit ses conditions,
au nombre desquelles elle mit, en première
ligne, non seulement la reprise des arrangemens pécuniaires antérieurs à sa scission, mais
le paiement des sommes que cette scission
l'avait empêchée de recevoir pendant toute sa
durée. « Ils ont exigé, dit le Roi, le paiement
» immédiat d'une somme de cent mille écus,
» pour ce qu'ils appelaient l'arriéré. Ça, j'en suis
» sûr. »

Nous dirons tout à l'heure le motif qui faisait
parler le Roi avec tant d'assurance, et sur le fait
en lui-même et sur la quotité de la contribu-

tion dont le journal avait frappé la royauté. Rendons d'abord hommage à cette combinaison vraiment ingénieuse, d'après laquelle la royauté se trouva payer non seulement le ministérialisme, mais l'opposition du *Journal des Débats.* Ce précédent avait cela d'admirable, qu'il mettait en sûreté les intérêts de la caisse, quel que fût le drapeau politique que la rédaction crût devoir suivre. Le pavillon couvrait toujours la marchandise, suivant une expression d'une énergie proverbiale, et la marchandise restait sauve, quel que fût d'ailleurs le pavillon. L'indépendance de la feuille périodique ne faisait point de sacrifices, elle ne faisait que des avances à la cause de la révolution, bien sûre de rentrer dans ses déboursés, puisqu'on réglait les comptes après le triomphe, et que la monarchie, stipendiant les attaques dont elle avait été l'objet, soldait l'hostilité et salariait les invectives. Le *Journal des Débats,* on le voit, traitait la royauté à peu près comme ces ennemis vaincus auxquels le vainqueur fait payer les frais de la guerre. M. Fiévée, vous ne l'avez point oublié, disait à Bonaparte, en parlant d'un des fondateurs de ce journal : « Ce n'est point un homme à opinions, il a » d'autres affaires; » vous voyez ici que ceux dont M. Fiévée parlait avec ces termes expressifs, avaient d'autres affaires, même quand ils étaient des hommes à opinion.

Nous ajouterons à ces détails une circonstance qui démontrerait, au besoin, qu'ils sont puisés à une source dont on ne peut contester l'autorité, et qui, en même temps, expliquera le ton de certitude avec lequel Charles X parlait de cette négociation. Comme il n'y avait point de fonds disponibles au budget pour solder la somme exigée, il fallut que la royauté payât sa rançon, c'est le mot, sur sa propre cassette. Charles X, ce prince, d'une générosité inépuisable, était, comme beaucoup de monarques, économe de cette petite partie de sa liste civile, qu'il réservait à ses dépenses personnelles, parmi lesquelles il faut compter tant de libéralités cachées dont il avait seul le secret. Il en résultait qu'outre la

blessure du Roi, qui s'était vu mettre à rançon, il ressentait un peu de mauvaise humeur par suite de la large trouée faite à son épargne particulière ; car le *Journal des Débats* avait été un créancier inexorable, et il avait fallu acquitter sans retard cette lettre de change tirée à vue sur les embarras de la royauté. Le Roi aurait donc voulu que le ministère du 8 août restituât à sa cassette, en les prenant sur les fonds secrets, les cent mille écus qu'ils avait donnés au *Journal des Débats*, car ce remboursement, promis au temps de M. de Martignac, n'avait jamais été effectué. C'était là le sujet d'une querelle amicale, et qui renaissait souvent entre le prince et un ministre qu'il honorait d'une bienveillance particulière. Le Roi insistait avec une opiniâtreté demi-sérieuse, le ministre résistait doucement, en se rejetant aussi sur le manque de fonds. «D'ail-
» leurs, ajoutait-il lorsqu'il était trop pressé,
» cet argent a été donné si mal à propos, que
» je ne vois pas de mal à ce que votre Majesté
» porte un peu la peine de sa condescendance. »

Il faut avouer en effet que le concours du *Journal des Débats*, pendant le ministère de M. de Martignac, fut loin de réparer le mal qu'avait fait à la monarchie son opposition pendant le ministère de M. de Villèle. Cette feuille s'était tellement avancée dans le sens de la gauche, qu'il ne lui était plus possible de reculer même jusqu'au centre droit. Il y avait des engagemens pris avec des hommes de l'autre centre, et l'on poussait à un ministère dont M. Sébastiani eût été la pierre angulaire; ce fut pour cela qu'on attacha tant de prix à obtenir de la chambre sa nomination en qualité de rapporteur de la loi départementale. Pour faire triompher cette combinaison, le *Journal des Débats* n'accordait au ministère Martignac qu'un appui tracassier et un concours exigeant. Il répétait chaque jour qu'on avait beaucoup fait, sans doute, mais qu'il fallait faire plus encore. Il ne trouvait pas les noms qui étaient au pouvoir assez rassurans, et, tout en affirmant qu'il n'avait aucune répugnance pour la personne des ministres, il réclamait avec insistance l'adjonction d'autres noms d'une couleur politique plus tranchée. En d'autres termes, il demandait des portefeuilles pour ses amis, et il voulait faire passer les affaires du centre droit, où elles se trouvaient, au centre gauche, où s'étaient cantonnées les ambitions politiques avec lesquelles il avait contracté une alliance offensive et défensive.

Cette conduite du *Journal des Débats* favorisa plus qu'on ne saurait dire, le mouvement de révolution qui emportait la société, et l'on peut ajouter que cette impatience de pouvoir était à la fois une faute politique et un tort social. Comme les censures ne manquent jamais aux malheureux et aux vaincus, on a beaucoup reproché au roi Charles X, ce qu'on a appelé l'inflexibilité de sa volonté et l'absolutisme de sa prérogative. Il est vrai que c'est une des lois du gouvernement représentatif, que toutes les nuances de l'opinion parlementaire puissent aspirer au pouvoir. Les Anglais eux-mêmes ont dit de tout temps : « Cinq années de Tories et six mois de Whigs ; » pour marquer qu'il ne fallait pas laisser une opposition éternellement en dehors des affaires, de peur qu'elle ne devînt, d'anti-ministérielle qu'elle était, anti-gouvernementale. Mais dans cette Angleterre, dont on voulait appliquer vers cette époque les principes politiques à la France, en abusant d'une analogie de formes parlementaires qui n'était point une identité de situations sociales ; dans cette Angleterre on ménage avec un soin extrême les transitions qui font passer l'autorité des mains d'une opinion politique, à celle d'une autre nuance du parlement et du pays. On sait marquer dans de pareilles circonstances ces temps d'arrêt qui empêchent que la transmission du pouvoir ait rien de violent et de heurté. On attend avec une patience politique que l'heure des hommes soit venue, et par ce vain empressement qui se jette au devant du pouvoir, on ne précipite point les affaires dans une crise où elles peuvent périr. Que dirons-nous de plus? On agit dans ces circonstances par transition, au lieu d'agir, comme voulait le faire le *Journal des Débats*, par réaction.

Même en se plaçant au point de vue des intérêts et des ambitions de ce journal, une intelligence médiocre des hommes et des choses, animée d'un esprit de conservation et d'un désir sincère de ne point compromettre la monarchie, aurait suffi pour apercevoir l'opportunité d'une tout autre politique. La royauté, on ne pouvait le nier, venait de faire une concession ; elle avait sacrifié un ministère auquel elle avait dû s'attacher, ne fût-ce qu'à cause de sa durée. Elle s'était relâchée du droit rigoureux de cette prérogative dont on la disait si jalouse, et elle avait remplacé un ministère d'autorité par un ministère de conciliation parlementaire. Dans un pareil état de choses, le plus simple bon sens indiquait la conduite à suivre ; il fallait accueillir ce premier acheminement vers un ministère sorti de l'opposition, permettre à cette transition politique de vivre sa vie, l'appuyer au lieu de contrarier sa marche, et consentir à ce que la royauté descendît doucement la pente où elle avait commencé à se laisser aller. Pendant ce temps, l'opposition se serait peu à peu familiarisée avec le pouvoir, et le pouvoir se serait acclimaté avec l'opposition; des deux côtés bien des préjugés auraient péri dans ce contact; l'opposition y aurait perdu de ses exigences et la royauté de ses défiances et de ses craintes, et l'on serait ainsi arrivé, en quelques sessions, au ministère de M. Périer, indiqué par les circonstances pour l'héritier présomptif de M. de Martignac.

Au lieu de cela, le *Journal des Débats* brusqua tout et perdit tout. Lui qui devait, peu de temps après, écrire tant de phrases sur les ménagemens à observer dans l'exercice de la prérogative royale, qui ne pouvait transporter dans l'application ce droit absolu reconnu dans la théorie, il fit précisément pour la prérogative parlementaire ce qu'il accusa plus tard ses adversaires d'avoir fait pour l'autre prérogative. Il ne vit pas qu'il fallait qu'elle se bornât d'elle-même, précisément parce qu'elle était sans bornes. Il compta parmi ceux qui voulurent que l'opposition usât de son droit à la rigueur, et qu'elle prît le pouvoir d'assaut, au lieu d'attendre qu'on lui en ouvrît la porte. Si l'on objecte à cela, qu'il est inutile de demander ce que l'on se sent en état de prendre, les esprits sages répondront que de véritables amis de la société, des hommes vraiment politiques, vraiment dignes de cette autorité qu'ils réclamaient, auraient compris qu'il valait mieux pour la société, pour la France, pour eux-mêmes, demander le pouvoir pendant trois ans, que de le prendre en trois jours au moyen d'une révolution. De tels hommes eussent senti qu'il ne fallait pas pousser la royauté au désespoir, en lui faisant, pour ainsi parler, violence pour entrer dans ses conseils; qu'il fallait au contraire la réconcilier, avec l'idée de voir l'opposition aux affaires, en la lui montrant plus modérée qu'elle ne s'y attendait, et plus disposée à entrer dans tous les tempéramens. Si l'on voulait en effet réussir à former un ministère de centre gauche sous la royauté, il fallait conduire les choses de manière à ce que ce ministère ne fût point un fardeau imposé aux répugnances du prince, mais un levier politique sur lequel il s'appuyât de bonne grace. Pour arriver d'une manière à la fois monarchique et parlementaire, il fallait arriver par le trône et par la chambre; si on négligeait de se concilier le premier, et qu'on voulût entrer, pour ainsi parler, par effraction dans le pouvoir à l'aide d'un vote, on jetait la royauté dans un ministère d'autorité, dans un ministère de défensive, on préparait un choc entre les deux prérogatives, on allait à une révolution. Or il n'y a pas de ministère au monde qui vaille, même pour ceux qui l'obtiennent, cette perturbation de tous les rapports sociaux, ce naufrage de tous les intérêts publics et privés, cette rupture de tous les liens extérieurs, qu'on appelle une révolution.

Le *Journal des Débats* n'en suivit pas moins cette ligne imprudente et provocatrice ; au nom de ce centre gauche qu'il voulait faire arriver aux affaires et dans les conseils du prince, il présentait les idées les plus anti-gouvernementales et les plus propres à causer un vif déplaisir à la couronne. C'était un jour la déchéance des soixante-seize nouveaux pairs, c'était le lendemain l'accusation de M. Villèle dont il menaçait le prince, en cas qu'il ne modifiât pas son ministère dans le sens des prétentions du *Journal des Débats*. On comprend l'influence naturelle d'une pareille conduite sur l'esprit du Roi. L'éloignement qu'il ressentait pour la personne des hommes du centre gauche s'en augmentait, et les défiances que lui inspirait le système politique des auteurs de ces propositions anarchiques, allaient en croissant. De bonne foi comment aurait-il pu confier l'exercice de sa prérogative à des hommes qui se montraient si disposés à la sacrifier? Quelle sécurité pouvait-il trouver en se livrant à ceux qui proposaient, comme une mesure gouvernementale, la révocation de soixante-seize pairs; un acte qui, pour les esprits raisonnables, implique la destruction complète de toute idée de gouvernement? Ainsi le *Jour-*

nal des Débats travaillait tout à la fois à rendre un ministère de centre gauche, inévitable du côté de la chambre, et impossible du côté de la couronne, c'est-à-dire qu'il conduisait la France droit à cette révolution dont il a voulu depuis faire peser la responsabilité sur le trône.

Cette révolution, il achevait de lui ouvrir les voies en dissipant les craintes salutaires qui auraient pu encore lui faire obstacle ; le *Journal des Débats*, loin d'admettre qu'une révolution fût probable, ne voulait pas même souffrir qu'on dît qu'elle était une des éventualités de la situation. Il n'y avait au monde que des rêveurs et des insensés qui pussent accueillir une pareille idée, et le *Journal des Débats* ne trouvait pas d'ironie assez vive, de persifflage assez amer pour attaquer ces pauvres esprits, ces intelligences malades, qui, dans l'an de grâce 1828, avaient l'insigne folie de croire qu'il était possible qu'avant une ou deux années, en 1830 par exemple, il y eût une révolution. « Personne ne veut » de révolution, s'écriait-il au mois de fé-

» vrier 1828 ; personne ne conspire, la révo-
» lution est impossible; le peuple a donné sa
» démission ; la France veut à jamais la race
» légitime de ses rois, race immortelle qui est
» une sorte de trésor vivant de nos annales, une
» espèce de monument historique sacré de la
» patrie. » Puis, dans le mois de mars suivant,
comme il s'était trouvé encore quelqu'alarmiste
qui avait osé reproduire de fâcheux pressentimens relativement à une catastrophe politique,
le *Journal des Débats* reprenait avec une
nouvelle verve d'incrédulité : « Voyez cette
» chambre composée de jeunes factieux de qua-
» rante à quatre-vingts ans! Contemplez ces ogres
» qui vont tout dévorer! Avec ces mots d'im-
» piété, de révolution et d'apostasie, on fait de
» l'éloquence à l'usage des niais; les vieilles fem-
» mes tremblent et les filous en rient. Mais avec
» ce mélodrame on ne produira rien : on crie au
» loup, et le loup ne vient pas; au feu, et l'on ne
» voit pas même fumer une cheminée. Que l'on
» croie possible de choisir parmi nous ou d'aller

» mendier en Europe un usurpateur, ce sont » là des rêves que l'on peut faire à Charenton. »

Nous l'avons déjà dit, et l'événement l'a prouvé, dans un siècle où les intérêts matériels occupent une si grande place, c'est avoir beaucoup fait pour rendre une révolution praticable, que d'avoir persuadé à ceux qui doivent la craindre qu'elle est impossible.

A l'époque même où le *Journal des Débats* jetait à pleines mains l'ironie sur ceux qui croyaient à l'imminence d'une catastrophe et à la possibilité d'un changement de dynastie, les tribunaux retentissaient d'un procès qui aurait pu aider le journal incrédule à sortir de l'embarras où il semblait être, quand il s'agissait de rencontrer un prince en position de prendre la couronne. Si la feuille dont nous parlons pensait qu'il n'y avait qu'à Charenton qu'on pût nourrir un pareil projet, M. Cauchois-Lemaire, moins embarrassé pour découvrir ce prince introuvable, ne se donnait point la peine de promener ses regards sur toute l'Europe, il allait droit au Pa-

lais-Royal. Nous devons à la vérité de le dire, si l'on s'en rapportait aux bruits accueillis à cette époque dans les salons politiques, l'indignation de M. le duc d'Orléans aurait éclaté de la manière la plus édifiante ; Son Altesse Royale aurait paru elle-même aux Tuileries pour se plaindre de l'injure faite à son honneur, et demander la punition du coupable écrivain assez audacieux pour méconnaître le caractère du chef de la branche cadette, jusqu'à le supposer capable de détrôner la branche aînée. La supposition seule de la possibilité d'un pareil événement, aurait paru à Son Altesse une odieuse calomnie. C'est sans doute à ce mouvement d'une indignation vertueuse que l'organe du ministère public, M. Brethous de La Serre, fit allusion lorsqu'il dit, dans son réquisitoire du 13 janvier 1828, contre M. Cauchois-Lemaire : « Ce n'est
» point par les vertus qui distinguent Son Altesse
» Royale, ce n'est pas par l'attachement inexpri-
» mable qu'il porte au principe de la légitimité,
» que l'auteur appelle sur le premier prince du

» sang les affections et intérêts de la France. Il
» semble même disposé à faire à Son Altesse
» Royale un reproche de sa fidélité, et à s'irriter
» de ce qu'elle est le modèle de l'attachement,
» du dévoûment, de la soumission et de l'obéis-
» sance qui sont dus au Roi ! »

Nous avons cru que ces mémorables paroles méritaient d'être conservées à la postérité, pour qu'elle connût toute l'étendue du dévoûment du premier prince du sang envers la royauté légitime, et l'empressement que mit la branche aînée à protéger le chef de la branche cadette contre la colère factieuse de M. Cauchois-Lemaire, qui méritait bien de subir un emprisonnement et de payer une amende, pour n'avoir point pardonné à M. le duc d'Orléans « d'être
» le modèle de l'attachement, du dévoûment,
» de la soumission et de l'obéissance qui sont
» dus au Roi. »

CHAPITRE XVIII.

SOMMAIRE : L'anarchie annoncée par M. de Martignac devient visible dans le feuilleton. — Symptôme littéraire d'une situation politique. — M. Janin au *Journal des Débats*. — Son talent était appelé par la nouvelle situation. — Appréciation du talent de M. Janin. — Il était né pour le journal. — Anecdote curieuse sur sa première jeunesse. — Il est dans la littérature ce que M. Thiers est dans l'éloquence. — Deux types intellectuels. — Quel est celui auquel M. Janin appartient. — Qualités et défauts de son style. — Il descend d'une lettre de madame de Sévigné et d'une page de Jean-Jacques. — Il rencontre la vérité et cherche le paradoxe. — Inconvénient de sa manière. — Ces inconvéniens sont plus graves dans les livres. — A proprement parler, M. Janin n'a pas fait de livre. — Ce qu'il faut penser de *Barnave* et du *Chemin de Traverse*. — La véritable patrie de M. Janin est dans le journal. — Il est le champion de la littérature facile contre la littérature difficile. — Parallèle de Geoffroy et de M. Janin. — Ils répondent à deux situations différentes.

Peu de temps avant sa chute, M. de Martignac apercevant, dans l'esprit de perturbation dont une partie de la chambre était travaillée, le germe des tempêtes que couvait l'avenir, laissa tomber du haut de la tribune cette parole qui fut l'arrêt de mort du ministère de conciliation et le signal de l'avènement d'un nouveau cabinet : « Nous marchons à l'anarchie ! »

On marchait à l'anarchie en effet ; si les esprits n'avaient pas été sous le poids d'une préoccupation bien puissante, des indices manifestes leur auraient révélé cette tendance, et la partie littéraire du *Journal des Débats* aurait eu pour eux des indications à cet égard, aussi bien que la partie politique. Nous l'avons dit au commencement de cette histoire : quand une situation se présente, elle appelle à elle les hommes dont elle a besoin. C'est ainsi que nous avons montré Geoffroy, venant avec la sévérité de ses principes littéraires, son esprit positif et sa critique aux allures fermes et arrêtées, pour être l'interprète de la réaction qui commençait contre les idées révolutionnaires et les théories anarchiques du philosophisme voltairien. Les choses étaient bien changées à l'époque dont nous parlons ; comme M. de Martignac l'avait dit : on allait à l'anarchie dans les faits et dans les idées ; le *Journal des Débats* se séparait des principes de stabilité qu'il avait tant contribué à rétablir, et voulait courir les aventures d'une révolution ; il allait entrer dans une carrière où il devait être nécessaire d'éluder les questions au lieu de les traiter, de jouer avec les difficultés au lieu de les résoudre. Cette situation devait s'exprimer dans la littérature par l'avènement d'un nouveau roi du feuilleton, et l'écrivain dont il s'agit a jeté et jette encore trop d'éclat sur la partie littéraire du *Journal des Débats*, pour que son nom ne soit point prononcé dans ce livre, et qu'une appréciation de son talent n'y trouve point sa place.

Nous ne devons point dissimuler, dans l'histoire d'un journal, les inconvénients de la presse périodique. Dans le temps où nous écrivons, le journal tue le livre. Au milieu des officines de la presse quotidienne, sur un autel où brûle un feu qui ne s'éteint jamais, il se fait, chaque jour, une effroyable consommation de talens et d'idées. Bien des avenirs avortent, bien des gloires s'escomptent à courte échéance. Les écrivains qui ont le malheur d'être entraînés dans ce torrent où les jette la fatalité de leur étoile, plutôt que leur propre volonté, n'ont que le temps de crier à la postérité en passant devant elle : « César, ceux qui vont » mourir te saluent. » Mais quels qu'en soient les inconvéniens, cet état de choses existe. La presse quotidienne, cette conscription d'un nouveau genre, a mis l'intelligence en coupe réglée. Par une loi qu'on retrouve invariablement dans l'histoire, les esprits distingués vont à elle parce qu'elle est la puissance de l'époque, et que, si elle ne domine pas toujours le présent, toujours elle prépare l'avenir. Parmi ces esprits distingués qui sont descendus dans l'arène de la critique littéraire, il n'est personne qui ignore le rang qu'occupe M. Janin. Par un heureux concours de circonstances, cet écrivain se trouve en dehors des regrets que nous avons exprimés relativement aux torts nombreux du journal envers la littérature. La conscription prenait, avec les gens nés pour la paix, des hommes nés pour la guerre. Ainsi a fait la critique par rapport à M. Janin : en le plaçant dans le feuilleton, c'est un soldat qu'elle a mis à son poste.

M. Janin est, à proprement parler, né pour le journal. Sa facilité d'esprit est merveilleuse, la souplesse de son style s'applique à tous les sujets. Nous ne serions point éloignés d'accueillir l'anecdote assez accréditée, d'après laquelle il aurait, dans les premières années d'une jeunesse arrêtée par les obstacles qui arrêtent presque toutes les jeunesses intelligentes, consacré son talent encore inconnu à écrire un livre de médecine dont un vieux praticien, plus habitué à tenir la lancette que la plume, lui aurait confié la forme, se réservant de lui en fournir le fond. Esculape dictait, M. Janin écrivait ; ce qui n'a probablement ni augmenté ni diminué le nombre des maladies.

Cette facilité vraiment extraordinaire est demeurée le cachet du talent de M. Janin, et c'est ce qui le rend si propre à la guerre que fait la critique dans les journaux. Son talent est une improvisation écrite, comme l'éloquence de M. Thiers est une improvisation parlée. Chez l'un et chez l'autre, les mots, par leur choc électrique, font jaillir les idées. M. Janin se laisse aller au courant d'un article, comme M. Thiers au courant d'une harangue, et rarement ces deux fortunés aventuriers du talent, font naufrage avant de toucher au port. Sterne a dit quelque part : « Je croirais manquer de confiance à la » Providence si je savais, en m'asseyant devant » ma table, ce que je vais écrire. » En adoptant ce système, M. Janin est, de tous les écrivains, le plus respectueux pour la Providence, car chez lui tout est le fruit de l'inspiration, il pense et il écrit de verve.

De même que, suivant qu'on s'avance vers le midi, ou qu'on se rapproche du nord, on voit la terre s'épanouir par une végétation facile et spontanée, ou recéler long-temps dans son sein et n'accorder qu'à d'opiniâtres labeurs les trésors de ses moissons ; de même il y a des esprits qui, puissans par l'imagination, ont leurs facultés à fleur d'intelligence, si l'on peut s'exprimer ainsi, et produisent leurs fruits sans préparations et presque sans culture, tandis que d'autres esprits, prenant dans la réflexion toute leur puissance, enfantent laborieusement au soleil des idées formées dans le secret de leurs méditations, et qui ont plus de maturité et de vigueur. L'écrivain dont nous nous occupons appartient à la première de ces deux espèces. Son talent a le luxe, la facilité et l'abondance de la végétation méridionale ; mais il n'a point la sève de la végétation du Nord. Son style rit en grappes dorées et serpente en gracieux festons, comme ces vignes vagabondes qui courent sur les collines de nos provinces du Midi ; mais ce style manque de solidité, de corps, d'étendue. Sa phrase se précipite rapide et échevelée ; elle va par sauts et par bonds, elle va à travers champs, franchissant les obstacles, à moins qu'elle ne s'y brise, s'arrêtant pour cueillir des fleurs au bord des fontaines, mais laissant aussi ses dépouilles suspendues aux épines des buissons ; brillante et désordonnée, gracieuse et sans règle, portant la ceinture lâche des courtisanes de la Grèce, et, comme elles, capricieuse et folle. On dirait un tourbillon qui emporte avec lui tout ce qu'il trouve sur sa route. Les phrases de ce style se passent le lecteur de main en main et l'obligent à courir avec elles, si bien que, lorsqu'on est arrivé, on se réjouit à la fois d'être au terme d'une fatigue, et l'on regrette d'être à la fin d'un plaisir.

Nous croyons que les styles ont une filiation comme les hommes. Il y a certains types généraux auxquels on peut tout rapporter; dans le royaume des idées il y a aussi des fondateurs de races. Si l'on nous demandait la filiation du style que nous venons de définir, nous dirions qu'il descend en droite ligne de la lettre de Mme de Sévigné sur le mariage de la grande Mademoiselle avec le duc de Lausun, et d'une de ces pages pleines de couleurs de Jean-Jacques, où la nature qu'il aimait tant, peut-être pour se dispenser d'aimer l'humanité, venait réfléchir ses merveilleuses splendeurs.

Ce mouvement rapide d'un style où chaque mot court après le mot qui le suit, comme s'il s'agissait de le gagner de vitesse, c'est de la fameuse lettre qu'il descend; seulement un caprice de Mme de Sévigné est devenu une habitude de M. Janin, l'extraordinaire du dix-septième siècle est passé, dans le dix-neuvième, en service ordinaire. D'un autre côté, ces images colorées qui se lèvent parfois comme de fraîches apparitions au-dessus de ce style qui court d'un pas si impétueux, sont un reflet de la manière de Jean-Jacques. Singulière association, d'où il résulte une langue qui n'a ni le naturel de celle de Mme de Sévigné, ni le sérieux de celle de Rousseau, mais qui cependant n'est point dépourvue de grâce et d'expression.

Nous serions tentés de pousser plus loin cette analogie. Mme de Sévigné, qui n'a jamais dit que Racine passerait comme le café, quoi qu'en ait écrit Voltaire, qui faisait des romans en épigrammes aussi bien qu'en histoire, Mme de Sévigné, cette femme d'un sens profond et d'un esprit si droit, semble quelquefois communiquer à M. Janin, avec une ombre de son style, quelque chose de la rectitude de son jugement. Au milieu de cet entraînement de paroles, on rencontre chez lui des aperçus d'une finesse exquise et des remarques d'une justesse incontestable. D'où lui viennent ces aperçus ? Il est difficile de le dire. Cependant on comprend qu'en suivant la maxime de Sterne, en écrivant à la grâce de Dieu, l'auteur ouvre la porte à tous les hôtes qui se présentent; or le sens commun, cette qualité si rare, arrive à son tour, par hasard, comme le reste. Mais souvent aussi Rousseau, l'homme du paradoxe, souffle à M. Janin cette verve dont il était rempli.

Tantôt l'esprit aventureux de l'auteur se plaît à grimper dans les propositions les plus escarpées et à s'y maintenir, à grands renforts de mauvaises raisons et de bonnes épigrammes ; tantôt il exagère la vérité afin de la faire ressembler le plus possible à l'erreur, sans doute pour lui ménager, parmi ses lecteurs, un plus bienveillant accueil. Et tout cela est dit avec cette verve qui est le caractère du talent de M. Janin, avec une verve de bonne humeur, aussi gaie que la verve de Rousseau était chagrine; dans ce style où toutes les phrases commencent à la fois, se coudoient, s'empressent, parlent ensemble, comme les écoliers de la célèbre gravure anglaise qui représente le vacarme dans l'école (1); dans cette langue qui semble être une folle journée, une espèce de Fronde littéraire où tous les rangs, toutes les positions sont confondus dans un joyeux chaos, où Condé cultive des fleurs, où Gondy laisse passer la crosse de son bréviaire, où Turenne compose des distiques, et où Mlle de Montpensier tire le canon.

Nous ne parlons, on le voit, de M. Janin que comme journaliste. C'est que, malgré l'opinion généralement répandue, nous croyons que,

(1) *Uproar in the school.*

bien qu'il ait publié plusieurs volumes, il n'a jamais fait de livre. Ses qualités d'esprit et de style qui le servent si bien dans un journal, deviennent en grande partie des défauts quand il compose un ouvrage. Cette verve avec laquelle il vous entraîne, ce mouvement de phrases et d'idées qui vous pousse et vous porte dans la sphère du feuilleton, vous fatigue et vous épuise, quand la carrière est plus longue. On traverse bien un bourg au pas de course, mais non pas une province ou un royaume. Ajoutez à cela que M. Janin est l'homme des parenthèses, et que les parenthèses, dans les livres, deviennent des épisodes. Il est à peu près question de tout dans ses ouvrages, excepté du sujet et du héros, et le lecteur, s'agitant sans avancer, se lasse de jouer le rôle de ce voyageur de la légende, qui, faisant un pas en avant et un pas en arrière, se retrouva le matin à la place qu'il avait cru quitter le soir.

Ceux qui ont lu *l'Ane mort*, *Barnave*, *le Chemin de Traverse* et les autres volumes publiés par M. Jules Janin, comprendront cette observation. On y admire de belles pages, de poétiques inspirations, des chapitres écrits de verve; mais où est le livre?

Est-ce Barnave, le plus long de tous les ouvrages de l'auteur? Mais Barnave ne se compose que d'épisodes. Un livre où l'on rencontre le supplice épouvantable des filles de Séjan à côté de la première représentation du *Mariage de Figaro*, un livre où le lecteur passe de Mirabeau agonisant dans sa gloire, au crétin cherchant à compléter sa sensation sur son fumier : un tel livre, fantasque comme l'esprit de l'écrivain, où tout entre et d'où tout sort, n'est à vrai dire qu'un feuilleton en quatre volumes, écrit avec un merveilleux talent sur cette formidable tragédie qu'on appelle la révolution française.

Tant que le dénoûment n'arrive pas, on demande pourquoi le dénoûment tarde tant à venir? Quand enfin il se montre, on demande pourquoi il est venu? C'est un cliquetis d'images et d'idées incohérentes qui se heurtent dans la tête de l'auteur ; c'est une émeute intellectuelle qu'il a rapportée du spectacle d'une révolution. Le Roi si saint et si pur, la Reine si majestueuse et si belle, Mirabeau si puissant, Philippe-Egalité, cette grande honte d'une époque où il y eut tant de hontes, et puis toutes ces gracieuses femmes jetées comme des guirlandes sur le rideau qui allait se lever pour laisser voir un drame de sang, les plaisirs et la politique, les joies et les conspirations, les crimes et les fêtes, tout se confond dans ce cauchemar plein d'imagination d'un homme de talent qui, s'endormant sans doute sur l'histoire de M. Thiers, a rêvé de la révolution française, et a écrit son rêve avec ses incohérences et ses tumultueuses beautés, dès qu'un rayon de lumière, passant à travers sa fenêtre à demi-close, est venu lui toucher les yeux.

Vous retrouvez à peu près les mêmes caractères dans le *Chemin de Traverse*, de tous les chemins celui que prend le plus rarement l'auteur. Il y a dans cette composition de touchans épisodes, un style souvent remarquable, quelquefois fatigant, à cause de cette agitation perpétuelle qui y règne; car le style de M. Janin est comme un fleuve qui, en outre de son mouvement général, a autant de mouvemens particuliers que de flots. Mais dans cette galerie de gracieuses miniatures, le dessin de la composition principale se perd. Cet esprit, amoureux des détails, se préoccupe peu de la pensée d'ensemble; il marche pour marcher, sans trop savoir où il va; il peint tout ce qu'il rencontre, fait une halte devant tous les sites qui lui plaisent, et l'idée ne lui est jamais venue, qu'ordinairement c'est pour arriver que l'on part.

Le *Chemin de Traverse* est tout entier écrit dans ce système. Tant que le héros est aux champs, M. Janin compose de gracieuses églogues et de fraîches bucoliques. Est-il à la ville? l'auteur écrit des satires pleines d'une mordante hyperbole, comme celles de Juvénal. Mais ici encore où est le livre? où est l'ensemble? où est le nœud qui lie toutes ses parties?

où est le corps formé par ces chapitres qui, se levant, comme une joyeuse volée d'oiseaux, passent, en battant de l'aile, au-dessus du front du lecteur? Qu'on nous passe cette comparaison : un livre avec sa pensée générale qui domine le sujet, qui règne, et nous en demandons pardon à M. Thiers, qui gouverne toutes les idées particulières, qui fait sentir partout le bout de son sceptre, qui partout laisse voir le fleuron de sa couronne ; un livre avec cette pensée dominante, régnante, gouvernementale, est une monarchie. Eh bien ! M. Jules Janin n'écrit que des républiques.

C'est que M. Jules Janin est, comme nous l'avons dit, bien moins auteur que journaliste. Le journal, avec son improvisation du jour, de l'heure, de la minute, voilà son triomphe ; le journal, pour lequel il faut s'inspirer, concevoir, écrire à la fois ; le journal, cette tribune qui ne se tait jamais, et où la veille a un grand ennemi qui la fait oublier le lendemain ; le journal, où il faut faire un ensemble avec le détail, un poème avec un chant, un ouvrage avec un chapitre, c'est là son domaine, son empire, sa patrie, à lui l'homme de l'expression instantanée et de l'inspiration soudaine. Aussi l'a-t-on vu, dans un duel littéraire qui, il y a quelques années, troubla pendant plusieurs semaines la profonde indifférence du public à l'égard des lettres, se faire le champion de la littérature facile contre la littérature difficile, sa sœur, sœur un peu sérieuse, comme toute sœur aînée. Cette dispute de M. Nisard contre M. Janin était à proprement parler la guerre du livre contre le journal. Chacun combattait pour ses foyers et ses autels domestiques; celui-là pour la réflexion qui enfante laborieusement ses fruits, celui-ci pour l'imagination avec ses fleurs facilement écloses; le premier pour le travail, ce lent ouvrier qui découvre en creusant des richesses enfouies ; le second pour l'improvisation, cette brillante fée dont toutes les richesses sont au bout de sa baguette. Disons-le à l'honneur de M. Jules Janin, l'avantage de la journée lui resta contre ce docte adversaire. La critique légère l'emporta sur la critique sérieuse, la littérature facile sur la littérature difficile, l'inspiration sur la réflexion, le journal sur le livre. Pourquoi aussi le livre avait-il accepté, pour champ de bataille le journal?

Quoique à l'époque où M. Jules Janin entra au *Journal des Débats*, il n'eût point encore composé la plupart des ouvrages qui nous ont servi à apprécier son talent, nous avons cru qu'ils étaient un des élémens naturels de cette appréciation littéraire. En rapprochant son nom de celui de Geoffroy, il n'est point entré dans notre idée de faire un de ces parallèles envieux qui plaisent à la malignité publique, parce qu'on y voit toujours la réputation d'aujourd'hui sacrifiée à la réputation d'autrefois, en vertu de ce privilége qu'ont les gloires après l'épitaphe et les renommées, couchées sous leur piédestal au lieu d'être debout au-dessus. Laissons aux hommes leur valeur, et n'allons pas ramasser les pierres tumulaires de leurs devanciers, afin de lapider les talens contemporains. Répétons-le, seulement les deux situations étaient différentes : chacune d'elles appela un homme à sa taille. La réaction chrétienne et sociale du consulat trouva son expression dans Geoffroy, cet érudit d'une science profonde, ce professeur émérite nourri de l'étude de tous les modèles de l'antiquité, ce rude héritier de Fréron, comme lui sans pitié pour les principes et la littérature de Voltaire. L'anarchie des idées de la fin de la restauration et des années qui suivirent, rencontra son symbole dans M. Janin, ce critique d'une facilité incomparable, d'une souplesse d'esprit merveilleuse et d'une intarissable verve. Geoffroy, ce roi sévère et quelquefois despotique du feuilleton, marche à un but, il suit une route qu'il s'est tracée d'avance, il y a dans son action sur la littérature quelque chose de systématique et de régulier. M. Janin, ce régent un peu fantasque du royaume des lettres, marche au hasard, sans idées bien arrêtées sur le but auquel tendent ses efforts; il agit sur ses lecteurs pour agir sur eux, sans s'occuper de l'effet qu'il produira, pourvu qu'il y ait un effet de produit. L'un se montre devant la société et l'instruit en la guidant dans une réaction sociale ; le second se montre à côté d'elle, et l'amuse et l'intéresse par une conversation pleine d'esprit, de gaîté et d'aperçus ingénieux, sans s'inquiéter beaucoup plus qu'elle de la route où elle chemine. Les articles du premier sont le développement d'un système ; ceux du second sont des variations brillantes à propos de tous les sujets. Geoffroy domine la situation, et son talent âpre et dur lui imprime une impulsion nouvelle ; M. Janin suit la situation en jouant et son talent en distrait. Le feuilleton doctrinal et aux allures arrêtées de Geoffroy, reflète la ligne constante d'un journal qui tend à la reconstruction de toutes les bases sociales ; le feuilleton aventureusement spirituel et aux allures poétiquement paradoxales de M. Janin, reflète l'incertitude d'un journal qui n'a plus de ligne, et qui vit avec l'anarchie dans laquelle il a jeté la société. Que vous dirai-je de plus? Au temps où le critique dont il s'agit prit le sceptre, c'est-à-dire la plume, la politique avait la fièvre, la littérature la gagna.

CHAPITRE XIX.

Sommaire : Influence de la tactique du *Journal des Débats* sur la nomination du ministère du 8 août.—Il avait rendu à la monarchie le choix d'un bon ministère impossible. — Opinion de plusieurs membres du cabinet du 8 août sur leur situation. — Détails secrets et anecdotes sur l'intérieur de ce cabinet. — Opposition violente des *Débats*. — Célèbre article.—Malheureux Roi ! malheureuse France !— Le *Journal des Débats* déféré aux tribunaux. — Il est condamné et il en appelle en cour royale.—Opposition systématique. — En quoi le *Journal des Débats* se rapprochait de l'école anglaise. — Origine et marche de cette école. — Jacques II et Charles X.— La révolution de 1688. — Le jésuitisme. — Hampden et le refus d'impôt. — Puissance d'une date et d'un parallèle.— En quoi les *Débats* se séparaient de l'école anglaise. — Quelle était leur raison pour s'en séparer. — Leur opposition n'était que plus dangereuse. — Attaques fardées de dévoûment. — Le *Journal des Débats* gagne son procès en cour royale. — Horoscope de Henri Dieudonné par M. Dupin. — Discours de M. Bertin. — Réflexions sur ce discours.

On a vu comment le *Journal des Débats*, en marchant avec ceux qui voulaient forcer l'entrée du pouvoir, au lieu d'attendre que la porte s'ouvrit d'elle-même, précipita la royauté dans le ministère de M. de Polignac. Sans doute, c'était un grand malheur politique que la formation de ce cabinet placé en dehors des conditions parlementaires. Mais ce malheur, à qui fallait-il l'attribuer? N'était-ce point à ceux qui, comme les *Débats*, avaient voulu faire violence à la prérogative royale, qui lui avaient montré le centre gauche animé des passions les plus anti-gouvernementales, et qui, en même temps, avaient cherché à imposer comme une nécessité immédiate, un ministère choisi dans cette nuance politique qui semblait prendre à tâche de mériter la défiance de la royauté, tout en réclamant la plus haute marque de confiance qu'un roi puisse donner à des sujets? Chose étrange! ce journal voulait, disait-il, assurer la durée du gouvernement représentatif, et il acculait la royauté dans une telle position, qu'il ne lui restait plus que le choix de passer sous les Fourches Caudines d'un ministère animé de passions mauvaises qu'il ne dissimulait pas, ou de se réfugier dans le périlleux asile d'un cabinet choisi en dehors des majorités.

Ainsi, lorsque la feuille dont il est ici question reprocha avec tant de colère et d'acrimonie au trône la nomination du ministère de M. de Polignac, c'étaient ses propres torts qu'elle lui reprochait. C'était elle, en effet, qui avait placé le roi de France dans cette cruelle alternative, de prendre un ministère à lui, qui ne fût pas le ministère de la chambre, ou d'accepter des mains de la chambre un ministère qui ne fût pas celui du Roi. Quelle que fût la décision du monarque, il n'avait le choix qu'entre deux extrémités, c'est à dire entre deux périls; quel que fût le cabinet, il devait être, politiquement parlant, mauvais et fatal, parce que les circonstances sous l'empire desquelles il avait été choisi, étaient fatales et mauvaises.

Ceux des membres du ministère du 8 août qui appréciaient le mieux la situation parce qu'ils avaient vu de plus près le pays, ne se dissimulèrent point cet état de choses. Quand on connaît le secret des négociations qui eurent lieu pour la formation ou le remaniment du dernier cabinet de la monarchie, on voit que la plupart des hommes qui consentirent à en faire partie, acceptèrent une place dans les conseils du Roi, comme dans un jour de bataille on accepte le poste le plus voisin du péril. Ils se résignaient au pouvoir au lieu de l'ambitionner; car, dans ce temps-là, le pouvoir ressemblait à ce lit de fer rougi au feu, sur lequel on étendit ce malheureux empereur du Mexique; le pouvoir, c'était l'impuissance de faire le bien et d'empêcher le mal, un martyre de tous les jours, où l'on était certain de laisser, sous les langues de feu de la presse, non seulement sa réputation d'homme d'état, mais sa réputation d'homme de bien.

Le monarque et les ministres comprenaient également cette situation, car Charles X demandait comme un sacrifice, à ceux qu'il comptait parmi ses serviteurs les plus dévoués, leur acquiescement à l'ordonnance qui les nommait ministres, et ceux auxquels il s'adressait ne cédaient qu'après une longue résistance et entraient, pour ainsi parler, à reculons dans ce ministère, derrière lequel on eût dit qu'ils entrevoyaient les hautes tourelles d'une prison d'état. Quand ils avaient accepté, tout n'était point fini encore; ces captifs du pouvoir aspiraient à leur liberté avec bien plus d'impatience que n'en témoignèrent depuis les prisonniers de Ham. C'était M. de Chantelauze, qu'il fallut solliciter à trois reprises différentes, pour lui faire accepter le portefeuille qu'il avait refusé le 8 août et au mois de novembre; encore ce ne fut qu'après une entrevue qu'il eut à Grenoble avec M. le Dauphin, et sur les instances de ce prince, qu'il rétracta ses premiers refus. C'était M. de Guernon qui suppliait le Roi de pourvoir à son remplacement et qui ne demeurait ministre que par obéissance, enviant le sort de MM. de Chabrol et de Courvoisier qui avaient pu briser leur chaîne. Le moyen qu'on employait pour retenir les membres du cabinet qui parlaient de s'éloigner, ne variait point, c'était le péril même du poste qu'il s'agissait de quitter. Quand le président du conseil apprit à M. de Guernon la retraite des deux membres que nous venons de nommer, celui-ci exprima son étonnement de n'avoir point été admis à partager leur sort, et pria instamment le personnage politique qui lui annonçait cette nouvelle, de proposer au Roi son remplacement immédiat. Il lui fut répondu que c'était impossible, absolument impossible, que le Roi ne voulait plus entendre parler de changement. « Certes, ajouta-t-on, vous ne voudriez » pas donner votre démission dans les circon- » stances où nous sommes. En face d'une situation » pareille, la retraite aurait l'air d'une fuite. » Montbel en est si convaincu qu'il s'est résigné » à prendre le ministère des finances qu'il avait » d'abord refusé. »

M. de Montbel avait accepté en effet le ministère des finances, mais ce n'avait été qu'après la résistance la plus longue et sur les instances les plus pressantes du Roi. Voici comment il racontait lui-même à un de ses collègues les

moyens dont on s'était servi pour vaincre sa répugnance et triompher de ses refus. « J'avais
» deux fois refusé le ministère des finances, qui
» m'avait été offert d'abord par M. de Polignac,
» ensuite par le Roi lui-même. Avant-hier le
» Roi m'a de nouveau mandé à Saint-Cloud.
» Comme je répondais à de nouvelles instances
» par un nouveau refus, cet excellent prince est
» allé jusqu'à me serrer entre ses bras, en me de-
» mandant si j'aurais la cruauté de l'abandonner
» au milieu des embarras qui l'assiègent; les ma-
» nières séduisantes du Roi ont été plus fortes
» que ma raison, j'ai promis d'accepter; mais dès
» que je n'ai plus été sous le charme, j'ai compris
» toute l'étendue de la faute que j'avais commise,
» et j'ai envoyé mon refus par écrit. Le Roi m'a
» fait encore une fois appeler, et après de nou-
» velles instances il m'a dit : *Je vous demande*
» *d'accepter par amitié, par dévoûment pour ma per-*
» *sonne. D'ailleurs je l'exige comme Roi. L'ordon-*
» *nance est faite, elle sera signée demain et envoyée*
» *au Moniteur. J'espère qu'après cela vous n'aurez*

» *pas le triste courage de m'affliger par un refus*
» *public.* »

Vous le voyez, ces hommes comprenaient leur situation ; ce ministère du 8 août avait l'instinct de sa fatale destinée. Il subissait le pouvoir, il ne le désirait pas, et il y avait dans l'attitude de la plupart de ses membres quelque chose de triste et de résigné qui devait ne point échapper aux regards.

Rien cependant ne put désarmer la presse de l'opposition, et au nombre des manifestations les plus véhémentes on compta celle du *Journal des Débats*. Ses espérances de pouvoir venaient d'être déçues ; sa combinaison de centre gauche semblait être pour long-temps écartée ; il versa sa surprise et sa colère dans un article écrit de verve, et dont la pensée tout entière réside dans les premiers mots par lesquels il commence et dans les dernières lignes par lesquelles il se termine. « Le voilà encore une fois brisé, s'écriait
» le journal, ce lien qui unissait le peuple au mo-
» narque ! » Puis il finissait par cette exclamation

demeurée célèbre : « Malheureux Roi ! Malheu-
» reuse France! »

Cette impétueuse déclaration de guerre fut remarquée au milieu de tant d'autres déclarations de guerre jetées au ministère par les cent voix de la presse. Il y avait dans les conseils du Roi une profonde irritation contre le *Journal des Débats*, on en a vu plus haut la raison. On crut faire un coup d'autorité en déférant cette feuille aux tribunaux. Ce pouvait être une justice, mais dans l'état d'hostilité où se trouvait la magistrature vis-à-vis le gouvernement, c'était une faute. On obtint en police correctionnelle une condamnation contre la feuille incriminée : qu'importait ce médiocre avantage ? Il était clair qu'elle porterait l'affaire en cour royale, c'est en effet ce qui arriva.

En attendant la solution définitive de ce procès, le journal continua à développer un système d'hostilité d'une habileté déplorable et qui devait amener la ruine de la monarchie. Chaque matin, son éloquence pleine de fiel laissait déborder un torrent d'invectives contre les hommes qui siégeaient dans les conseils du prince ; c'était un talent d'injures inépuisable, une fécondité de déclamations et une verve de haine qui ne se fatiguait jamais, une mordante hyperbole, une malédiction incessante qui tombait chaque matin sur le front du ministère proscrit : voilà pour la passion. Quant à la théorie politique qu'embrassa le journal pour soutenir des discussions plus sérieuses, nous devons, pour l'expliquer, remonter à une époque un peu plus éloignée, et parler d'une école dont le *Journal des Débats* embrassa en partie les idées.

Dès les premières années de la restauration, on vit se former en France cette école politique dont l'influence fut grande sur la destinée de la monarchie. Elle se composait d'admirateurs fanatiques de la constitution anglaise, et d'hommes intéressés à faire croire qu'elle pouvait être, sans inconvénient, transplantée sur la terre de France. Le but de cette école était de s'emparer de la direction du gouvernement au nom de je ne sais quelle souveraineté de la raison, dont les sectateurs se proclamaient les représentans. Sans remarquer les différences qui existaient entre les deux contrées, la présence d'une aristocratie en Angleterre, l'absence d'une aristocratie en France; là-bas, une classe politique nourrie dans l'expérience des affaires, et apte à gouverner en raison précisément du temps depuis lequel elle tenait le pouvoir; ici, toutes les classes également étrangères au maniement du pouvoir et pouvant lutter d'inaptitude et d'inexpérience; là-bas, une royauté empruntée au dehors et greffée sur la société; ici, une royauté contemporaine de la nation, et qui, après l'avoir défendue dans tous ses périls et suivie dans tous ses développemens, y devait naturellement occuper une plus grande place; sans remarquer toutes ces différences, l'école politique dont nous parlons voulut appliquer à la rigueur les principes de la constitution anglaise.

Ce fut elle qui mit en honneur certaines maximes qui annonçaient assez ses projets. Elle avait trouvé les plus belles phrases du monde sur l'omnipotence parlementaire, sur l'étendue des prérogatives parlementaires, sur le gouvernement des majorités, et elle tendait à annihiler la royauté en France pour lui substituer, on ne peut pas dire le gouvernement d'une classe, mais celui d'une coterie. Elle répétait, dans chaque occasion, des lieux communs sur l'inviolabilité des droits de l'opposition et sur l'usage suivi et appliqué en Angleterre; mais elle n'ajoutait pas qu'en Angleterre l'opposition était toujours circonscrite dans les limites d'une hostilité dirigée contre le ministère, et qu'en Angleterre l'époque de la première révolution étant déjà éloignée, il n'y avait en face du pouvoir que des ambitions de portefeuilles et non des ambitions de trône; tandis qu'en France les chutes et les élévations des pouvoirs s'étant succédées rapidement dans les dernières années, les partis exclus de l'autorité se ralliaient derrière le souvenir d'une des dernières formes de gouvernement. Quoi de plus? Dans la Grande-Bretagne, rompue à ce système parlementaire, on disait : « Echec au ministère! » en France on disait

« Echec au Roi! » Là était la grande différence.

L'école dont il est ici question ne voulait pas entendre parler de cette différence. Elle ne descendait point des nuages des théories et des doctrines, elle avait un superbe dédain pour tout ce qui se passait dans le domaine pratique de la réalité des affaires. Quand on lui objectait les faits, elle vous répondait : « Je vous méprise » comme un fait, » et elle recommençait à faire la classe à la France. C'était à elle qu'il appartenait, suivant ses propres paroles, d'assurer le jeu des institutions représentatives, et rien ne l'arrêtait quand il s'agissait d'atteindre ce but. En vain lui assurait-on que, si elle en usait à la rigueur, le mécanisme qu'elle prétendait mettre en mouvement, broierait des chairs vivantes et mutilerait la société à laquelle on l'appliquerait. Elle ne cessait point pour cela de pousser à la roue, tant elle était sous l'empire de son fanatisme pour l'Angleterre. Si vous lui objectiez la position des partis, les périls de la situation, les tempêtes du passé, l'incertitude de l'avenir, le danger de précipiter la France dans une nouvelle crise, elle répondait que cela se passait ainsi dans la Grande-Bretagne, et elle croyait avoir tout dit. Il semblait, à entendre ces gens-là, que le résultat qu'Edouard et son successeur avaient en vain tenté de réaliser avec leurs armées, que Jeanne d'Arc et Duguesclin avaient prévenu par des miracles de patriotisme et de vaillance, il semblait que ce résultat eût été obtenu sans coup férir, et que la France, renonçant à une antipathie écrite sur tant de champs de bataille, et qui s'était manifestée sur tous les points du globe et sur toutes les mers, se fût comme par enchantement éveillée anglaise.

A mesure que les événemens se déroulèrent, cette déplorable anglomanie augmenta. L'école dont nous parlons était frappée de la commodité qu'il y avait à trouver dans l'histoire d'Angleterre des précédens pour toutes les difficultés. Sa préoccupation était portée si loin, qu'elle finit par vouloir transférer complètement l'histoire d'Angleterre dans l'histoire de France.

Il y avait eu en Angleterre, comme chacun sait, une situation bien grave en 1688. Un roi catholique s'était rencontré en face d'un pays protestant, et, quelque chose de plus encore, en face d'un clergé protestant qui s'était emparé des dépouilles du clergé catholique, en face d'une aristocratie qui avait eu part à ce pillage. Aucune mesure de réparation n'avait été prise, qui, en indemnisant les anciens propriétaires, pût donner aux nouveaux une garantie de sécurité pour leur possession, désormais sanctionnée. Cet état de choses était plus périlleux qu'on ne saurait dire. Il y avait un travail, une lutte dont le dénoûment pouvait être terrible. En effet, le roi catholique appelait un pays catholique, le pays protestant appelait un roi protestant; en d'autres termes, le pays cherchait à s'assimiler le roi, le roi le pays.

Ce n'est point tout encore. L'intérêt anglais était à cette époque, comme il l'a toujours été, diamétralement opposé à l'intérêt français; mais d'un autre côté, la France était à cette époque la grande puissance catholique. De sorte que Jacques II inclinait vers l'alliance de Louis XIV à cause de la communauté de religion, tandis que son peuple aspirait à prendre place en tête de la coalition formée contre ce prince, suivant en cela l'instinct de cette antipathie qui a toujours régné entre l'Angleterre et la France. Ainsi, au dehors comme au dedans, il y avait des causes permanentes d'une mésintelligence dangereuse qui pouvait aboutir à un éclatant divorce. Au dehors, l'alliance française préférée par le Roi, et l'alliance des ennemis de la France désirée par le pays; au dedans un intérêt de propriété ou de spoliation qui se croyait menacé par un roi catholique et qui désirait acquérir une garantie en faisant asseoir le protestantisme sur le trône.

L'école politique qui se ralliait aux idées anglaises, eut la rare clairvoyance de retrouver, dans la France de la restauration, cette situation de l'Angleterre de 1688. Il était difficile d'alarmer un pays catholique sur le catholicisme du roi, car ce catholicisme, qui pouvait être menaçant pour tant de gens en Angleterre, ne l'était pour personne en France. Cependant on prit un biais et on y parvint. Au lieu de parler du catholicisme, on parla du jésuitisme, et comme il arrive dans certaines occasions, précisément parce que la foule ne comprenait pas, elle crut. Le fantôme du jésuitisme évoqué par l'école anglaise, projeta une ombre immense sur le pays. Les esprits furent sous le prestige d'une de ces craintes mystérieuses qui entraînent quelquefois les armées les plus braves dans de honteuses déroutes. Il y eut comme une terreur panique en France, et on entretint les intelligences dans cet état de malaise et d'appréhension. On avait vu le monstre apparaître dans maintes circonstances, et on en racontait d'effroyables choses. Les journaux du libéralisme l'avaient aperçu tenant une sanglante épée dont la poignée était à Rome et la pointe partout. Il avait été une fois visible pour M. de Béranger, qui, dans l'état de terreur où l'avait laissé cette vision effrayante, avait cependant conservé assez de présence d'esprit pour lui consacrer deux ou trois chansons. Ses projets n'étaient pas douteux ; il voulait faire de la France un monastère dont il aurait les clés dans les mains. On fabriquait dans ce moment un filet assez grand pour y envelopper la nation tout entière. Le Roi lui-même était au nombre des affiliés, il était le chef d'une vaste conspiration contre son royaume et contre lui-même.

C'est avec tout ce système d'opposition emprunté aux protestans d'Angleterre, qu'on attaquait la royauté en France. On finit par persuader à la foule, tant il y a de puissance dans une chose souvent répétée! on finit par persuader à la foule que la patrie était en danger parce que le Roi très chrétien allait tous les jours à la messe. On fit un épouvantail de ses vertus chrétiennes, qui étaient une garantie pour le pays. On alla plus loin, on voulut compléter l'analogie entre Jacques II et Charles X. De même qu'en Angleterre les protestans avaient ému le sentiment national contre les Stuarts, qui gênaient le développement de la politique anglaise par leur alliance avec Louis XIV, on prétendit que les Bourbons gênaient en France le développement de la politique française, ce qui était absurde, comme l'événement l'a prouvé. Cette halte nécessaire qui avait eu lieu après les catastrophes de l'empire, on l'appela une halte dans la boue. En un mot, on n'omit rien de ce qui avait été fait en 1688, dans la Grande-Bretagne, tant qu'enfin la ressemblance des attaques porta les esprits légers et superficiels à croire à une identité de situation.

Alors l'école anglaise redoubla d'efforts. Elle affecta de répéter chaque matin le nom de la révolution de 1688. Ce fut pour elle un texte favori, le sujet habituel de ses réflexions, un thème privilégié sur lequel elle brodait tous les jours des variations nouvelles. Elle hochait gravement la tête en prononçant le mot de révolution de 1688 ; elle affectait d'y voir la clé de bien des difficultés, la solution de tous les problèmes, la fin de toutes les luttes. Comme elle avait disposé en faveur de la royauté française du rôle de Jacques II, on voyait bien qu'elle disposait en faveur de la chambre des députés du rôle du parlement anglais qui renversa ce prince. Ici revenaient toutes les doctrines sur l'inviolabilité de la prérogative parlementaire. La même école qui trouvait des raisons de toute nature pour démontrer à la royauté que sa prérogative, absolue dans la théorie, était restreinte dans l'application, trouvait des raisons tout aussi nombreuses pour établir que la prérogative parlementaire devait être inflexible dans l'application comme dans la théorie. Elle posait en principe que le Roi devait toujours céder, et que la chambre devait toujours en user à la rigueur avec la royauté. Si on lui faisait une seule objection, elle se contentait de répondre, comme on l'a dit plus haut, que c'était ainsi que les choses se passaient en Angleterre, sans réfléchir qu'en Angleterre c'était le parlement qui avait placé Guillaume sur le trône, et que l'origine de son pouvoir et le mode de son investiture rendaient logique et naturel l'état des choses dont on tirait mal à propos un précédent.

Nous ne pouvons exprimer toute l'influence qu'eurent ces souvenirs de la révolution de 1688 sur l'esprit public. Les idées du vulgaire aiment à trouver de ces cadres tout faits où elles n'ont que la peine de se placer. Ces analogies et ces comparaisons séduisent presque toujours les hommes qui croient rencontrer ainsi l'avenir dans des événemens déjà accomplis. Si l'école anglaise n'avait point réussi à mettre réellement la royauté des Bourbons vis-à-vis la France, dans la même position où se trouvait la royauté des Stuarts vis-à-vis l'Angleterre, elle avait au moins réussi à exciter contre les Bourbons les préjugés qui existaient contre les Stuarts. Elle avait inoculé aux esprits, à défaut du protestantisme religieux, le protestantisme politique. Elle avait remué les idées, et ce sont les idées qui font en France les révolutions, plus souvent opérées en Angleterre par les intérêts; car le génie intellectuel, qui est le cachet de la France, et le génie du lucre qui est le type de l'Angleterre, se retrouvent jusque dans ces crises fatales.

L'école anglaise n'oubliait aucune analogie, ne laissait perdre aucun rapprochement. C'est ainsi que, dans les dernières années de la restauration, elle popularisa le souvenir d'Hampden, et prépara ainsi les associations pour le refus de l'impôt; car, par suite de la fiction qu'elle avait accréditée, l'école anglaise voulait absolument que la royauté et le pays se trouvassent en France dans le même état de lutte et de collision où ils s'étaient trouvés en Angleterre; et à force de leur répéter qu'ils y étaient, elle finissait par les y mettre. Certes on chercherait vainement dans toutes les histoires une combinaison plus étrange, une complication plus extraordinaire que celle dont la France fut alors témoin.

Il n'y avait entre la société et la royauté que des causes d'une union intime et d'une étroite sympathie, car la royauté était catholique comme le pays; elle avait la puissance et la volonté de suivre une politique française et nationale; elle était une sûreté pour tous les intérêts; elle n'était une menace pour personne; et cependant, à l'aide du mécanisme du gouvernement anglais et des souvenirs de l'histoire d'Angleterre, on finit par amener une scission entre ce pays et cette royauté qui avaient tant de motifs de marcher unis. On fit périr de la même chute Jacques II, que redoutait la propriété protestante, et Charles X, qu'aucune propriété ne pouvait redouter depuis l'indemnité; Jacques II, roi catholique d'un pays protestant, et Charles X, roi d'un pays catholique comme lui-même; Jacques II qui, par ses rapports avec Louis XIV, empêchait l'Angleterre de marcher en tête de la coalition européenne, et Charles X qui pouvait et voulait placer la France en tête de l'Europe.

Ce fut là le chef-d'œuvre de l'école anglaise, chef-d'œuvre incompréhensible si l'on ne savait point quelle est chez nous la puissance des idées et l'ascendant des opinions. A force d'agiter des fantômes au-dessus de la tête de la France, cette école arriva à produire des réalités. Elle féconda le sophisme, et du sein maigre et stérile du mensonge elle tira une révolution.

Le *Journal des Débats*, nous l'avons dit, avait adopté une partie des principes de l'école anglaise. Il était comme elle inflexible sur la prérogative parlementaire, comme elle il avait évoqué le fantôme du jésuitisme du sein des pamphlets protestans pour épouvanter la France; comme elle encore il propageait toutes les idées de résistance empruntées au souvenir de la révolution de 1688, et il était du nombre des feuilles qui canonisaient chaque matin dans leurs colonnes la mémoire d'Hampden. Mais il y avait entre l'école anglaise et les *Débats*, une différence qui rendait l'opposition de ce dernier bien plus terrible pour la monarchie: c'est qu'au lieu de présenter sans cesse la révolution comme imminente, il s'attachait au contraire à convaincre ses lecteurs qu'elle était impossible; de cette manière les rôles se trouvaient partagés, ainsi qu'on l'a dit plus haut. Le *Constitutionnel*, fondé par un des anciens directeurs du *Journal de l'Empire*, et qui n'était, à vrai dire, qu'une réapparition de ce journal dans l'état où l'avait mis M. Fouché lorsqu'il le livra à l'école philosophique et révolutionnaire, le *Constitutionnel* conduisait et excitait tous ceux qui voulaient faire une révolution, en leur montrant qu'elle était inévitable et nécessaire. Le *Journal des Débats*, derrière lequel marchait cette nombreuse portion des lecteurs du *Journal de l'Empire*, qui, attachés aux idées monarchiques, ne voulaient à aucun prix de révolution, endormait leur vigilance et prévenait le salutaire effet de leurs craintes, en leur parlant chaque jour de l'impossibilité d'une catastrophe révolutionnaire. De sorte que les gens qui voulaient renverser, croyant à l'imminence d'un renversement, déployaient une activité incroyable, et que les hommes qui avaient un instinct et des intérêts de conservation, croyant à l'impossibilité d'une catastrophe, croisaient les bras devant l'œuvre de destruction qui avançait chaque jour.

Le secret de la suite de la restauration est tout entier dans cette double influence. Sans le

Journal des Débats, l'action du *Constitutionnel* n'eût pas été assez puissante pour renverser la monarchie; mais quand on voyait cette opposition qui affichait tous les dehors du dévoûment, quand on entendait des paroles où le culte de la royauté se mêlait à la satire la plus véhémente des actes du ministère, on suivait en aveugle sans pouvoir se résoudre à croire qu'on marchait au renversement du trône. Le *Constitutionnel* ressemblait à ces précipices taillés à pic dans le roc, qui inspirent, à celui qui les côtoie, de salutaires frayeurs; le *Journal des Débats* avait plus d'analogie avec ses pentes douces et glissantes, dont la déclivité, perfidement déguisée, conduit insensiblement dans des abîmes cachés à tous les yeux.

On put voir l'influence de cette politique, lors du jugement qui termina le procès que l'appel du *Journal des Débats* avait porté en cour royale. M. Bertin prononça, en cette occasion, un discours qui mérite d'être rapporté comme un des documens les plus précieux de cette histoire, comme une pièce authentique qui confirmera tout ce que nous venons de dire sur la position politique prise par la feuille incriminée.

On était au mois de décembre 1829, et dans cette époque de vives émotions et d'antipathies comme de sympathies passionnées, les portes du tribunal étaient assiégées, dès le matin, par une foule nombreuse empressée de connaître l'issue de ce duel entre le *Journal des Débats* et le ministère du 8 août. Lorsque M. Dupin eut achevé une harangue semée de ces rudes et âpres saillies qui sont le cachet de son éloquence, enluminée de la pédantesque érudition d'un fabricateur de gloses et de commentaires, et brillante en même temps de la verve remarquable, quoiqu'un peu bourgeoise, d'un de ces esprits parlementaires dont nous retrouvons le type dans tous nos troubles civils; lorsqu'il eut prononcé, au sujet d'un jeune prince aujourd'hui malheureux et proscrit, cette phrase qui contenait un horoscope :
« La mère du duc de Bordeaux a été partout
» accueillie comme elle devait l'être par les Fran-

» çais pour lesquels ce jeune prince est un objet
» d'espérance ; il sera de son siècle, il aura ap-
» pris que les Français qui aiment leurs princes
» aiment aussi la liberté, que c'est un peuple fier
» et libre qu'il est appelé à gouverner; » lors donc
que l'avocat eut terminé son plaidoyer, M. Bertin se leva et prononça le discours suivant :

« Messieurs les Juges,

» Depuis trente-six ans que j'exerce une pro-
» fession honorable mais hérissée de difficultés,
» je puis me rendre le témoignage que, dans les
» journaux dont j'ai été propriétaire et rédacteur,
» jamais je n'ai écrit ou laissé écrire (toutes les
» fois que j'ai été libre) une phrase, laquelle n'eût
» pour but la défense des principes qui pouvaient
» seuls, selon moi, rendre au souverain légitime
» son royaume usurpé, à la France ses libertés
» perdues. Me suis-je trompé dans l'expression
» de ces principes? Je ne le crois pas, ma con-
» science serait là pour démentir l'erreur de mon
» langage.

» Sans remonter à des temps que déjà peu
» d'hommes ont vus, pour ne parler que du *Jour-*
» *nal des Débats* fondé par mon frère et par moi,
» il y a trente ans, ceux qui m'entendent ici sa-
» vent si je dis la vérité. Les ennemis du Roi
» m'ont d'avance et depuis long-temps rendu
» cette justice, témoin les saisies, les fuites exi-
» gées, les exils, la prison, les déportations pro-
» noncées tant de fois contre moi, et par la Ré-
» publique et par l'Empire, comme partisan re-
» connu et déclaré de la maison de Bourbon. A
» Dieu ne plaise que je parle de ces choses pour
» me vanter! je n'ai fait que mon devoir en m'ex-
» posant aux dangers attachés à mon opinion.
» Tant de Français ont souffert (et parmi ces Fran-
» çais que d'illustres victimes!), tant de Français
» ont rendu de plus importans services que les
» miens, qu'il me siérait mal, à moi citoyen ob-
» scur, de me faire un droit de quelques sacri-
» fices; mais forcé de repousser une imputation
» que j'ai peut-être le droit de trouver étrange,
» j'ai voulu seulement rappeler à mes juges que

» je ne suis point un ennemi du trône, et que
» ma vie passée doit entrer en considération dans
» les arrêts que l'on peut porter sur ma vie pré-
» sente.

» La restauration me trouva, ainsi que mes
» associés, dépouillé de ma propriété du *Jour-*
» *nal des Débats.* Les termes mêmes de l'acte de
» spoliation pourraient me tenir lieu de certificat
» de fidélité au Roi. Le 31 mars 1814, je me res-
» saisis, avec mon frère, de notre propriété, au
» nom même de ce Roi qui avait été le motif
» avoué de notre spoliation.

» Vous savez, Messieurs, comment la cause
» de la légitimité fut défendue dans le *Journal*
» *des Débats*, jusqu'au 20 mars 1815, et parti-
» culièrement dans l'article du 20 mars. Obligé,
» par suite de cet article qui fut arrêté à la poste,
» mais distribué dans Paris ; obligé de fuir en-
» core une fois, je me retirai à Bruxelles, d'où
» je fus bientôt appelé à Gand pour rédiger le
» journal officiel du Roi : c'est le plus grand hon-
» neur et la plus grande récompense que j'aie pu

» recevoir. Là, sous les yeux mêmes du Roi, je
» continuai à combattre pour ces principes que
» la charte royale avait proclamés et que la dy-
» nastie légitime pouvait seule nous garantir.
» Louis XVIII appréciait ces articles, qu'un zèle
» trop ardent calomnierait peut-être aujourd'hui.
» La liberté s'était arrêtée avec la légitimité à
» quelques pas de la France, elle en rouvrit les
» portes à l'immortel auteur de la charte.

» De retour dans ma patrie, je repris la di-
» rection du journal que j'avais fondé; je n'ai
» cessé de défendre les vrais intérêts de la
» royauté, qui ne me paraissaient pas avoir dé-
» sormais d'appuis plus solides que ceux des in-
» stitutions octroyées par le monarque législa-
» teur.

» Alarmé pour ces intérêts, à la formation du
» ministère actuel; peu accoutumé à cacher mon
» opinion, surtout quand il y va de la monar-
» chie, je chargeai un de mes collaborateurs
» d'exprimer sa douleur et la mienne. Après
» avoir fait à son article les corrections, les chan-

» gemens qui me parurent nécessaires, je le pu-
» bliai. Je demeure convaincu que mes équitables
» juges, qui ont entendu mon savant et éloquent
» défenseur, n'y trouvent pas le délit dont l'affli-
» geante supposition m'amène au pied de leur
» tribunal. Le sentiment même de cet article, s'il
» est vivement exprimé, est la preuve de ma
» loyauté et de mon innocence.

» Je ne sais si ceux qui se croient sans doute
» plus dévoués que moi au petit-fils de Henri IV,
» rendent un grand service à la couronne en
» amenant, devant une cour de justice, des che-
» veux blanchis au service de cette couronne; je
» ne sais s'il est bien utile que des royalistes
» qui ont subi les peines de la prison pour la
» royauté, les subissent encore au nom de cette
» royauté. Mais enfin, Messieurs, si, par impos-
» sible, mon défenseur n'était pas parvenu à vous
» faire partager son opinion et la mienne, j'ose
» me flatter que, d'après le peu de mots que je
» viens d'avoir l'honneur de vous adresser, au-
» cun de vous, aucun de ceux qui m'entendent

» ne pourra croire qu'arrivé au terme prochain
» d'une pénible carrière, j'aie voulu sciemment
» offenser, outrager, insulter celui qui fut tou-
» jours l'objet de mes respects, de mon amour,
» j'allais presque dire de mon culte. »

Cette harangue, qui serait vraiment touchante si l'on pouvait oublier les enseignemens donnés par la révolution de juillet, produisit l'effet qu'elle devait produire. Elle fit absoudre le *Journal des Débats* par le tribunal ; aujourd'hui elle le fait condamner par l'histoire. Ne pensez-vous pas qu'il y a au monde des consciences sur lesquelles doivent peser lourdement ces mots de *respect*, de *culte* et d'*amour*? Cette vie passée, prise à témoin, et les routes où elle avait marché, abandonnées pour de nouveaux chemins ; cette carrière, dont les grandes lignes devaient, disait-on, se maintenir droites et fermes jusqu'au tombeau, faussée et rompue avant le terme ; ce serment de n'avoir jamais, depuis trente-six ans, écrit une ligne qui n'eût pour but de rendre au roi légitime son trône usurpé, aboutissant à cette politique que vous avez pu suivre depuis sept années; ces cheveux alors attestés, parce qu'ils avaient perdu les vives couleurs de la jeunesse au service de la légitimité, achevant de blanchir au service d'une révolution, il y a dans ces rapprochemens quelque chose de pénible et de triste qui oppresse l'ame et serre le cœur.

CHAPITRE XX.

Sommaire : Mathieu Laensberg et le *Journal des Débats*. — Singulières prophéties de l'almanach pour 1830. — Dédaigneuses ironies du journal. — Il démontre de nouveau qu'un 1688 est impossible en France. — Déplorable situation du ministère du 8 août en face de cette terrible opposition. — Il n'a un peu de vie que dans les questions extérieures. — La question de la Grèce discutée en conseil. — Le prince Léopold refuse la couronne de ce pays. — Mot de M. le duc d'Orléans sur ce prince, auquel il ne consent point à donner sa fille. — Le prince Léopold est qualifié d'une manière sévère dans le conseil. — Révocation de la loi salique en Espagne. — Indignation de M. le duc d'Orléans et colère du *Journal des Débats*. — Question d'Alger. — Historique de cette question. — Pourquoi le ministère voulait prendre Alger. — Pourquoi le *Journal des Débats* et toute l'opposition voulaient empêcher cette conquête. — Une parole de M. Dupin. — Obstacles de tout genre que rencontre l'expédition d'Alger. — Le *Journal des Débats* conspire pour le Dey. — Réponses peu favorables de la marine. — Objections réfutées par deux jeunes officiers. — L'expédition résolue et proposée au Roi qui adopte l'avis du conseil. — Nouveaux obstacles. — Conduite de M. Duperré, on le menace de lui retirer le commandement. — Disposition du dehors. — L'Angleterre seule élève des difficultés. — Réponses faites à ses notes. — Jamais le gouvernement royal n'a pris d'engagement à l'égard d'Alger. — L'opposition des journaux continue. — M. Duperré devient le favori du *Journal des Débats*. — Paroles franches adressées au Roi dans le conseil. — Une conversation de M. Sébastiani lui est rapportée. — Le Roi, renfermé dans un problème insoluble, signe les ordonnances. — Ses paroles avant de les signer.

Le 1ᵉʳ janvier 1830, il arriva ce qui était arrivé

en 1813. Les esprits étaient frappés de sinistres pressentimens, un instinct secret avertissait les masses qu'on allait à une catastrophe, et cette croyance de la multitude se refléta dans cette publication annuelle dont on aurait tort de dédaigner le nom populaire, car c'est quelque chose pour un livre, de composer à lui seul la bibliothèque de la plus grande partie des chaumières de France ; nous voulons parler de l'almanach de Mathieu Laensberg. Il ne faut point que cet humble titre fasse illusion sur l'importance qu'on peut attacher à ce genre de publication. Le gouvernement impérial, qui ne passait point pour avoir l'esprit faible, surveillait avec sollicitude la composition de ces petits livres destinés à être répandus dans tout le royaume, et l'on n'a point oublié cette vive altercation du directeur de la librairie impériale, avec un malheureux faiseur d'almanachs qui, pour jeter un peu de variété dans son ouvrage, avait fait voyager la peste annuelle qu'on lui accordait, et, au lieu de la mettre en orient, en avait gratifié par inadvertance, le royaume d'Italie où devait se rendre l'Empereur. Peu s'en fallut que l'imprudent astrologue ne fût privé de sa peste pour cette année, et ce ne fut qu'en promettant d'être plus circonspect qu'il obtint la permission de rentrer en jouissance de son fléau, dont il s'engagea à faire un meilleur usage à l'avenir.

Le *Journal des Débats*, qui est esprit fort, jeta à pleines mains l'ironie sur les prédictions de Mathieu Laensberg pour 1830. Or voici quelles étaient ces prédictions : « On se battra et l'on se » tuera cette année. Nous aurons la peste, la » guerre et d'énormes impôts. Août nous donnera » la famine et verra mourir une grande comé- » dienne. En septembre il y aura des banque- » routes. »

Sauf cette phrase, *août nous donnera la famine*, qui pourrait passer pour une allusion irrévérencieuse à la fondation du gouvernement actuel, délit prévu par les lois, dans le reste de sa prédiction Mathieu Laensberg, si dédaigneusement persiflé par le *Journal des Débats*, avait cependant raison.

Rien n'a manqué : la guerre dans Paris, la peste un peu plus tard, des banqueroutes effroyables, d'énormes impôts que nous payons encore; quant à la grande comédienne qui devait mourir en août 1830, vous verrez que ce sera l'opposition de quinze ans. Certes, quoique ses menaces se soient réalisées, l'almanach n'était pas prophète ; cela prouve seulement qu'il y a des temps où l'on prédit à coup sûr en prédisant des malheurs.

Mais ces sinistres présages ne pouvaient convenir à la politique du journal qui avait pour système d'endormir toutes les craintes, d'apaiser toutes les alarmes et d'éteindre tous les flambeaux qui jetaient encore quelque clarté sur la situation. Nous avons dit en quoi il se rapprochait de l'école anglaise, et en quoi il s'éloignait de cette école. Au commencement de cette année 1830, il entreprenait encore de prouver qu'une révolution de 1688 était impossible en France, assertion dont ses lecteurs tiraient cette conséquence naturelle, qu'on pouvait sans danger pousser à l'extrême l'opposition contre la royauté, puisqu'en allant aussi loin qu'on voudrait on n'arriverait jamais à une révolution. Ce curieux parallèle entre la France de 1830 et l'Angleterre de 1688 doit trouver sa place dans cette histoire. Il a cela de remarquable que tous les axiomes qu'il pose sont justes, que toutes les vues qu'il exprime sont exactes. Les *Débats* montrent admirablement qu'une révolution de 1688 en France serait inutile, dangereuse, fatale, mauvaise; ils ne se trompent que lorsqu'ils concluent de là qu'elle est impossible. Presque toujours ce n'est pas le mal, c'est le bien qui est impossible en révolution.

Voici ce parallèle que l'on trouve dans le numéro du 21 février 1830 :

« Un changement de dynastie semblable à celui
» de 1688, est aujourd'hui impossible en France.
» En 1688, l'Angleterre trouvait dans l'usurpa-
» tion la gloire et le génie : Guillaume de Nassau
» était là. En 1830, nous avons beau regarder par
» toute l'Europe, nous ne voyons pas Guillaume
» de Nassau. En 1688, l'Europe était disposée de

» telle sorte qu'elle appelait de tous ses vœux
» Guillaume au trône d'Angleterre, et que l'usur-
» pation arriva à Londres avec l'alliance de tous
» les rois. En 1830, l'Europe est disposée de telle
» sorte qu'un usurpateur entrerait aux Tuileries
» comme Bonaparte au 20 mars, avec l'inimitié
» de toute l'Europe. Nous ne pouvons finir sans
» exprimer toute notre douleur de nous voir
» réduits aujourd'hui à traiter avec toute la froi-
» deur de la logique, une question que nos vieilles
» affections et le sentiment d'un droit sacré ont
» depuis long-temps décidée pour nous sans re-
» tour. »

C'était à l'ombre de ces protestations que le *Journal des Débats* faisait à la royauté cette terrible opposition de 1830, qui aboutit à la chute du trône. Le ministère du 8 août, il faut le dire, était dans une position déplorable. La chambre, en rompant avec lui, ne lui avait laissé aucune vie parlementaire, et la partie de ses membres qui, en s'appuyant sur l'assemblée, auraient pu modifier la politique du cabinet et la rendre plus conforme aux exigences de la situation, ne trouvant ni secours ni appui, étaient réduits à l'impuissance. Les principes du gouvernement représentatif n'existaient plus dans le cabinet, parce qu'ils n'existaient plus dans l'État, tant cette violence des partis avait forcé tous les ressorts. Ce n'était qu'à l'extérieur que le ministère pouvait trouver de la force et de la dignité dans sa politique. Cette politique eut, comme on le sait, plusieurs questions graves à envisager, parmi lesquelles il faut compter la constitution de la Grèce comme état indépendant, l'abolition de la loi salique par Ferdinand VII, et enfin et surtout l'expédition d'Alger.

Nous ne parlerons du premier de ces faits que pour rapporter une anecdote peu connue. La branche aînée s'occupait toujours avec sollicitude de la branche cadette, et le Roi avait songé à marier une des filles de M. le duc d'Orléans au prince Léopold de Cobourg qui devait être appelé à régner sur la Grèce. Il paraît que ce prince ne jouissait pas à cette époque d'une extrême faveur auprès de la maison d'Orléans, car lorsqu'on fit les premières ouvertures au chef de la branche cadette, il répondit : « Que sa fille ne se sentait » pas d'inclination pour aller régner sur la Béotie. » Or on put croire, au ton singulièrement ironique dont ces paroles furent prononcées, que Son Altesse comprenait le futur roi dans son futur royaume, et qu'elle n'avait pas une très haute idée du fiancé béotien. On sait comment, depuis, faisant descendre ses prétentions à mesure que montait sa puissance, le roi des Français accepta pour gendre celui que le duc d'Orléans avait refusé. Au reste, il faut rendre au duc d'Orléans la justice de reconnaître qu'après avoir lu la lettre par laquelle le prince Léopold refusait la couronne de Grèce qu'il avait sollicitée avec tant d'instance, le conseil du Roi fut unanime pour approuver le jugement sévère porté sur ce prince par le chef de la branche cadette. Cette lettre était si étrange dans le fonds et dans la forme, qu'une bouche auguste laissa échapper une épithète plus que désobligeante sur les facultés intellectuelles du prince Léopold. « C'est un sot, dit-elle, qui ne mérite point de » réponse. » Le conseil parut unanime sur l'une et l'autre proposition.

Si le *Journal des Débats* n'eut guère l'occasion de prendre parti dans cette première question, il se dessina d'une manière nette et précise dans la seconde, nous voulons parler du décret par lequel Ferdinand VII abolit la loi salique en Espagne. La nouvelle de cette détermination surprit le Roi autant que son cabinet. Charles X dit à ses ministres qu'il avait demandé au roi de Naples si son gendre l'avait consulté sur cette mesure, et que le roi de Naples lui avait répondu : « Je n'ai appris l'existence du décret qu'en l'en- » tendant crier dans la rue. » On trouvait la décision de Ferdinand impolitique, imprudente, injuste ; mais comment y mettre obstacle ? Il fut enfin convenu que le roi de France, comme chef de la maison de Bourbon, tenterait auprès du roi d'Espagne une démarche personnelle et officieuse. Il y avait un grand personnage et un

journal qui réclamaient des mesures plus fermes et plus décisives dans l'intérêt des droits de don Carlos, qu'ils regardaient comme sacrés et imprescriptibles. Le journal, c'était le *Journal des Débats*; le grand personnage, Monseigneur le duc d'Orléans. Le duc aurait voulu une protestation solennelle contre cette violation de la loi salique, violation qui lui paraissait inexcusable et directement contraire au droit politique de l'Europe. Le *Journal des Débats* s'écriait, en censurant avec amertume la conduite du ministère du 8 août dans cette circonstance : « Le minis-
» tère n'a-t-il pas vu que le roi d'Espagne qui,
» comme Bourbon, a renoncé à ses droits au
» trône de France, se ruinait lui-même, se dé-
» pouillait de tout secours et de toute force en
» reconnaissant pour héritière de son trône la
» fille d'une étrangère, au lieu de reconnaître un
» héritier de son nom, un Bourbon comme lui,
» et qu'il faisait dans cette circonstance un acte
» illégal. »

Nous l'avons dit, la grande affaire du ministère

du 8 août au dehors, celle qui l'occupa le plus sérieusement et qui excita les commentaires les plus vifs et les plus nombreux de la presse, et en particulier du *Journal des Débats*, ce fut l'expédition d'Alger. On n'a point jusqu'ici fait connaître d'une manière exacte et précise, et en s'appuyant sur des documens authentiques, ce qu'on pourrait appeler la partie préliminaire de cette expédition, son préambule, c'est-à-dire les dispositions des différents cabinets qui durent être pressentis, et celles de tous les intérêts politiques qui se dessinèrent pour ou contre cette entreprise. Les détails qu'on va lire, en expliquant le passé, jetteront aussi une vive lumière sur le présent. La conquête d'Alger a été tentée sous l'empire de préjugés, dont le parti qui est aujourd'hui au pouvoir conserve encore maintenant comme un reflet involontaire. Alger est vis-à-vis l'ordre de choses actuel, dans la position de ces enfans tard venus, dont la naissance a été regardée comme un embarras par leur famille, qui ne leur accorde qu'une froide et dure hospitalité. Cette pauvre gloire, comme honteuse d'elle-même, ayant perdu le drapeau sous lequel elle vint au monde, se fait humble et petite pour tenir le moins de place possible sous le drapeau tricolore, à l'ombre duquel elle est comme une étrangère.

La question d'Alger entre le ministère et l'opposition, peut se poser dans des termes bien simples. Le ministère voulait faire cette conquête, parce que, semblable à un homme qui se noie, il se rattachait à tout comme à une espérance, et que voyant la gloire qui lui tendait la main sur la côte africaine, il espérait que cette main le tirerait des eaux furieuses du torrent dont le courant l'emportait. Ce qui faisait désirer au ministère l'accomplissement de cette entreprise, était précisément ce qui décidait l'opposition à l'empêcher. Elle voyait bien que le cabinet allait à la dérive, que l'haleine commençait à lui manquer, que le courant devenait le plus fort, et que, dans quelques momens, le ministère serait englouti. Or comme elle voulait qu'il se noyât, elle parcourait dans tous les sens le rivage pour empêcher que ni personne ni chose n'eût l'audacieuse pensée de lui porter secours. L'esprit de parti n'a dans des circonstances pareilles ni cœur ni entrailles; il sacrifie toutes les autres considérations à ses homicides calculs. Que si vous aviez demandé à l'opposition, en lui remontrant la situation difficile du cabinet, ses embarras, ce problème insoluble suspendu sur sa tête comme une épée; que si vous aviez demandé à l'opposition : « que vouliez-vous qu'il fît? » elle vous aurait répondu dans d'autres sentimens, mais avec le même stoïcisme que le vieil Horace : « Qu'il mourût. »

Tout était dans ce mot. Le malheureux ministère qui songeait à proposer des lois utiles, des réformes dans les finances, l'extension de l'enseignement primaire, enfin la gloire d'Alger, n'était pas dans la question : ce qu'on voulait, c'était sa mort; s'il ne le comprenait pas c'est qu'il ne voulait pas le comprendre. M. Dupin, qui excelle à renfermer l'expression d'une situation dans un mot trivial ou dans le lieu commun bannal d'une de ces inévitables citations qui font quelquefois regretter que la mémoire ne contienne pas la puissance d'oublier à volonté aussi bien que celle d'apprendre; M. Dupin, avec son génie du greffe, avait signifié au ministère sa sentence en lui disant du haut de la tribune : « Il faut refuser tout » ce que proposent les ministres, quand ce serait » des mesures favorables au pays :

» *Timeo danaos et dona ferentes.* »

Jusques là tout se conçoit. Le ministère jouait son jeu, l'opposition jouait le sien; mais s'il est possible de comprendre ce qui suivit, nous croyons qu'il est difficile de l'excuser. Quand la presse de l'opposition, où le *Journal des Débats* tenait alors une des premières places, vit qu'elle ne pouvait empêcher l'expédition, on eût dit qu'elle avait formé le dessein de la faire échouer. Le dey d'Alger se trouva tout-à-coup avoir des alliés sur lesquels il n'avait pas compté, ce furent les journaux de Paris et les députés de la chambre. M. de Laborde attendrit en sa faveur son éloquence du haut de la tribune; il prit sous sa protection cette honnêteté pirate méchamment attaquée, suivant son opinion, par la civilisation et la chrétienté, et il invoqua le droit des gens en faveur d'une de ces puissances barbaresques qui reconnaissent pour droit public le pillage, le rapt et le vol; en outre, il qualifia l'entreprise d'impraticable et d'absurde, et calcula qu'il faudrait vingt-sept jours pour opérer le débarquement, qui n'en coûta pas quatre. Dans le même temps les journaux cherchaient à décourager l'armée, en exagérant les périls de l'expédition et en lui suggérant de fâcheuses préventions contre celui qui devait être son général. Ce n'était point tout encore. La presse périodique, dominée par cette pensée fixe de haine dont elle était travaillée contre le ministère, ne cherchait point de quelle manière la France pouvait exécuter son entreprise, mais de quelle manière le dey pouvait la faire échouer. De sorte qu'elle indiquait à ce barbare les précautions à prendre, les préparatifs de défense à faire exécuter, et il faut ajouter que cette touchante sollicitude pour les intérêts algériens ne fut pas entièrement perdue. Le dey, suivant en effet une partie des plans développés dans les feuilles de l'opposition, avait fait exécuter de nombreux travaux dans la presqu'île d'Afrique, et le maréchal de Bourmont, en y débarquant, faillit être tué par un boulet qui vint frapper à ses pieds et le couvrit de sable.

Le ministère, qui aurait dû savoir que les partis n'ont point de patrie, s'étonnait et s'affligeait de la conduite des journaux ; les choses allèrent si loin, qu'on examina en conseil si la législation n'avait aucun moyen de répression contre une tactique qui apparaissait aux yeux des ministres avec les caractères du crime de haute trahison. Le résultat de cet examen fut négatif. Le ministère dut donc croiser les bras devant des attaques contre lesquelles il ne pouvait se défendre, et un des membres du cabinet fit seulement l'observation qu'il deviendrait impossible de tolérer une pareille licence s'il s'agissait d'une guerre continentale.

On peut dire qu'il y avait comme une fatalité contre cette expédition d'Alger, qui devait réussir et malgré les vaincus et malgré les vainqueurs. Quand, au mois de février 1830, le conseil des ministres se décida à consulter une espèce de commission formée des officiers-généraux de la marine, de l'artillerie et du génie, la réponse de ces officiers fut loin d'être favorable. Ils répondirent, que le débarquement d'une armée aussi nombreuse et d'un matériel aussi considérable que le réclamait une expédition de cette importance, était impraticable, à cause du mauvais temps et des incertitudes de la mer, qui est fort mauvaise dans ces parages. Lorsque plus tard M. Duperré arriva, il confirma cette réponse en remettant à Monseigneur le Dauphin un mémoire dans lequel il établissait, par des calculs faits heure par heure, que le débarquement exigerait vingt-sept jours. On ajouta que l'intérieur des terres offrirait des obstacles encore plus insurmontables, des sables brûlans, un pays sans routes tracées, point de moyens de subsistances, des nuées de Bédouins, infatigable cavalerie du désert, assiégeant une armée déjà décimée par la faim et la soif, ces deux fidèles alliées des barbares de l'Afrique.

Il arrivait ici ce qui arrive presque toujours : on combattait l'expédition d'Alger avec des idées surannées. Ce ban et cet arrière-ban d'officiers déjà dans la vieillesse, donnaient, au lieu d'une pensée neuve qu'on leur demandait, les redites de la tradition et les lieux communs de la routine ; en outre, cette commission militaire délibérait elle-même dans cette atmosphère d'opposition que le *Journal des Débats* et le reste de la presse périodique épaississaient chaque jour.

Heureusement il se trouva là deux jeunes officiers à l'abri, par leur âge, de cette superstition des préjugés depuis long-temps admis et des opinions anciennes passées en articles de foi. M. Dupetit-Thouars, nom douloureusement illustre dans la marine française, et M. Guarfaradel, jeune capitaine de frégate, combattirent vivement les objections qu'on avait mises en avant. Ces objections, disaient-ils, n'étaient fondées que sur de vieilles traditions. La côte d'Afrique est peu connue, on n'y a guère navigué, et les dangers ont été exagérés par les navigateurs du commerce. A la vérité la mer est inconstante dans ces parages et les mouillages près de terre ne sont pas très sûrs; mais, avec un peu de prévoyance et d'habileté, on parviendrait à opérer un débarquement aux environs de la presqu'île de Sidi-Ferruch, en moins de temps qu'on ne pensait. En deux ou trois jours on débarquerait assez de monde pour se maintenir contre les hordes du dey. D'ailleurs, que parlait-on du manque de ports? Il y avait, comme le disait André Doria à Charles-Quint, deux ports excellens en Afrique : c'étaient août et septembre.

Ce que ces deux jeunes officiers de marine firent pour établir la possibilité d'un débarquement, M. le général Valazé et de jeunes employés du consulat dans les états barbaresques, le firent avec le même avantage, pour démontrer que l'intérieur des terres n'offrait pas des obstacles plus invincibles ; que l'eau ne manquerait point comme on l'avait dit, que la marche de l'armée ne serait point arrêtée par le défaut de routes tracées, et que le transport d'un matériel de siége était praticable.

Après une discussion fort animée, qui dura plus de quatre heures, et pendant laquelle la vieille marine soutint son opinion avec une persistance qu'elle qualifiait de fermeté, et à laquelle l'événement donna un autre nom, la séance fut levée. Alors le conseil arrêta à l'unanimité la résolution suivante et la présenta au Roi :

1° Le débarquement dans la presqu'île de Sidi-Ferruch est praticable ;

2° Le trajet entre Sidi-Ferruch et Alger, avec un équipage de siége, n'offre pas des obstacles invincibles ;

3° Les fortifications d'Alger du côté de la terre ne tiendront pas plus de trois semaines contre une attaque bien dirigée et le feu d'une artillerie aussi nombreuse que celle dont pourra disposer le chef de l'expédition ;

4° Les préparatifs de l'expédition peuvent être achevés dans l'espace de six mois. Le jour où la flotte mettra à la voile, il ne faut pas plus de deux mois pour opérer la réduction de la ville d'Alger : tout peut donc être terminé dans le mois d'août ou de septembre, en se conformant au conseil donné par André Doria à Charles-Quint.

Le Roi admit les conclusions de son conseil, qui furent de nouveau discutées devant lui, et c'est ainsi que l'expédition d'Alger fut résolue au commencement du mois de janvier de l'année 1830.

Mais cette décision, une fois prise, ne fit pas cesser l'opposition violente et opiniâtre de ceux dont l'idée fixe était d'empêcher l'expédition. Les opinions politiques étaient dans un tel état d'effervescence, que la voix même du devoir était méconnue. C'est sans doute à ce motif qu'il faut attribuer l'étrange conduite de M. l'amiral Duperré, qui, désigné pour commander en chef la flotte, ne négligeait aucune occasion de répandre l'inquiétude, alarmait ceux qu'il aurait dû rassurer, et appuyait de l'autorité de son expérience militaire les vaines objections accréditées par l'esprit de parti. M. d'Haussez se plaignit vivement en plein conseil de la conduite de M. Duperré. Il représenta que cet officier, mandé à Paris par dépêche télégraphique, dès le 10 ou 11 février, avait différé plusieurs jours d'obéir et n'était arrivé que le 22; que depuis ce moment il n'avait cessé de déclamer dans les bureaux de la marine et dans les réunions particulières, contre l'expédition qu'il qualifiait partout d'absurde et d'impraticable. Monseigneur le Dauphin qui assistait au conseil, répondit que le rapport de M. d'Haussez sur l'amiral Duperré n'avait rien qui pût l'étonner; qu'à son arrivée à Paris cet officier avait commencé par lui dire que « l'expédition n'avait pas » le sens commun; que ce serait une échauffourée » sans autre résultat que la perte de quelques » vaisseaux et d'un grand nombre d'hommes. »

Grâce à cette conduite, M. Duperré devint

le héros de l'opposition, et en particulier du *Journal des Débats*, qui accabla, après le succès de l'expédition, le ministère des plus vifs reproches, parce qu'en accordant le bâton de maréchal à M. de Bourmont, il s'était contenté de nommer M. Duperré pair de France. Telle est la justice des partis politiques. M. Duperré avait tout fait pour empêcher l'expédition; il avait montré ou un mauvais vouloir presque factieux, ou un défaut de jugement inexcusable ; il s'était conduit d'une manière si étrange que, pour mettre un terme à ses philippiques, on avait été obligé de le menacer de lui retirer le commandement; le projet qu'il avait déclaré absurde s'effectuait, la conquête qu'il avait jugée impraticable était accomplie, et le *Journal des Débats*, lui en rapportant tout l'honneur, attaquait, comme une odieuse partialité, une inégalité de récompense qui était sans justice.

Pour compléter les détails que nous avons promis de donner sur l'expédition d'Afrique, il nous reste à indiquer les dispositions que manifestèrent, à l'égard du cabinet des Tuileries, les divers cabinets européens dans cette grave circonstance. Le 21 mars 1830, en effet, le ministre des affaires étrangères rendit compte au Roi qui présidait son conseil, de la correspondance qu'il avait engagée à ce sujet avec les différentes cours.

Les puissances continentales du Nord approuvaient la conduite de la France; elles félicitaient le Roi du service qu'il allait rendre à l'humanité, et elles annonçaient qu'elles étaient prêtes à seconder toutes les mesures que le cabinet des Tuileries jugerait nécessaire de prendre.

Le roi de Sardaigne laissait voir le vif désir qu'il avait d'être affranchi du tribut qu'il payait aux pirates et des avanies continuelles éprouvées par son commerce, grâce à ce repaire de forbans; mais en même temps il envisageait avec inquiétude l'accroissement probable de la puissance française. Il était facile d'apercevoir qu'il aurait voulu concourir à l'entreprise pour avoir sa part du succès.

Toutes les petites puissances d'Italie exprimaient les meilleures dispositions. En renversant ce nid de pirates la France ouvrait les mers devant elles.

L'Espagne était embarrassée ; il était facile de juger, par ses réponses, qu'elle craignait notre voisinage en Afrique presque autant que celui des Barbaresques, et peut-être fallait-il attribuer la moitié de ses craintes à l'influence anglaise, déjà grande à l'Escurial. D'un autre côté, le cabinet de Madrid n'osait point refuser un abri dans ses ports à une flotte qui allait accomplir une entreprise utile à toute la chrétienté. Comme la Sardaigne, l'Espagne aurait voulu y prendre part, mais les dépenses nécessaires dépassaient ses forces. Elle accordait donc ce qu'on lui demandait, un lieu de dépôt pour nos malades et un port de ralliement au besoin.

Quant à l'Angleterre, sa jalousie naturelle ne lui permettait pas de voir sans inquiétude notre marine s'engager dans une expédition dont le succès devait être profitable et glorieux. Elle suscitait donc des obstacles, et prétendait avoir le droit d'exiger des explications sur le but de l'entreprise et sur les résultats qu'espérait en tirer le cabinet des Tuileries.

Ces détails sont précieux, parce qu'ils constatent, d'une manière officielle, quelle était la situation diplomatique de la France au moment de la révolution de 1830, et quelle était la nature de ses relations avec les états dont elle était entourée. Dispositions franchement amicales et décidément favorables des grandes puissances continentales. Prétentions peu fondées en raison et peu sérieuses de la Sardaigne, d'ailleurs sans objection contre l'expédition d'Alger ; regrets stériles de l'Espagne, de ne point être en position de suivre nos traces; reconnaissance empressée de tous les petits états d'Italie. Au milieu de tant de sympathies acquises à la France, un seul mauvais vouloir, celui de l'Angleterre. Ainsi, des alliances sur le continent, une chance d'hostilité de l'autre côté du détroit : telle était la situation de la France lors de l'expédition d'Alger, telle est, dans tous les temps, sa situation normale et régulière. Cela peut donner une idée de la perturbation que le *Journal des Débats* et ses amis ont jetée dans les conditions organiques de l'existence de notre pays, pour lequel, après la révolution de 1830, le cabinet du Palais-Royal est allé chercher une alliance chez la seule puissance de l'Europe qui ait laissé percer contre nous, à l'occasion de la prise d'Alger, un sentiment constant, opiniâtre, de haine et d'antipathie; tandis que le même cabinet voyait se changer les sympathies universelles de l'Europe continentale en un mauvais vouloir qui avait un caractère aussi étendu de généralité.

Il importe de suivre cette mauvaise pensée de l'Angleterre, pour ainsi parler, jour par jour, pendant toute la durée de l'expédition et après son succès, et d'exposer d'une manière précise les notes qui furent échangées à ce sujet entre le cabinet des Tuileries et le cabinet de Saint-James. Plusieurs orateurs, et même quelques ministres, dans le parlement d'Angleterre, ont essayé de faire croire qu'il y avait des engagemens pris par la restauration au sujet de la colonie d'Alger. Il ne faut point permettre que cette erreur s'accrédite, et en rétablissant la question sous son véritable point de vue, on préviendra les conséquences dangereuses qu'un ministère faible ou coupable pourrait tirer d'une pareille opinion.

Lorsqu'il avait été rendu compte au Roi, en son conseil, du résultat des correspondances diplomatiques, au mois de mars 1830, il avait trouvé les prétentions de l'Espagne et de la Sardaigne inadmissibles, et il avait ajouté : « Quant aux Anglais, nous ne nous mêlons pas » de leurs affaires, qu'ils ne se mêlent pas des » nôtres. » Les premières réponses faites à l'ambassade d'Angleterre, qui dès le commencement de février avait communiqué ses représentations, furent rédigées dans ce sens; on y disait d'une manière générale, que « le gou» vernement ne pouvait pas prendre d'engage» mens contraires à la dignité de la France. »

Le cabinet de Saint-James revint plusieurs fois à la charge avec une insistance toujours plus vive, et enfin il présenta au mois d'avril une note pressante, dans laquelle il réclamait des explications catégoriques. Cette note fut soumise au Roi, en son conseil, le 25 du même mois. Tous les membres du ministère se récrièrent sur les étranges exigences du cabinet anglais. Le Roi, persistant dans ses premières résolutions, ordonna à son ministre des affaires étrangères de répondre une fois encore, « qu'il ne prendrait
» aucun engagement contraire à la dignité et à
» l'intérêt de la France; que son unique objet,
» en ce moment, était de punir l'insolent pirate
» qui l'avait osé provoquer ; mais que si la Pro-
» vidence lui accordait de tels succès que les
» états de son ennemi vinssent à tomber en son
» pouvoir, alors il aviserait aux déterminations
» qu'exigeraient l'honneur de sa couronne et les
» intérêts de son royaume; que, du reste, ce
» qu'il pouvait accorder à ses alliés dès à pré-
» sent, c'était l'assurance de prendre leur avis

» et de ne rien décider avant d'avoir entendu » leurs observations et pesé les convenances » européennes. » Il fut décidé qu'une note diplomatique, rédigée dans ce sens, serait transmise, non seulement au gouvernement anglais, mais encore à toutes les autres puissances intéressées, y compris les villes anséatiques.

Tout est à remarquer dans ce document, qui établit, d'une manière exacte et précise, la ligne suivie par la restauration dans toute l'affaire d'Alger. Pour la première fois, depuis le jour où l'entreprise a été résolue, l'éventualité de la conquête du territoire de la régence d'Alger est envisagée, et, dès l'origine, la royauté pose ses intentions avec une netteté que la courtoisie ordinaire des formes diplomatiques ne saurait rendre équivoque. La France écoutera les observations, pèsera les convenances européennes, voilà la forme; mais elle décidera seule, et elle ne peut prendre aucun engagement contraire à sa dignité et à ses intérêts, voilà le fonds. Vous le voyez, le droit de représentation est laissé aux puissances étrangères, mais le droit de décision est réservé à la France, qui disposera souverainement de sa conquête. Ajoutons que pour éviter que l'Angleterre voie dans cette réponse une concession à ses exigences, le cabinet français fait de cette note une espèce de circulaire diplomatique qu'il expédie à tous les gouvernemens intéressés; de sorte qu'il n'y a là aucun engagement spécial et particulier contracté avec l'Angleterre, mais la reconnaissance publique et formellement énoncée d'un droit de tout temps tacitement reconnu, nous voulons parler du droit naturel qu'ont les cabinets de présenter des observations toutes les fois qu'un gouvernement voisin augmente sa puissance et agrandit son territoire.

Telle fut la position que prit la restauration, dès le premier jour, dans l'affaire d'Alger. Aussi quand cette belle conquête, conçue, préparée et exécutée en cent cinquante-six jours, vint jeter un dernier rayon de gloire sur le drapeau blanc, le conseil ayant à examiner la question de savoir si le Roi avait pris des engagemens, déclara à l'unanimité qu'aucun engagement n'avait été pris, et que tout en disant qu'il ne faisait point la guerre par ambition, le Roi ne s'était, en aucune façon, engagé à renoncer à une conquête incidente, puisque tout au contraire il avait réservé les droits de la France, en déclarant qu'il suivrait la politique indiquée par la dignité et les intérêts du pays.

Nous avons cru utile de donner de la publicité à ces renseignemens, puisés à des sources authentiques, afin de montrer sur quel terrain la France doit se poser pour résister aux exigences de l'Angleterre relativement à la colonie d'Alger. Si des engagemens ont été signés, comme l'ont prétendu plusieurs hommes d'état de l'Angleterre, c'est postérieurement à la chute de la restauration. Le gouvernement royal entreprit l'expédition d'Alger, malgré les obstacles du dehors et les empêchemens de l'intérieur; pendant la durée de l'expédition il refusa de prendre aucun engagement; après le succès, il se crut autorisé à disposer de sa conquête. En sortant du *Te Deum*, il fut résolu par le conseil que l'on éleverait un monument sur la plage où mourut saint Louis, noble et haute consécration du sol africain par la royauté de France! enfin le Roi déclara qu'il voulait qu'une somme fût prélevée sur les trésors de la Casaubah pour donner à toutes les troupes une gratification équivalente à trois mois de solde, legs inscrit au testament de la royauté en faveur d'une armée victorieuse, et cassé par l'ingratitude d'une révolution. Tels furent les derniers actes du gouvernement royal, relativement à l'expédition d'Afrique, et l'on peut dire que si le système appliqué à cette époque, et qui se composait de promptitude et de vigueur, de fermeté et de conciliation, système si sévèrement critiqué par le *Journal des Débats*, avait été suivi, bien des questions aujourd'hui encore pendantes, seraient depuis long-temps résolues: Abdel-Kader, maintenant souverain indépendant et chef indiqué d'une coalition arabe contre la domination française, ne serait qu'un Bédouin du désert; le traité de la Tafna n'aurait point été signé, les deux expéditions de Constantine eussent été prévenues, et les pertes douloureuses qui ont coûté tant de larmes à la France, évitées; nous aurions pu, dès l'origine, déposer l'épée du conquérant pour prendre le rôle plus pacifique, plus sûr et plus élevé, d'un peuple civilisateur se servant d'une puissance incontestée pour initier l'Afrique aux lumières, aux mœurs et à la religion du continent européen.

C'était sous les batteries de l'opposition la plus violente et la plus furieuse qui se fût jamais rencontrée, qu'on avait accompli la conquête d'Alger. Cette conquête ne désarma point les haines et n'apaisa point les esprits. Le *Journal des Débats*, à l'exemple de toute la presse, chercha dans ce beau succès le coin de l'opposition, et s'abattit, ainsi qu'on l'a dit, sur l'injustice dont on accusait le pouvoir à l'égard de M. Duperré. Du reste, dans la situation où se trouvaient les esprits, la nouvelle de la prise d'Alger fut reçue avec froideur, presque avec mécontentement. Par les nouvelles électorales qui arrivaient, la royauté apprenait sa défaite à l'intérieur presque en même temps que sa victoire au dehors. La situation approchait de son dénoûment, qui ne présentait que sinistres éventualités à la monarchie. Il était facile de voir, dans les colonnes du *Journal des Débats*, qu'il y avait parti pris d'entrer à force ouverte dans le pouvoir, et de dicter de dures conditions à la royauté. On développait, depuis plus d'un an, des maximes qui ne tendaient à rien moins qu'à détruire le pouvoir royal en France, et le Roi ne pouvait s'accoutumer à la pensée de confier l'exercice de sa prérogative aux hommes qui l'avaient si ouvertement et si cruellement attaqué.

Tous les membres du cabinet ne s'abusaient point sur l'imminence du péril. Dans un des conseils du mois de juin, un des ministres s'exprima à cet égard devant le Roi avec la plus entière franchise. Il exposa les progrès de l'esprit révolutionnaire; il parla de la désaffection qui allait en croissant de jour en jour; enfin, dans la chaleur de l'improvisation, il dit des choses si fortes et si dures, qu'à la fin de son allocution il craignit d'être allé trop loin. Aussi était-il assez embarrassé lorsqu'après le conseil il fallut, suivant l'étiquette, se tenir en ligne et saluer au passage le Roi et Monseigneur le Dauphin. Charles X parut s'apercevoir de l'émotion qu'éprouvait le ministre, car il se détourna pour s'approcher de lui, et lui posant la main sur le bras avec affection: « Vous avez » franchement émis votre opinion, lui dit-il, » c'est bien, c'est très bien. Il faut dire ici tout » ce qu'on pense. J'aime la vérité, et je veux » qu'on me la dise ici sans déguisement. »

La vérité commençait à arriver au château par toutes les voies. De sinistres rumeurs annonçaient qu'il y avait un dessein arrêté de renverser la dynastie Dans de curieux papiers, où un ministre de cette époque consignait, chaque soir, ce qui s'était passé de remarquable dans la journée, nous voyons que vers le mois de juillet, Charles X raconta lui-même à son conseil qu'un Anglais de haute distinction, membre du parti radical, s'étant présenté au château la veille, lui avait rapporté une étrange conversation qu'il avait eue personnellement avec M. le général Sébastiani. Or voici quelles avaient été les paroles du général: « Le Roi est » généralement aimé, mais la dynastie des » Bourbons ne convient plus à la France; nous » ferons les plus grands efforts pour nous en dé- » barrasser, et, si nous réussissons, nous assu- » rerons à cette famille une existence honorable » en pays étrangers, à Rome par exemple. »

Le *Journal des Débats* avait bonne grâce, après cela, à répéter qu'il n'y avait là qu'une question ministérielle, et que la royauté n'était point mise en jeu dans la lutte. Sans doute la classe électorale ne voulait point le renversement de la légitimité en France, mais ceux qui avaient réussi à conquérir toute l'influence sur cette classe, voulaient le renversement de la dynastie. Que pouvait donc faire le Roi Charles X dans la terrible situation où une opposition hypocrite l'avait placé? Quelle ligne avait-il à suivre en présence d'un mouvement parlementaire qui prêtait main forte, sans le savoir, à une conspiration? Pouvait-on exiger qu'il prît pour ministre, pour dépositaire de la puissance royale, M. Sébastiani, qui parlait déjà d'exiler la légitimité à Rome et qui s'occupait de donner une pension alimentaire à la race de Louis XIV? Chose étrange! on acculait la royauté dans une situation sans issue, on la murait dans un problème d'où elle ne pouvait sortir qu'à force ouverte, ou en se rendant à discrétion à ses adversaires; on ne lui laissait le choix qu'entre deux fautes, entre deux suicides; et quand elle eut péri, victime de cette situation, écrasée par ce problème insoluble, on la déclara responsable de la catastrophe dans laquelle on l'avait précipitée!

Elle arriva cette fatale journée depuis longtemps prévue. Le ministère était à bout de voies, le Roi avait deux fois dissous la chambre, et deux fois la chambre était revenue formée des mêmes élémens. C'est alors que les ordonnances de juillet furent discutées et arrêtées dans le conseil : coup de désespoir qui dénonçait la gravité de la crise et qui allait devenir le signal d'une révolution.

Cette séance du conseil, qui devait avoir des conséquences si terribles, fut empreinte d'une solennité inaccoutumée. Avant de signer, le Roi parut absorbé dans une profonde réflexion. On le vit demeurer pendant quelques instans, la tête appuyée sur sa main, tenant sa plume à deux pouces du papier qui attendait sa signature, l'air grave et le front comme incliné dans ses pensées. Puis il se redressa et dit d'une voix profondément accentuée : « Plus j'y pense » et plus je demeure convaincu qu'il est impos- » sible de faire autrement. » Alors il signa les ordonnances. Tous les ministres les contresignèrent ensuite dans le silence le plus profond. Avant de se séparer on décida, à tout événement, que si les circonstances devenaient difficiles, le duc de Raguse recevrait des lettres de service, comme gouverneur de la première division militaire, et serait, à ce titre, investi du commandement suprême.

Tout était consommé. La situation que le *Journal des Débats* avait tant contribué à créer, aboutissait à son terme. On entrait dans la révolution.

CHAPITRE XXI.

SOMMAIRE : la révolution de juillet éclate. — Conduite du *Journal des Débats*. — Il demande d'autorisation de paraître. — La révolution triomphe. — Anecdote sur une négociation secrète. — Vraisemblance de cette anecdote. — Le *Journal des Débats* se décide à rompre avec l'ancienne monarchie. — Souvenirs d'un ancien dévoûment. — Récapitulation des protestations de fidélité du *Journal des Débats*. — Paroles de M. Bertin devant le tribunal. — Serment d'amour à la légitimité, fait le 21 février 1830. — Le 21 janvier de la même année le *Journal des Débats* s'était déclaré immuable dans les doctrines et les principes. — Le 4 août 1830, il déclare que la branche aînée a cessé de régner. — Le 8 août 1830, il combat l'opinion de ceux qui croyaient la royauté de Henri V possible. — Promesses faites au berceau de ce prince. — Comment elles furent tenues. — Un fait qui s'était présenté lors du meurtre du prince d'Enghien se représente. — M. de Châteaubriand sépare sa ligne de celle du *Journal des Débats*.

Nous ne parlerons des trois journées de 1830 que sous le rapport de l'histoire du *Journal des Débats*. Comment s'engagea cette lutte néfaste ? Le premier coup de feu vint-il des rangs des ouvriers ou des rangs des soldats, et fit-il une victime sous l'uniforme ou sous la veste? c'est ce que personne ne peut dire d'une manière certaine. Le bras qui ouvre ces luttes sanglantes est toujours caché dans l'ombre. On ne sait d'où vient la balle qui siffle la première dans la cité auparavant paisible. La population est-elle victorieuse, chacun prétend avoir l'honneur de cette triste initiative. Est-elle vaincue, chacun décline cette responsabilité dangereuse. Il faut le dire en effet : au grand détriment de la conscience publique, dans de pareilles affaires il n'y a d'autre morale que celle du succès. On joue à chances égales son corps entre le Panthéon et la Morgue ; si la chance tourne bien, au Panthéon le cadavre ! à la Morgue si elle tourne mal.

Au milieu de cette crise quelle fut la conduite du *Journal des Débats?* c'est ce qui doit surtout nous occuper.

On n'a point oublié qu'il y avait dans les ordonnances un article spécial qui enjoignait aux journaux établis de se pourvoir d'une autorisation afin de continuer à paraître. Le *Journal des Débats*, avec cette prudence qui est pour lui une seconde nature, commença par mettre sa propriété à l'abri. Tandis que d'autres feuilles couraient bravement les risques du duel, il prit ses précautions à tout événement, sauf à se réunir plus tard à l'émeute victorieuse.

Au bout de trois jours l'émeute avait en effet vaincu, et elle était devenue une révolution. Le gouvernement royal avait quitté les murs de Paris, la multitude était maîtresse de la capitale, jamais circonstances plus critiques ne s'étaient présentées, et l'on allait enfin voir à l'œuvre ceux qui s'étaient posés comme des modérateurs entre les envahissemens du trône et ceux de la rue. Nous avons promis d'observer dans ce livre une impartialité sévère et de dire toujours et partout la vérité, qu'elle fût favorable ou défavorable au journal dont nous écrivons l'histoire. Cette promesse nous la tiendrons.

Si nous nous en rapportons à des renseignemens intimes et que nous avons lieu de croire exacts, pendant ce rapide intervalle qui sépara le 29 juillet du 9 août 1830, les premières sympathies du *Journal des Débats* penchèrent pour Henri de Bourbon. Nous avons même entendu attester, par des personnes versées dans le secret de cette affaire, qu'il y eut une négociation ouverte entre le journal dont il est ici question et le palais du Luxembourg. Les *Débats*, suivant cette version, firent avertir la pairie qu'ils attendraient sa résolution, et que si elle avait le dessein de proclamer le petit-fils de Charles X sous le nom de Henri V, le *Journal des Débats* était prêt à la seconder dans la presse. Il paraîtrait qu'à cette époque le *Journal des Débats* était moins vivement frappé de la nécessité de couronner la branche cadette, et qu'il admettait la possibilité du maintien de l'ancienne dynastie.

Nous avons cru faire plaisir à la feuille en question en donnant de la publicité à ce trait tout-à-fait inconnu d'un courage qui n'est point assez riche en souvenirs de ce genre pour en abdiquer un seul.

Nous serions d'autant plus porté à admettre le fait de cette négociation, qu'en suivant la polémique patente et publique de la feuille dont il s'agit, nous retrouvons la trace du mouvement secret de ses sympathies, qui commencèrent par Henri V et qui finirent par Louis-Philippe. Lorsqu'en effet on examine avec attention les premiers numéros du *Journal des Débats*, après la révolution de juillet, on découvre comme un changement à vue dans sa politique. Le premier jour de la victoire, le 30 juillet, il demande seulement, « la mise en accusation du ministère du » 8 août et un article explicatif de l'article 14 sur » lequel s'est trompée la royauté. » On le voit, la pensée de sacrifier la branche aînée ne s'est point encore présentée à l'esprit du *Journal des Débats*. Son dévoûment, et peut-être aussi la présence de la garde royale à Saint-Cloud, écartent cette idée extrême de son esprit. C'était le moment où M. de Semonville proposait d'envoyer une députation de toutes les cours judiciaires à Saint-Cloud, pour demander au roi Charles X de rendre ses bonnes grâces à sa capitale et de retirer les ordonnances de juillet : souvenir parlementaire qui prouvait que M. de Semonville avait lu l'histoire de la Fronde. Le 1ᵉʳ août, même après l'acte législatif qui offre la lieutenance générale au duc d'Orléans, le *Journal des Débats* persiste dans les mêmes sentimens. « La lieutenance générale du royaume, dit-il, offerte à M. le duc d'Orléans, a le même caractère de légalité que tout ce qui a été fait jusqu'ici, elle ne décide rien. » C'est ici qu'il faut placer la négociation du *Journal des Débats* avec la chambre des Pairs. Il n'y a pas encore de parti pris. Le journal peut encore aller vers l'ancienne royauté ou vers la royauté nouvelle, déclarer que la branche aînée est nécessaire ou déclarer qu'elle est impossible ; tout dépend de la réponse qu'il attend. Le 4 août la question est tranchée, et le *Journal des Débats* ne prononce plus le mot de légalité, il ne parle plus des erreurs de la royauté, mais de ses crimes, il accepte la révolution.

Avant de rapporter la manière dont les *Débats* annoncèrent leur divorce avec l'ancienne royauté, nous croyons devoir rappeler les engagemens qu'ils avaient pris avec eux-mêmes dans l'année dont la première moitié venait de s'écouler.

M. Bertin ~~de Veaux~~ avait dit à la face du tribunal, le jour de son procès pour le fameux article qui finissait par ces mots: Malheureux Roi! malheureuse France : « Depuis trente-six ans que
» j'exerce une profession honorable, mais hérissée
» de difficultés, je puis me rendre le témoignage
» que, dans tous les journaux dont j'ai été pro-
» priétaire ou rédacteur, jamais je n'ai écrit ou
» laissé écrire une ligne qui n'eût pour but de
» faire rendre au souverain légitime son trône
» usurpé. »

Le 21 février 1830, le *Journal des Débats* terminait par ces lignes que l'on a déjà lues dans le cours de cette histoire, un parallèle ou plutôt un contraste de la France en 1830 et de l'Angleterre en 1688 : « Qu'on nous permette de déplo-
» rer à la fin de ces considérations, la nécessité
» où l'on nous a mis de discuter avec la froide
» raison et suivant les règles de l'impassible lo-

» gique, une question qui est depuis long-temps
» résolue pour nous par les sentimens que nous
» portons dans notre cœur et par notre respect
» pour un droit sacré. » Vous n'avez point oublié
que tout le début de cet article était consacré à
montrer qu'une révolution était impossible, parce
qu'elle ôterait à la France toutes ses alliances
continentales, et qu'elle la placerait dans la situation la plus déplorable où puisse se trouver
un grand pays.

Quelque chose de plus encore. On avait souvent reproché au *Journal des Débats* la variation
de ses opinions et l'inconstance de ses amitiés.
Le 26 janvier 1830, il se crut obligé de répondre
à ces attaques et de formuler en même temps
l'explication de sa conduite passée et le programme de sa conduite dans les éventualités de
l'avenir. Or voici ce qu'il écrivait à la date du
26 janvier 1830 : « Il y a en matières politiques
» deux choses distinctes : les opinions relatives aux
» doctrines et les opinions touchant les hommes.
» Les opinions sur les doctrines, quand ces doc-

» trines sont fondamentales, doivent être im-
» muables, indépendantes des positions indivi-
» duelles, des accidens de la fortune, des
» révolutions même de l'État. Nous serons tou-
» jours prêts à sacrifier les hommes à nos doctrines,
» jamais nos doctrines aux hommes..... La France
» ne verrait dans toute usurpation que des révo-
» lutions sans fin et d'incalculables malheurs. »

Vous le voyez, le *Journal des Débats* se fait ici la part à lui-même. Il a varié, il peut encore varier sur les hommes ; ainsi il élevera ou il abaissera suivant les circonstances, les renommées ; il fera ou défera les gloires ; mais sur les doctrines, sur les principes il est invariable. M. Bertin de Vaux s'est rendu le témoignage de n'avoir pas écrit une ligne, depuis trente-six ans, qui n'eût pour but de faire restituer la couronne au Roi légitime: voilà une de ces convictions immuables, une de ces doctrines fondamentales qui demeurent inébranlables à côté du flux et du reflux des opinions sur les individus. Quoi qu'il arrive, ce culte de la légitimité, nous nous servons des expressions employées par le *Journal des Débats* en 1830, ce culte est à l'épreuve de tous les événemens et de tous les périls, car au commencement de cette même année le *Journal des Débats* s'est exprimé en ces termes : « Quand les doctrines » sont fondamentales, elles doivent être immua» bles, indépendantes des positions individuelles, » des accidens de la fortune, des révolutions mê» me de l'État. »

Le *Journal des Débats* qui publiait ces belles paroles, le 26 janvier 1830, déclara le 4 août de la même année que la maison de Bourbon avait pour jamais cessé de régner. Ceux qui ont présent à la pensée le début de cette histoire, se souviendront peut-être que c'était pour la seconde fois, depuis le commencement du siècle, que le *Journal des Débats* proclamait la maison de Bourbon à jamais déchue du trône de France.

Rien n'était décidé cependant. Le duc d'Orléans n'avait pas encore accepté le sceptre, il n'y avait pas obligation légale pour le *Journal des Débats* de reconnaître la royauté nouvelle qui n'existait point encore, puisqu'on n'était point arrivé au 9 août. Quelques voix murmuraient un autre nom, le nom d'un enfant, glorieux débris de la plus auguste maison royale qui fût dans l'univers, et portant en lui huit siècles d'illustres souvenirs. Cet enfant, les premières sympathies du journal avaient penché pour lui peut-être. On fit peur aux *Débats*, sans doute, de cette intention de courage non suivie d'exécution. Quelques voix officieuses leur représentèrent qu'ils s'étaient compromis par cette tentation de dévoûment qui était resté à l'état moral d'idée et qui n'était point descendu dans les faits. Il fallait faire pénitence de l'intrépidité qu'on n'avait point eue et de la fidélité qu'on avait pensé avoir. Vous savez cependant quels sentimens le *Journal des Débats* avait voués au berceau de ce jeune prince. « Un parti menaçant, s'écriait-il le » 4 octobre 1820, ne conspire-t-il pas la ruine du » trône où doit monter le royal enfant qui vient » de nous être donné ? L'ombre du duc de Berry » n'est-elle point là pour nous avertir qu'il faut

«veiller sur le berceau du duc de Bordeaux?
» Prince, vous nous apparaissez dans nos orages
» politiques, comme l'étoile apparait en dernier
» signe d'espérance au matelot battu par la tem-
» pête. Qu'autour de votre berceau viennent se
» rallier les gens de bien ; contre ce berceau
» sacré que tous les complots des méchans vien-
» nent échouer! Croissez pour imiter les vertus
» de la noble famille qui vous entoure. Vous naissez
» entouré de sujets fidèles, menacé par des enne-
» mis implacables: croissez pour le salut des uns et
» la ruine des autres. Ajoutez le miracle d'une
» vie heureuse pour vos sujets et glorieuse pour
» vous, au miracle de votre naissance. »

Neuf années seulement s'étaient écoulées depuis que le *Journal des Débats* écrivait ces lignes,
et le 8 août 1830, la même feuille, consommant
son divorce avec l'ancienne royauté, et se clouant
à elle-même sur le front un sanglant démenti,
publiait un article pour s'opposer à l'avènement
du prince, objet des vœux exprimés en termes si
brûlans, et pour déclarer qu'elle ne saurait ad-

mettre la royauté de Henri V, même avec la régence de M. le duc d'Orléans. Que voulez-vous ? Un autre règne se faisant proche, et le journal courtisan, habitué à tenir les registres de l'état-civil des gouvernemens, voulait se trouver à son poste pour enregistrer la venue de celui-ci. Ces prudentes fidélités émigraient à la fortune ; ces parleurs de dévoûment qui juraient de mourir pour l'ancien trône ne songeaient qu'à vivre du nouveau, et sans doute le soleil levant de la maison d'Orléans avait empêché ces Mages renégats de retrouver dans le ciel l'étoile qui les avait conduits au berceau de M. le duc de Bordeaux.

Dans cette circonstance, on vit se renouveler un fait dont les yeux avaient déjà été frappés lors du meurtre de M. le duc d'Enghien, sanglant péristyle jeté par la révolution à l'entrée de l'empire. A cette époque, on le sait, M. de Châteaubriand qui avait jusques là marché avec le *Journal des Débats*, se sépara de lui pour rester fidèle à ses antécédens, tandis que la feuille dont nous écrivons l'histoire accepta et adopta le gouvernement impérial. Lors de la révolution de 1830, M. de Châteaubriand renouvela cette scission, et se retira à l'écart pour conserver la rectitude des grandes lignes politiques de sa vie, comme il parle lui-même; tandis que le *Journal des Débats*, acceptant la livrée d'un nouveau dévoûment, se précipitait dans le mouvement d'une révolution nouvelle, où il marche sans savoir où il lui sera permis de s'arrêter.

CHAPITRE XXII.

SOMMAIRE. — Situation morale du *Journal des Débats* depuis la révolution de 1830. — Résumé des mobiles qui ont présidé à sa conduite depuis sa fondation. — Anecdote sur la manière dont il fut fondé. — Ce qu'il coûta à M. Bertin. — L'égoïsme est toujours la règle de ses actions. — Appréciation de la lutte qui s'éleva entre lui et la royauté. — Inconvéniens qu'on pouvait reprocher à la Restauration. — Ces inconvéniens étaient plus que compensés par des avantages. — Les abus n'étaient pas la cause véritable de l'opposition du *Journal des Débats*. — Ambition de l'aristocratie bourgeoise. — Cette ambition immola les grands intérêts du pays. — Futilité des motifs de l'opposition de quinze ans. — Motifs qui devaient engager à ne point pousser cette opposition à l'extrême. — Grands intérêts extérieurs du pays. — Situation favorable de la France au dehors. — Tableau diplomatique de l'Europe. — La Russie et l'Angleterre. — Le mouvement et l'immobilité. — Beau rôle que la France avait à jouer. — Le *Journal des Débats* contribua à jeter une révolution à l'encontre de cette situation. — Utilité de comparer le présent au passé.

Depuis la révolution de 1830, on ne peut plus écrire l'histoire du *Journal des Débats*, car il a, pour ainsi parler, renoncé lui-même à avoir une histoire, le jour où il a abdiqué sa personnalité, rompu avec ses précédens, et abjuré ce symbole politique qui, suivant ses propres paroles, avait été la règle de ses croyances et le but secret de ses efforts, pendant trente-six ans. Le corps subsiste encore, mais où est l'ame? Le cadavre continue à marcher, mais où est la route, où est le but? Il va, il va, le triste journal, vivant au jour le jour, marchant au hasard, sans réponse contre qui l'attaque, ne pouvant écrire une phrase sans qu'il l'ait démentie à l'avance, soutenir une opinion sans être confondu par ses propres paroles, louer un homme sans qu'on lui jette à la face le blâme dont il l'a couvert, censurer un principe politique sans qu'on l'asphyxie dans les nuages d'encens qu'il a fait fumer autrefois sur son autel. Il a livré son passé, son avenir, sacrifié ceux qu'il appelait ses maîtres. Mais son châtiment est aussi grand que sa faute, et, quand on sonde toute la profondeur de la plaie, l'indignation fait place à la pitié. Il est condamné à attaquer en politique, en religion, en morale, tous les principes pour lesquels il a combattu jadis, et au service desquels il a acquis toute sa gloire. Or, comme ces principes survivent à toutes les attaques, c'est à sa propre ruine qu'il travaille ; ses efforts, inutiles contre eux, n'ont de puissance que contre lui-même, et, à moins d'un retour devenu difficile, il s'apercevra, à la fin de la lutte, qu'il n'a réussi qu'à renverser l'édifice de sa fortune et à dégrader le monument de sa renommée.

Arrivé presque au terme de cet ouvrage, il importe, avant d'aller plus loin, d'exprimer un jugement général sur le journal qui en est l'objet, et d'apprécier, d'un rapide coup-d'œil, l'ensemble de sa carrière.

Depuis le jour de sa naissance, deux principes se disputent sa destinée. Il a l'intelligence des grands intérêts sociaux, mais un sentiment d'individualisme poussé à l'extrême, combat, chez lui, cette intelligence. Il est plus social que révolutionnaire, mais il est plus égoïste que social, et cet égoïsme le rend quelquefois révolutionnaire ; car, chez lui, la question de principe cède toujours le pas à la question d'intérêt. Il est inutile de remarquer que sa responsabilité devient ainsi plus grande. Comme ses égaremens n'ont point l'erreur pour cause, ils sont sans excuse ; comme il sent la portée de l'impulsion qu'il donne aux esprits, il est d'autant plus coupable quand cette impulsion est mauvaise. La feuille, dont nous écrivons l'histoire, montre cet instinct des situations et cette intelligence de la portée des mouvemens politiques, dès le jour de son apparition.

Nous avons marqué cette apparition du *Journal des Débats* vers 1800, vous le savez, non qu'à prendre les choses au matériel, la feuille portant ce titre ait paru précisément à cette époque. Lorsque le consul Bonaparte, qui avait contre les journaux ce qu'on peut appeler une haine d'épée à pensée, eut supprimé quinze feuilles périodiques d'un seul coup de son autorité, il laissa vivre un recueil obscur des débats et décrets, dont on trouve encore les rares exemplaires in-quarto dans la poussière de quelques bibliothèques. L'insignifiance de ce pâle recueil lui avait mérité la clémence du premier consul. Son existence, à peine connue, ressemblait tellement à la mort, que le terrible ennemi des idées l'avait laissé vivre. M. Bertin, qui était intéressé dans plusieurs des journaux supprimés, pensa, d'après les conseils d'un homme d'intelligence et d'habileté (1), qu'il y aurait avantage à acquérir cette feuille qui, par le privilége de son insignifiance, avait survécu à l'hécatombe de la presse périodique. Il crut qu'on pourrait rallier les abonnés des journaux supprimés, en imprimant à celui-ci une couleur sociale et religieuse, sans être entravé par le gouvernement consulaire, dont les dispositions favorables pour cette tendance commençaient à se montrer. Le propriétaire du *Journal des Débats et Décrets*, embarrassé de sa propriété, la céda pour une somme peu considérable. Le *Journal*

(1) M. Mutin, dont nous tenons ces détails.

des Débats, destiné à produire plusieurs millions de bénéfices et à exercer une influence si extraordinaire, ne fut pas vendu à M. Bertin beaucoup plus de vingt mille francs. Ainsi la personnalité la plus puissante de la presse périodique, la feuille qui devait faire et défaire les dynasties, commença comme la ville éternelle, par des masures, cela soit dit sans offenser ni Rome, ni le *Journal des Débats.* Au moment de son apparition, le bon principe domine dans ses colonnes. Il sert la société d'abord, parce que son penchant l'y porte, ensuite parce que c'est un moyen de servir sa propre fortune. Il favorise la grande réaction des intérêts publics, et ses intérêts personnels y trouvent leur compte.

L'empire, en se présentant, met à l'épreuve la fermeté de ses convictions. Il transige avec l'empire. L'intérêt est plus fort chez lui que la croyance, il subit la loi qu'on lui impose, il consent à ne servir la société que dans la limite tracée par le nouveau gouvernement. Nous savons qu'on pourra taxer ce jugement de sévérité, et ce serait ici le cas peut-être d'appliquer au journal en question le bénéfice de cette admirable phrase de Tacite, qui préfère, aux ambitieux suicides de ceux qui conspiraient contre les mauvais empereurs, la conduite de ceux qui, renonçant au bien absolu pour le bien possible, cherchaient à concilier les tempéramens d'une conduite prudente envers le prince avec leurs devoirs envers la société et l'humanité. Mais nous nous servons, dans cette circonstance, de la connaissance que nous avons de l'histoire générale du *Journal des Débats*, pour apprécier cet incident particulier, et c'est ainsi que, chez lui, nous pouvons attribuer sans injustice à l'égoïsme, une conduite qui, chez d'autres personnes, n'était peut-être que l'effet de la résignation et de l'amour de la paix.

Cet état de choses dure jusqu'au moment où le *Journal des Débats*, devenu *Journal de l'Empire*, perd sa personnalité, et se voit absorbé par la police impériale qui confisque la propriété de la feuille périodique après en avoir confisqué la direction. Dans cette situation, le *Journal de l'Empire* défend la société quand on le lui permet, et l'arbitraire quand on le lui ordonne. On lui laisse sa couleur littéraire, et en partie sa couleur religieuse, pour qu'il ne perde point un ascendant et une influence dont on profite ; comme on laisse, à une troupe qui a tourné à l'ennemi, son uniforme et sa cocarde, pour qu'elle trompe et surprenne l'armée des rangs de laquelle elle sort.

Lorsque vient la Restauration, le bon principe reprend sa place et chasse le mauvais. Le *Journal des Débats* complète son système qui, jusque là, avait été imparfait et incomplet. En recouvrant sa personnalité, il met d'accord son symbole politique avec son symbole philosophique et littéraire. L'intérêt personnel se trouvant encore une fois en harmonie avec l'intérêt social, la marche de la feuille a quelque chose de franc et de décidé. Le *Journal des Débats* fait alors pour la politique ce qu'il a fait, en 1800, pour la philosophie, il opère sur les faits comme il a opéré sur les idées.

Cet état de choses dure jusqu'à la seconde moitié du ministère de M. de Villèle. Alors il arrive ce qui était déjà une fois arrivé : l'intérêt individuel du journal se met en lutte avec l'intérêt social. Ce n'est point, comme sous l'empire, la force brutale d'un pouvoir arbitraire qui place la feuille périodique entre le sacrifice de ses croyances et le sacrifice de ses intérêts ; mais c'est l'ambition et la rancune, un désir de puissance trompé, une prétention d'influence déçue ; en un mot, c'est l'égoïsme sous une autre forme, non plus l'égoïsme effrayé pour son existence, mais l'égoïsme blessé dans ses passions. La cause qui avait disposé le *Journal des Débats* à montrer tous les genres d'obéissance à l'empire, est la même qui le détermine à diriger tous les genres d'hostilité contre la Restauration. Il avait plié devant l'Empereur par une crainte égoïste, c'est par égoïsme encore qu'il rompt avec Charles X ; seulement son égoïsme, qui ne demandait qu'à vivre sous l'empire, aspire à régner sous la monarchie.

C'est ici l'occasion d'examiner le procès qui s'éleva entre le *Journal des Débats* et la royauté, procès gagné par le premier devant la fortune, mais qu'il perdra au tribunal de l'équitable histoire.

Pour que le journal pût, nous ne disons pas, justifier, mais motiver sa conduite, il faudrait que le gouvernement de la Restauration eût été vraiment intolérable pour le pays, et que ses inconvéniens eussent de beaucoup dépassé ses avantages. Certes il serait peu digne de l'impartialité historique de ne point reconnaître qu'il y eût des abus sous la Restauration. Les gouvernemens de main d'hommes sont ainsi faits, on y trouve toujours un mélange d'ombres et de lumières. Il y avait dans la position même de la monarchie un vice, heureusement temporaire, mais qui eut des conséquences fâcheuses. La royauté avait été long-temps absente du sol, et il était impossible que cette absence prolongée ne produisît pas quelques malentendus entre elle et le pays. Les hommes de la cour entouraient un peu trop le trône, et ils ne lui donnaient guère plus de lumières aux jours de prospérité, qu'ils ne lui donnèrent de secours quand vinrent les jours d'épreuves. La Restauration s'étant opérée d'une manière soudaine et inattendue et par la force des événemens qui jetèrent la France dans les bras de la royauté, plutôt que par l'éducation des esprits et des intérêts, le travail d'assimilation, si nécessaire en politique, n'avait point eu lieu ; la royauté était revenue en conservant un peu trop les habitudes de son exil, et le pays, avant de la recevoir, ne s'était point assez façonné aux mœurs et aux principes monarchiques. Pour ne rien céler, disons encore qu'au milieu d'hommes vraiment religieux, les hommes d'intrigues qui spéculent sur tout, sur les vertus des princes quand ils en ont, comme sur leurs vices quand les vertus leur manquent, abusaient des sentimens de piété et de religion de la branche aînée, pour fatiguer tout le monde des affectations d'une dévotion tracassière et d'une intolérante hypocrisie.

On voit que nous ne cherchons à rien cacher des abus véritables qu'on pouvait reprocher à la Restauration ; mais, outre que ces abus étaient incomparablement moins redoutables que les dangers d'une révolution, ils étaient essentiellement transitoires. L'influence, peut-être un peu trop grande de la cour, tenait à des habitudes d'émigration qui devaient disparaître à la fin d'un règne. Les malentendus entre la royauté et la société, venant de l'absence de la première pendant un long espace de temps, ne pouvaient manquer de disparaître à mesure que la royauté et le pays vivraient ensemble; quant aux manéges des hypocrites, si l'on veut indiquer un moyen de supprimer les vices des hommes et d'empêcher qu'il y ait des flatteurs et des ambitieux, nous avouerons que la Restauration méritait sa chute; mais si l'on est obligé de reconnaître que, sous tous les règnes comme sous tous les régimes, il y a des hommes qui exagèrent les qualités et les défauts des gouvernans afin d'en tirer avantage, alors il faudra convenir, en même temps, que la Restauration ne fut pas plus coupable d'avoir enfanté de faux dévots à côté des vrais dévots, que l'empire des faux enthousiastes en matière de guerre et de conquête à côté de tant de braves capitaines; et la révolution, de faux patriotes à côté de ceux qui faisaient à la France un rempart vivant de leur poitrine, sur les frontières.

Il était donc injuste d'accuser la Restauration d'un des vices inhérens à notre nature, et les abus qu'on pouvait lui reprocher étaient loin d'être intolérables; encore faut-il ajouter que la plupart de ces abus devaient être passagers, ainsi qu'on l'a déjà fait observer. Aussi n'étaient-ils point, en réalité, la cause du mouvement politique auquel le *Journal des Débats* imprimait l'impulsion contre la royauté, ils n'en étaient que le prétexte. C'était un moyen dont on se servait pour enflammer les esprits crédules, et entretenir partout les passions dont on avait besoin pour arriver à un but marqué d'avance. La guerre faite à la Restauration était plutôt encore une affaire de vanité qu'une affaire politique. Il y avait, nous ne dirons pas une classe, mais la tête d'une classe, qui se sentait une influence réelle qu'elle voulait faire officiellement reconnaître. Elle n'aimait pas l'aristocratie nobiliaire, parce qu'elle voulait être l'aristocratie, et elle persuadait à tout le monde, autour d'elle, qu'elle aimait l'égalité, parce qu'elle détestait toute supériorité qui planait au dessus de son niveau; c'étaient de ces républicains dont les monarchies ont toujours été pleines, grands citoyens par pis-aller, et parce que leur naissance ne les avait pas fait naître grands seigneurs. Ils voulaient le pouvoir, et surtout l'appareil extérieur du pouvoir, l'influence politique, et surtout la décoration de cette influence. Il ne s'agissait pas, pour ces hommes, d'obtenir que les affaires fussent faites de telle ou de telle manière, il s'agissait d'obtenir qu'elles fussent faites par eux. Leur mobile était un appétit de puissance et surtout de distinction; la question était, pour M. Laffitte, d'être pair de France; pour M. Dupin, d'être un pouvoir dans l'Etat comme il l'était dans le barreau; pour M. Guizot, d'être ministre; pour M. Sébastiani, d'être ambassadeur. Que dirons-nous de plus? c'étaient des ambitions satisfaites dans la vie privée et qui voulaient s'ouvrir un horizon dans la vie politique. Les questions de principes n'étaient que la forme extérieure du problème, les questions de personnes étaient au fond de tout.

Ceci explique admirablement l'issue de la révolution de 1830. Toutes ces grandes phrases qu'on faisait tonner contre la Restauration, n'étaient, à vrai dire, qu'une artillerie libérale destinée à démanteler les fortifications de la place. Quand la ville fut prise, on fit ce qu'on fait toujours en pareilles circonstances, on fit taire le canon. Le seul résultat de cette révolution fut un changement de personnes, parce que les chefs du mouvement libéral n'avaient pas d'autre but que ce changement.

Certes, nous comprenons cette soif d'influence qui doit tourmenter les hommes supérieurs, désireux d'avoir en leurs mains les destinées de leur pays, parce qu'ils se sentent en position de les soutenir d'une manière haute et fière. Que Richelieu ait beaucoup fait pour prendre et garder le pouvoir, nous le concevons. Le pouvoir, dans les mains de Richelieu, c'était l'unité rétablie à l'intérieur par la ruine du protestantisme, et recevant une éclatante manifestation au dehors par l'abaissement de la maison d'Autriche. Mais si l'on nous disait que, par passion pour le pouvoir, Richelieu a consenti à gouverner en sachant que sa présence aux affaires détruirait l'unité à l'intérieur et humilierait le pays aux frontières, nous ne pourrions plus comprendre cette brutale ambition qui aurait mieux aimé perdre la France que de la voir sauvée par d'autres mains. En un mot, nous comprenons l'ambition qui désire le gouvernement comme une occasion d'appliquer une haute intelligence aux grands intérêts du pays; nous cessons de la comprendre quand elle descend jusqu'à cette passion effrénée du joueur qui s'assied devant la table fatale pour les émotions du jeu, sûr d'avoir contre lui et contre le pays qu'il compromet, toutes les chances de la fortune.

Tel fut précisément le rôle de ceux qui, comme le *Journal des Débats* et quelques personnages politiques, conduisirent la France à une révolution, sans avoir l'excuse de l'incapacité et du défaut d'intelligence; et si l'on vient à rapprocher les griefs personnels qu'ils firent valoir contre la monarchie, des grands intérêts nationaux qu'ils sacrifièrent, on se sent saisi d'un étonnement involontaire qui fait bientôt place à l'indignation.

Lorsque, dans un siècle, la postérité lira notre histoire, elle ne voudra pas croire à la puérilité des motifs qui ont renversé la monarchie. Ces graves discussions sur la question de savoir si le Roi gouverne ou s'il doit seulement régner; ces éternelles dissertations sur l'étendue et sur l'inviolabilité des deux prérogatives, produiront, sur l'esprit de nos descendans, l'effet produit sur notre esprit par le souvenir des misérables querelles auxquelles se livraient les Grecs du Bas-Empire pendant que les Turcs assiégeaient les murailles de Constantinople. Lorsqu'on verra, dans l'histoire, ces 221 tout préoccupés de la question de savoir s'ils feront prévaloir les hommes de la prérogative parlementaire sur les hommes de la prérogative royale; s'ils obtiendront M. de Sébastiani pour ministre, au lieu de M. de Polignac; s'ils pousseront M. Dupin dans les honneurs, s'ils donneront une satisfaction à l'orgueil de M. Laffitte, et une dernière illusion à la caducité de M. de Lafayette ; lorsqu'on étudiera, dans le lointain du temps, cette coalition de graves étourdis s'enflammant pour ces chétifs intérêts, et ces témérités séniles jouant les destinées de leur pays contre une question d'amour-propre et d'étiquette, dans un moment où les intérêts les plus graves de la France étaient en jeu, on se sentira saisi d'une profonde pitié pour la société et pour l'époque dont le sort se trouva placé en de pareilles mains.

Il suffisait, en effet, d'une médiocre intelligence des hommes et des choses, pour comprendre qu'à l'époque où l'opposition à outrance de la presse et de la chambre conduisit à une révolution, la situation générale de l'Europe et la position particulière de la France, imposaient de grands devoirs à tous les hommes qui se sentaient dans le cœur un dévoûment véritable pour les intérêts de ce pays. Nous ne reprochons à personne d'avoir pensé que le choix du ministère du 8 août était un événement malheureux. Nous avons expliqué ailleurs la complication de circonstances qui conduisit la royauté à commettre cette faute, que nous reconnaîtrons d'autant plus volontiers que, selon nous, malgré les spécialités de détails et le caractère honorable des ministres de cette époque, le ministère du 8 août était encore moins à la hauteur de la situation extérieure qu'à la convenance de la situation du dedans. Ce fut peut-être un des grands malheurs de la Restauration, et, par contre-coup, un des grands malheurs de la France, que de n'avoir pas mis en évidence un de ces hommes de politique extérieure qui mesurent d'un regard une situation générale, et entrent de plain-pied dans la route où les événemens attendent leur pays. M. de Villèle ne prit point ce rôle, soit que son génie inclinât, par un penchant naturel, vers le maniement des choses de l'intérieur, soit que la situation où il se trouvait ne lui laissât point les bras libres aux frontières. Or, ce rôle resté vacant sous M. de Villèle, ne pouvait être rempli par personne dans le ministère du 8 août ; et c'est sous ce point de vue que nous pouvons dire qu'il y eut une double faute dans le choix de ce cabinet. Mais comment qualifier la conduite de ceux qui, dans le désastreux enfantillage de leur rancune contre la royauté, poussèrent la violence de leurs représailles jusqu'à rendre inévitable une catastrophe révolutionnaire, et qui choisirent, pour accomplir cette révolution, le moment où la France allait recueillir tous les fruits des quinze années qui venaient de s'écouler?

Maintenant que les passions politiques sont tombées et que les fureurs de l'esprit de parti sont refroidies, on n'est plus exposé à trouver de contradicteurs, en disant que la Restauration avait porté une main tutélaire sur les plaies de la France. La trouée que l'Empire, ce glorieux boulet de canon qui ne s'était reposé qu'à Sainte-Hélène, avait laissée dans la population était comblée; le sang était revenu dans les veines de ce corps fatigué, l'or dans ses finances en détresse, une nouvelle vigueur animait ce peuple jadis épuisé par ses victoires. A l'abri des traités de 1815, imposés par l'Europe conquérante aux malheurs de la France de l'Empire, il s'était formé une France monarchique pleine de jeunesse, de puissance et de vie. Ce droit politique fondé par la coalition de toutes les puissances de l'Europe contre la faiblesse de la France, chancelait de lui-même sur sa base, par suite de l'éparpillement de toutes les volontés qui avaient concouru à former le nœud qui liait les mains à notre fortune, par suite aussi de la nouvelle position de notre pays, de la force qu'il avait acquise, et de son influence qui allait en croissant. Il convenait donc de laisser dormir au dedans toutes les querelles domestiques qui pouvaient empêcher le gouvernement d'entendre sonner au dehors l'heure de la fortune de la France. Il fallait que tous les cœurs, tous les esprits fussent réunis dans une même pensée, celle de saisir l'à-propos de la première occasion qui permettrait d'en appeler des traités de 1815, soit dans les grands remaniemens diplomatiques qui se préparaient, soit dans les luttes militaires qui pouvaient s'ouvrir. Toutes les années qui venaient de s'écouler avaient disposé les voies, il ne restait plus qu'à y entrer, et de graves symptômes annonçaient que le moment n'était pas éloigné où l'on allait recueillir le fruit d'un régime réparateur. Tout était changé depuis quinze ans, la France comme l'Europe. L'espèce de route militaire qui aboutissait, par deux portes, au sein de notre territoire, ne devait donc plus subsister; ce partage de l'Europe, fait sans nous et contre nous, devait subir une révision. La précaution prise contre le souvenir de l'Empire, devait cesser de peser sur la France monarchique. Nous étions assez forts pour l'exiger de chaque intérêt national en particulier, et l'intérêt européen, qui nous avait fait la loi, n'existait plus.

En même temps, la situation générale nous présentait, dans un avenir peu éloigné, l'occasion qu'il importait de saisir et la chance favorable qu'il fallait attendre pour donner l'impulsion à des événemens empressés de se produire. En tournant les yeux vers l'occident de l'Europe, on rencontre un formidable empire qui se débattait encore dans les convulsions de son enfance et dans le travail pénible de sa formation, pendant que la plupart des royaumes européens, dans tout l'éclat de leur force et de leur renommée, occupaient le premier plan sur la scène du monde. La Russie est comme l'arrière-garde de la civilisation européenne, mise en réserve pour remplir une mission inconnue; elle s'avance, d'un pas lent mais sûr, vers des destinées encore voilées devant les regards des hommes. Avec la patience de ces organisations vigoureuses qui ont trop le sentiment de leur force pour être accessibles à l'impatience, elle a couvé lentement dans un repos fécond l'œuvre immense de sa fortune. Ce peuple tard venu a, sur les autres peuples, l'avantage d'être nouveau dans l'histoire du monde, de n'y avoir pas vécu sa vie, joué son rôle, accompli sa destinée. Il a trop peu de passé pour ne point avoir d'avenir. Aussi, tandis que la plupart des sociétés européennes voudraient immobiliser la situation et arrêter la roue de la fortune, la Russie seule désire le mouvement, parce qu'elle sent que le mouvement est dans le sens de ses intérêts; la Russie seule veut marcher parce qu'elle comprend qu'elle a une carrière devant elle. Cette gigantesque Macédoine, s'élevant à l'extrémité de cette Grèce aux proportions plus vastes, qu'on appelle l'Europe, a quelque chose de la physionomie de son aînée. C'est la même finesse dans les conseils et la même vigueur dans l'action; quelque chose de raffiné comme la civilisation et quelque chose de robuste et de fort comme la barbarie. Entrée, vers le dix-huitième siècle seulement, dans la balance des intérêts européens, son influence est toujours allée en croissant. Depuis la triste campagne de 1812, tentée par une coalition européenne à la tête de laquelle marchait Napoléon, une terreur mystérieuse plane sur les solitudes glacées du grand empire du Nord, et ajoute un prestige de puissance morale à sa puissance réelle. Rien ne semble impossible au peuple contre la destinée duquel est venu expirer la fortune de Napoléon.

En face de cet ascendant de la Russie, qui tendait, pendant la Restauration, à s'exprimer dans les affaires européennes, un cabinet se présentait, qui opposait aux splendeurs des espérances russes l'éclat de ses souvenirs : c'était le cabinet de Saint-James. Dès que Napoléon eut succombé dans sa lutte avec l'Europe entière, la querelle qui avait été un moment posée entre Saint-Pétersbourg et Paris, se reposa entre Londres et Saint-Pétersbourg. Toute l'histoire diplomatique du temps de la Restauration n'est que le reflet de cette lutte, dans laquelle chacun des deux états conservait l'attitude naturelle à sa position particulière. Londres, puissant par son passé et qui, en possession de la plénitude de sa fortune, avait plus de souvenirs que d'espérances, cherchait, à l'aide de l'Autriche, à maintenir le *statu quo* européen, dans lequel l'Angleterre avait une si magnifique place, grâce au rôle qu'elle avait joué pendant les coalitions européennes contre l'Empire. Tous les efforts du cabinet de Saint-James tendaient à entraîner la France dans les voies de cette politique. Il aurait voulu faire de tous les peuples autant d'obstacles pour enrayer le mouvement de la Russie. Il employait le seing et le contre-seing de tous les cabinets, afin de mettre, pour ainsi parler, les scellés sur les destinées du grand empire du Nord qui, tendant à se développer, alarmaient déjà la prévoyante jalousie de l'empire Britannique devenu défiant comme tous les vieillards. Le cabinet de Saint-Pétersbourg, au contraire, tout entier à la pensée de son avenir, recherchait avec ardeur l'alliance de la France pour contre-balancer le poids des résistances que lui suscitait l'Angleterre chaque fois qu'il voulait faire un mouvement. Il travaillait à réaliser une pensée de Pierre-le-Grand qui, lors de son voyage à Paris, avait voulu rapprocher, par un traité, les cabinets de Versailles et de Saint-Pétersbourg : pensée féconde mais avortée par l'incurie du régent d'Orléans, plus soigneux des intérêts de sa famille que de ceux de l'État, et plus occupé de trouver des mariages pour ses enfans que de fonder le système de nos alliances diplomatiques sur ses véritables bases.

Entre ces deux impulsions contraires, le rôle de la France était marqué, et ce rôle était admirablement beau. La durée du *statu quo* de 1815 nous était contraire, puisque, ainsi qu'on l'a vu, la carte de l'Europe avait été refaite à cette époque, sans nous et contre nous. Il y avait donc une haute position à prendre, une position qu'il n'appartenait qu'à nous de remplir. La Russie voulait le mouvement, le mouvement nous était favorable ; l'intérêt russe semblait donc l'allié naturel de l'intérêt français. L'Angleterre voulait maintenir le *statu quo*, et par conséquent une délimitation européenne arrêtée dans un moment où notre fortune était en décadence ; délimitation qui pouvait n'être que prudente le lendemain de l'Empire, mais qui devenait inique en présence de la Restauration. L'intérêt anglais était donc, en cette occasion comme presque toujours, l'ennemi naturel du nôtre. Ainsi nous obtenions un avantage certain et évident à pencher du côté de la Russie ; mais en nous plaçant dans cette politique, nous devions éviter de nous y précipiter. Il ne pouvait nous convenir d'être les instrumens des desseins d'aucun cabinet, appelés que nous étions à être les modérateurs suprêmes de l'Europe ; car partout où la France jetait le poids de son influence elle donnait l'avantage. Il nous était possible tout à la fois, de favoriser le mouvement de la Russie en Europe pour nous délivrer des traités de 1815, et de diriger les agrandissemens de cette puissance vers l'orient afin de mettre l'Europe à l'abri de son ambition. Elle avait trop besoin de notre consentement pour avoir rien à nous refuser.

Telle était la position de la France, dans les dernières années du gouvernement royal. Ceux qui savent les affaires et qui ont parcouru les cartons des dépêches diplomatiques, n'ignorent point que le tableau que nous venons de présenter est tracé, non pas avec des illusions et des utopies, mais avec des faits. La situation qui s'y reflète s'était déjà manifestée d'une manière éclatante lors de la complication politique qui s'était présentée en Orient. On avait vu, malgré l'Autriche et l'Angleterre, une armée russe s'avancer jusqu'à Andrinople et s'arrêter à cette limite sur les représentations de notre cabinet, qui se montra, dans cette occasion, trop timide peut-être ; car, ainsi qu'on l'a dit, ce n'était point à la France de protéger le *statu quo* européen dont elle subissait tous les inconvéniens, et dont les autres peuples recueillaient les avantages. Mais enfin ce n'était là qu'une partie remise. L'échiquier de l'Europe n'avait point cessé d'offrir le même aspect. L'intérêt anglais et l'intérêt russe devaient se rencontrer. Notre rôle était toujours là, aussi avantageux et aussi beau, il n'était possible à personne de nous le ravir, et il dépendait de nous de donner le signal de ce mouvement qui devait nous permettre de recouvrer nos frontières naturelles.

C'est au milieu de cette admirable partie que le *Journal des Débats* et l'opposition avec laquelle il marchait, jetèrent la révolution de 1830 comme un de ces coups de tonnerre qui renversent tout. Pour je ne sais quels médiocres intérêts, pour quelques amours-propres blessés, quelques ambitions lasses d'attendre, pour des jalousies d'intérieur, des haines d'aristocrates bourgeois contre les aristocrates nobiliaires, il sacrifia cette grande et belle chance ouverte devant la fortune du pays. Les déplorables avocats de l'assemblée des 221, et ces autres avocats de la presse, s'évertuèrent à chicaner le trône sur des puérilités politiques quand il s'agissait de gagner le procès de la France. Ils plaidèrent la question du mur mitoyen entre la chambre et la royauté, quand il s'agissait de reconquérir nos frontières perdues et de rétablir notre influence en Europe. Ce fut, à vrai dire, une grande pitié que de voir ces éloquences auxquelles les grandes questions pendantes en Europe échappaient par le fait même de leur grandeur, tourner obstinément le dos aux intérêts immenses qui appelaient leurs regards au dehors, et, claquemurés dans la discussion de déplorables arguties, s'inquiéter peu de rendre des frontières à la France, pourvu qu'ils ôtassent l'article 14 de la charte. Pauvres aveugles, qui s'occupaient à extirper un fétu, et qui n'apercevaient point la poutre des traités de 1815 toujours suspendue au dessus de notre tête !

Voulez-vous mesurer toute l'étendue de la faute, nous allions dire du crime du *Journal des Débats* et de tous ceux qui, comme lui, travaillèrent à rendre une révolution inévitable? Comparez la situation de la France d'aujourd'hui à ce qu'elle était dans les dernières années du gouvernement royal; pesez les avantages avec les avantages, les inconvéniens avec les inconvéniens; voyez ce que sont devenues les chances que nous vous avons montrées si sûres et si belles, cet avenir que nous vous avons fait voir si brillant et si prochain. Nous allons présenter ce parallèle, qui entre dans les devoirs et dans le plan de cet ouvrage. Il est temps que les ouvriers portent la responsabilité de leur œuvre, et le moment est venu de faire éclater la dernière des justices de cette histoire, en demandant au *Journal des Débats* ce qu'il a fait, non plus des destinées de la Restauration, mais de celles du pays.

CHAPITRE XXIII.

Sommaire : Résumé de la situation de l'Europe. — Nouveaux détails. — Explication de la politique de l'Angleterre. — Grandeur matérielle et affaiblissement moral. — Comment la France a pu devenir complice de la politique du *statu quo*. — Sa situation en Europe a été changée. — Malveillance des puissances continentales. — Les traités de 1815 tacitement renouvelés. — La guerre devenue une éventualité fatale dénuée de chances de succès. — Ecueils dont cette situation est semée. — Fâcheuse position du pays reconnue par les deux hommes d'état qui représentent les deux nuances de l'ordre de choses actuel. — — Aveux de MM. Thiers et Guizot dans une discussion récente. — Moralité de cette discussion. — Le Rhin empêche d'exercer aucune action sur les Pyrénées, les Pyrénées de pourvoir à aucun péril du côté du Rhin. — Qui faut-il rendre responsable de cette situation. — Est-ce le gouvernement de juillet ? — Est-ce le parti révolutionnaire ? — Le *Journal des Débats* doit surtout être accusé, parce qu'il a fait le mal en connaissance de cause. — Fin de cette histoire.

Nous avons exposé quelle était la situation diplomatique de l'Europe au moment où, par le renversement de la maison de Bourbon, le *Journal des Débats* et ses alliés rompirent les relations établies et bouleversèrent le système des rapports qui unissaient les différens cabinets. Cette situation était précise et claire. L'Angleterre et l'Autriche qui, par les traités de 1815, avaient acquis tout ce qu'elles pouvaient acquérir, employaient tous leurs efforts à immobiliser l'état de l'Europe. La Russie, qui avait le sentiment de son avenir et de sa force, voulait marcher, et elle entraînait la Prusse dans son mouvement. La France était donc admirablement posée, car partout où elle se portait elle faisait pencher la balance. L'expédition d'Espagne, tant critiquée par l'opposition de quinze ans, qui ne peut échapper ici au reproche d'avoir été peu intelligente qu'en consentant à reconnaître qu'elle sacrifiait un intérêt national à un intérêt de parti, l'expédition d'Espagne avait eu ce beau résultat de nous donner toute sécurité sur les Pyrénées, et par conséquent de nous laisser les bras libres sur le Rhin. Nous étions assurés, sinon d'une alliance offensive et défensive, au moins d'une neutralité bienveillante du côté du cabinet de l'Escurial ; de sorte que nous pouvions diriger toutes nos forces sur le point où il nous conviendrait d'agir.

A aucune époque de notre histoire, on peut le dire, les chances de la fortune ne s'étaient présentées d'une manière plus favorable pour la France. Elle allait prendre la revanche du rôle que ses adversités lui avaient donné dans les traités de 1815 ; cette revanche se présentait naturellement et comme d'elle-même. La puissance sans laquelle et contre laquelle on avait réglé les destinées de l'Europe, en était devenue la régulatrice ; car tout le monde avait besoin d'elle et elle n'avait besoin de personne. Placée dans toutes les conditions de la force, par la pacification de l'Espagne, dans ces conditions d'action et d'influence où Louis XIV l'avait mise, et où Napoléon avait en vain tenté de la rétablir par l'essai malheureux de l'importation d'une branche de sa dynastie à l'Escurial ; appuyée sur une nombreuse jeunesse, élite militaire d'une population réparée par la paix, disposant de finances riches et prospères, la France avait déjà vu l'avènement de sa situation nouvelle diplomatiquement accepté. Des offres lui avaient été faites qui constataient les graves changemens survenus en Europe depuis 1815. C'est un fait notoire en diplomatie, que le cabinet de Saint-Pétersbourg avait déjà fait pressentir le cabinet de Berlin, pour le préparer aux agrandissemens de territoire que la France pourrait réclamer dans le cas où son alliance avec la Russie l'entraînerait dans une lutte européenne au sujet des affaires d'Orient. Cette tendance de la politique moscovite à concentrer tous ses projets d'ambition du côté de l'orient, répondait aux craintes que quelques-uns de ces esprits, qui ont le tort de se souvenir lorsqu'il s'agit de prévoir, cherchaient à accréditer relativement aux vues du cabinet de Saint-Pétersbourg sur l'Europe. Ceux qui connaissaient la direction des idées russes n'avaient pu admettre ces craintes. Ils savaient que le nouvel empereur, en adoptant ces idées d'agrandissement sur la frontière turco-russe, avait reconquis la popularité perdue par son frère en suivant une autre politique. Du reste, la France était libre, complètement libre de choisir entre les deux camps qui se formaient ; la Russie lui avait fait des offres pour rompre le *statu quo* européen ; d'autres offres devaient lui être faites par les puissances qui désiraient la conservation de la paix. C'était au cabinet français à peser les avantages de ces différentes ouvertures et à jeter le poids de son influence ou de son épée du côté où il verrait les chances les plus favorables pour l'intérêt du pays.

A cette situation ainsi résumée, opposons la situation que le *Journal des Débats* et ses amis ont faite à la France. Ici les événemens sont présens à tous les esprits et respirent, pour ainsi parler, sous nos yeux. Un fait, un seul fait suffit, selon nous, pour exprimer la différence incommensurable, infinie, qui existe entre la position où l'on nous a placés, et celle que nous avons perdue : nous étions les adversaires de la politique anglaise, nous sommes aujourd'hui les complices de ses desseins et les supports de sa fastueuse impuissance.

En nous exprimant ainsi, au sujet d'une alliance tant préconisée par les amis du système actuel, et, en particulier, par le *Journal des Débats*, qui s'est fait le panégyriste du traité par lequel le cabinet du Palais-Royal s'est uni au cabinet de Saint-James, nous éprouvons le besoin de motiver notre opinion et de développer notre pensée sur l'Angleterre.

Au milieu de l'été dernier, celui qui écrit cette histoire, cherchant à approfondir la question dont il parle, étudiait la situation de la Grande-Bretagne au sein de la Grande Bretagne même. Certes la distance est courte entre ces deux capitales sœurs, mais sœurs ennemies, qui, debout au bord de la Tamise et de la Seine, se regardent depuis tant de générations avec des yeux pleins de colère et de rivalité. Cependant il y a, dans chacune des deux contrées, une atmosphère à travers laquelle on aperçoit les objets qui vous entourent, et cette atmosphère teint les hommes et les choses des couleurs qui lui sont propres. S'il n'y a que deux jours de trajet entre les deux villes, il y a des siècles de distance entre les caractères des deux peuples. Arrivé au milieu des dernières rumeurs d'un règne qui venait de finir et des premières incertitudes d'un règne qui commençait, nous pûmes voir le château de Windsor s'ouvrir pour laisser passer les funérailles du roi Guillaume, qui, à travers les ténèbres d'une belle nuit d'été, illuminée à demi par un de ces clairs de lune nuageux particuliers à l'Angleterre, se dirigeaient lentement vers la chapelle du château; et, le lendemain de ces lugubres cérémonies, nous assistions aux réjouissances d'un nouveau règne. Mais ce n'était point le spectacle de ces choses extérieures qui nous préoccupait, c'était l'étude intime de la situation de la Grande-Bretagne.

Au dehors, et pour ceux qui se contentent d'un examen superficiel, il n'y a rien de changé. L'aspect matériel de l'Angleterre est le même, peut-être est-il plus imposant encore. Il y avait plusieurs années que nous n'avions vu Londres, et, dans de précédens voyages, nous avions seulement passé le détroit et pris notre course par Douvres ou Brigton. Cette fois nous voulûmes débarquer à Londres même en remontant la Tamise. Il faut le reconnaître, c'est là l'entrée royale, l'entrée monumentale de cette grande cité des mers. Quand on arrive par terre à Londres, on n'a pas plus une idée de la puissance anglaise, que l'on ne peut s'en former une de la puissance de la France lorsqu'on pénètre à Paris par la barrière d'Enfer, ou par une autre de ces issues étroites et sans grandeur, ouvertes comme autant de portes dérobées sur notre ville capitale. Lorsqu'on aborde Paris par cette magnifique barrière de l'Étoile qui élève, comme un sublime portique, son gigantesque Arc-de-Triomphe vers le ciel ; lorsqu'on aperçoit devant soi cette vaste avenue des Champs-Élysées, et, dans le lointain, le palais des Tuileries étendant ses deux bras noirs aux deux bouts de l'horizon, alors, et seulement alors on peut se faire une idée juste et complète du rôle que joue dans le monde la cité où l'on vient d'entrer. Eh! bien, l'émotion qu'on éprouve en entrant à Londres par la Tamise est plus vive, et l'idée qu'on se forme de la puissance anglaise plus juste encore. La Tamise est la grande route de Londres. C'est une rue de vingt-cinq lieues, toujours pleine de passans, et dont les passans sont des vaisseaux. A mesure qu'on avance, cette voie britannique devient plus populeuse et plus fréquentée ; peu de minutes s'écoulent sans qu'on aperçoive la voile d'un navire de guerre ou d'un bâtiment de commerce ouverte au vent qui la gonfle, et sans qu'on voye fumer le mât de tôle d'un bateau à vapeur qui fuit à l'horizon, en laissant derrière lui, dans les airs, un nuage noir qui semble être son épaisse haleine, et sur les vagues le large sillon de ses roues. Puis on voit se succéder, à des intervalles rapprochés, des villes échelonnées d'espace en espace, comme des fabriques de vaisseaux. Ce sont Ramsgate, Margate, Gravesend, Woolwich avec son hôpital pour tous les marins du monde, situé en pleine mer et établi sur un immense vaisseau; Greenwich enfin, avec son ancien château royal, consacré à la vieillesse et aux blessures des marins anglais, comme pour rappeler que la marine est la véritable reine d'Angleterre. Tout le long de cette côte on aperçoit des navires en construction, devant lesquels passent à chaque instant d'autres navires. En voyant ces carènes aux ailes blanches et aux flancs diaprés de mille couleurs, glisser avec une inconcevable rapidité devant ces coques noires et immobiles, on croirait voir de brillans papillons effleurer, en se jouant, de lourdes chenilles qui n'ont point achevé le pénible travail de leur transformation.

Quand on approche de Londres, on ne peut plus avancer qu'avec beaucoup de précaution à travers cette cohue de vaisseaux qui semblent se presser dans le vaste lit de la Tamise. A partir du pont de Londres, le long des deux rives, deux immenses files de navires, rangés, ainsi qu'un régiment, par compagnie de vingt ou trente de front, s'étendent vers l'embouchure de la Tamise comme les deux bras armés de la capitale de l'Angleterre, allongés pour saisir la mer. A la vue de ces innombrables navires qui se croisent dans tous les sens, de cette Tamise si animée, si peuplée, on demeure frappé de la puissance du peuple qu'on va voir, et l'on se forme une grande idée de l'Angleterre. Londres, c'est la capitale du mouvement, du mouvement dans l'espace par sa marine, du mouvement dans le commerce par son crédit, du mouvement dans la politique par la propagande des idées. Londres, cette grande revanche de la mer vaincue à Carthage contre le continent son vainqueur, a réalisé l'ubiquité de Rome d'une manière plus puissante et plus formidable. L'Angleterre est partout, car l'Angleterre c'est un navire, une lettre de change et une idée révolutionnaire.

Telle est la pensée qui frappe d'abord, et cette puissance semble si prodigieuse quand on la mesure d'un premier regard, que sa chute paraît impossible. Depuis vingt ans Londres a presque doublé d'étendue. La reine des mers a, comme les mers elles-mêmes, quelque chose de vague et d'indécis ; n'étant bornée par aucune limite, elle étend démesurément ses flancs qui ne sont resserrés par aucune ceinture. Ce n'est que lorsque le premier moment de l'admiration est passé, lorsqu'on a familiarisé sa vue avec cette perspective gigantesque, que l'on peut chercher à étudier avec fruit la situation morale du pays, sur laquelle cette grandeur matérielle avait jeté un voile ; alors, en écoutant les esprits supérieurs, en surprenant leurs incertitudes et leurs appréhensions, on voit les choses se présenter sous un tout autre aspect.

Essayons de résumer en quelques mots toutes les causes qui précipitent l'Angleterre vers sa décadence. L'Angleterre est arrivée de tous les côtés à cette limite après laquelle il n'y a pas d'issue. Par son incommensurable dette, elle touche au terme où la guerre en s'allumant rendrait une banqueroute nationale nécessaire. Par l'immense développement de sa puissance, elle touche au terme où l'esprit national, n'étant plus stimulé par la perspective d'une tâche à remplir, s'allanguit et laisse décroître cette puissance; car les peuples sont comme les individus, ils déploient moins d'énergie pour conserver que pour acquérir. Par les progrès de son commerce elle touche au terme où une lutte de classe est imminente, lutte de l'argent contre la terre, de l'industrie contre l'aristocratie, du mouvement contre la stabilité, guerre civile de deux aristocraties, derrière lesquelles se remue une population d'indigens innombrable et nue. Enfin, par le progrès des idées, elle touche au terme fatal du protestantisme, ce cadre même de la société anglaise, brisé d'un côté par le philosophisme et par le catholicisme de l'autre. Ajoutez à cela l'Encelade irlandais qui se retourne de temps à autres sous son volcan, et vous aurez une idée exacte de la situation de l'Angleterre.

Maintenant, vous comprenez sa politique. Elle s'arrête, parce qu'elle se sent arrivée au terme de toutes les carrières ouvertes devant elle ; elle s'arrête, parce qu'elle sent qu'un pas de plus peut la perdre ; elle s'arrête, parce qu'elle comprend que tout mouvement doit la faire descendre ; elle s'arrête parce qu'elle ne peut plus marcher. Elle a les mains pleines de richesses, mais ses mains sont liées ; des vaisseaux à couvrir les mers, des empires pour sujets, tout l'extérieur de la grandeur et de la puissance ; mais s'il faut qu'elle combatte encore une fois pour la conservation de toutes ces choses, les maux intérieurs qui la travaillent vont se révéler. C'est le cancer irlandais, c'est le poids énorme des impôts, c'est la décadence de l'aristocratie, c'est la rivalité de deux classes, c'est le radicalisme menaçant et hideux, c'est le protestantisme qui meurt. Le tableau est encore imposant et magnifique, mais le grand cadre qui reliait les morceaux épars de cette toile immense se relâche et se brise, et il ne conserve plus un reste de cohésion que par son immobilité.

Que l'Angleterre s'arrête donc, c'est son intérêt, c'est la condition du maintien de ce prestige de puissance qui l'entoure ; c'était sa politique avant 1830, comme c'est encore sa politique aujourd'hui. Mais si, avant comme après cette date, la politique de l'Angleterre était de maintenir sa prépondérance expirante, en maintenant le *statu quo* de la carte européenne tracée contre la France en 1815 ; si c'était là son ambition, sa seule ambition, la nôtre au contraire était d'obtenir la révision de ces traités, monumens de nos anciens revers. Si l'Angleterre voulait l'immobilité parce qu'elle sentait que sa puissance acquise était supérieure à sa force réelle, et ce qu'elle pouvait perdre plus considérable que ce qu'elle pouvait attendre, la France voulait le mouvement parce qu'elle comprenait que sa position actuelle était au-dessous de ses mérites, au-dessous de sa force, au-dessous de ses ressources, au-dessous de ses moyens. D'où vient que tout est changé ? Pourquoi depuis l'avènement de la révolution préparée par le *Journal des Débats*, voit-on les hommes qui tiennent les affaires devenir les seconds de l'Angleterre dans ses efforts pour maintenir le *statu quo* européen ? Ces traités de 1815 qu'on avait intérêt à faire annuler, comment se fait-il qu'on les invoque ? Pourquoi le fardeau d'hier est-il devenu aujourd'hui un abri ? Il faudrait expliquer ce changement politique. La France, pour être satisfaite, a-t-elle acquis ces frontières que lui proposait le cabinet de Saint-Pétersbourg? Quelque nouvelle province a-t-elle été ajoutée à notre sol? Avons-nous gagné une ville, un bourg, un pouce de territoire ?

Chacun sait qu'il ne s'est passé rien de pareil ni en 1830, ni depuis 1830. Nous sommes ce que nous étions hier, et cependant toute notre politique est changée. Les plans, les projets qu'on pouvait avouer il y a huit ans comme praticables, si on les formait aujourd'hui ils seraient regardés comme insensés et téméraires.

Les espérances jadis légitimes, seraient aujourd'hui mal fondées. Qu'est-ce à dire encore une fois ? Notre situation est donc bien profondément altérée en Europe? Alliés de l'Angleterre, partisans du *statu quo*, tremblant au seul mot de mouvement, devenus l'une des roues empêchées et paresseuses de la quadruple-alliance, ce char immobile qui porte la fortune du cabinet de Saint-James !

C'est qu'en effet notre situation est profondément altérée en Europe, c'est que tous les rapports qui existaient entre la France et le continent sont rompus. Cette alliance de la Russie qui se présentait, il y a huit ans, avec tant d'avantages, ce n'est plus qu'un souvenir qui sert à faire ressortir le rôle que les politiques du système actuel nous font jouer en Europe, par le constraste du rôle qui nous était destiné. Toutes ces cours qui, nous l'avons dit, envoyaient, lors de l'expédition d'Alger, des notes si amicales, elles sont aujourd'hui malveillantes. Soyez sûrs que si le cabinet de Saint-

Pétersbourg fait pressentir maintenant le cabinet de Berlin, ce n'est point pour le préparer à voir la France reprendre les frontières qu'elle a perdues en 1815. Les traités prêts à tomber en désuétude ont été remis en vigueur, comme ces forteresses qu'on laisse dégrader pendant la paix et qu'on relève à l'approche du péril. Vienne et Saint-Pétersbourg, autrefois divisés, se sont rapprochés dans la même pensée avec Berlin. Le lien continental de 1815 a été renoué ; on nous observe, on nous examine, on nous surveille, ce sont les Cent-Jours, moins la guerre. La guerre ! nous pouvions la désirer sous la Restauration, nous pouvions du moins l'accepter comme une chance favorable, comme une espérance ; maintenant il faut la craindre, il faut l'éviter à tout prix ; la nouvelle situation qu'on nous a faite l'exige. Nous ne blâmons pas la prudence qui accepte cette situation et qui s'y conforme, mais l'imprudence par qui cette situation a été créée. Loin de nous de souhaiter qu'on jette la France dans une lutte où elle entrerait avec des chances contraires ; mais qu'il nous soit permis de déplorer les torts, le crime de ceux qui, comme le *Journal des Débats*, ont ôté à la fortune du pays toutes ses chances et lui ont rendu des périls qui n'existaient plus depuis long-temps.

Ce n'est point le réquisitoire de l'esprit de parti que nous écrivons ici, c'est le jugement de l'histoire. Nous n'exagérons rien, nous ne cherchons point à rembrunir une situation déjà trop sombre, nous n'enflons point l'accusation pour aggraver le crime. Nous disons toute la vérité, rien que la vérité, avec cette douleur nationale que tout Français doit ressentir lorsqu'il expose les malheurs de son pays. Et qu'avons-nous besoin d'exposer cette situation mauvaise et fatale où l'on a mis la France ? Elle est si évidente, si impérieuse qu'elle monte d'elle-même à la tribune, et que, touchant de la main les ministres passés, présens et futurs de l'ordre de choses actuel, elle ouvre violemment les lèvres qui voulaient rester muettes et les force, par son ascendant, à lui rendre témoignage.

Certes ce fut un mémorable enseignement, lorsqu'au commencement de la session de cette année 1838, on vit les deux hommes qui représentent l'avant-garde et la réserve du pouvoir de juillet, la nuance politique qui veut le conserver par la témérité et la nuance qui veut le conserver par la couardise, venir faire à la face du pays une confession éclatante et publique de la situation dans laquelle la France a été jetée. Que disait-il en effet cet orateur impétueux qui reflète, dans ses idées, un rayon du génie aventureux de la révolution dont il a écrit l'histoire ; que disait-il dans cette fameuse discussion dont l'importance survivra à la circonstance qui l'avait fait naître ? Il disait qu'il fallait intervenir en Espagne. Et pourquoi disait-il qu'il fallait intervenir ? Parce que, sans l'intervention, le triomphe de don Carlos était inévitable et que le gouvernement qui préside aux destinées de la France avait un intérêt immense, un intérêt vital à avoir les bras libres sur le Rhin ; parce qu'il y avait de l'autre côté de ce fleuve, des inimitiés tenaces, inflexibles qui deviendraient exigentes, impérieuses, despotiques, si un gouvernement analogue aux autres gouvernemens européens s'établissait en Espagne. Il ajoutait que c'était une nécessité, pour tout pouvoir établi en France, de trouver des sympathies assurées de l'autre côté des Pyrénées, et il citait les magnifiques raisons qui décidèrent Louis XIV, et celles qui plus tard déterminèrent Napoléon à tenter les derniers efforts pour obtenir le même résultat; mais il affirmait qu'aujourd'hui cette nécessité était plus impérieuse encore, et, revenant toujours à sa première pensée, il demandait qu'on s'assurât sur la frontière du Midi, il le demandait au nom des malveillances du Nord.

Que répondait cet autre orateur dont le nom représente le système opposé? Il ne contestait point la justesse des propositions avancées par son fougueux adversaire; il ne niait point qu'il y eût un avantage, un grand avantage à s'assurer des sympathies politiques fondées sur une analogie gouvernementale du côté du Midi; il avouait que cette analogie, menacée d'un péril imminent, pouvait d'un jour à l'autre disparaître par le triomphe de Charles V. Niait-il donc ces malveillances du Nord qui venaient d'être révélées d'une manière éclatante et publique par l'ancien président du conseil, par l'ancien ministre des affaires étrangères du Palais-Royal? Bien loin de là, il représentait ces malveillances comme plus positives, plus directes, plus mûres, plus proches d'une explosion. Il disait : « Ne vous jetez » point sur les bras des embarras au Midi, car au » Nord on n'attend que ces embarras pour vous » accabler. Ne vous avancez pas du côté des Py- » rénées, car on pourrait marcher contre vous du » côté du Rhin. » Ainsi il reconnaissait les périls du gouvernement de juillet dans la direction de l'Espagne, mais il exhortait ses amis à ne point y pourvoir, en invoquant d'autres et de plus grands périls qu'il faisait apparaître du côté du Nord; il retournait l'argument de son impétueux rival, qui avait dit : « Il faut empêcher la chute

» du gouvernement révolutionnaire en Espagne, » afin de pouvoir lutter ensuite contre les gouver- » nemens du Nord qui nous menacent sur le » Rhin; » et il lui répondait : « Les gouverne- » mens du Nord nous menacent de trop graves » périls du côté du Rhin, pour que nous puis- » sions aller soutenir la révolution de l'autre côté » des Pyrénées. »

Mais de ces deux orateurs qui jetaient de si vives lumières sur notre position politique, lequel était dans le vrai de la situation? lequel fallait-il croire? lequel exprimait l'état réel des hommes et des choses? Ils avaient raison l'un et l'autre, et chacun d'eux, considérant la question sous un point de vue différent, arrivait à une conclusion également logique.

Quand M. Guizot proclamait la malveillance patente et avouée des gouvernemens du Nord, il démontrait que M. Thiers avait raison de signaler l'urgence de s'appuyer sur des Pyrénées bienveillantes et amies, et par conséquent d'effectuer l'intervention pour prévenir le triomphe de don Carlos ; car cette malveillance européenne ne peut devenir que plus efficace, plus redoutable, plus active, le jour où les gouvernemens du Nord verront que le cabinet du Palais-Royal est pris en tête et en queue, qu'on nous passe ce terme, par un double péril.

Quand M. Thiers demandait cette intervention au Midi pour mettre la révolution de juillet en état de faire face à la malveillance du Nord, il démontrait que M. Guizot avait raison de craindre que cette malveillance ne saisît, pour éclater, l'occasion d'une intervention qui occuperait les forces dont le gouvernement du 9 août peut disposer ; car cette malveillance européenne, déjà si hautaine pendant la paix, trouverait dans une guerre faite sur les Pyrénées des chances favorables pour faire une guerre sur le Rhin.

Nous commençons à voir toute la profondeur du danger dans lequel on a jeté la France. Les deux hommes politiques dont nous venons de parler ont, pour ainsi dire, penché, du haut de la tribune, un flambeau dans le gouffre entr'ouvert. Depuis que la révolution de 1830 a pris dans ses mains notre fortune, nous sommes tenus en échec par un double péril : deux fanaux sont maintenant allumés sur un double écueil, le premier sur les Pyrénées, le second sur le Rhin; deux problèmes menaçans couvent aux extrémités de notre territoire, sans qu'il soit possible de les résoudre. Le Rhin empêche le pouvoir actuel d'avoir les bras libres sur les Pyrénées, les Pyrénées l'empêchent d'avoir les bras libres sur le Rhin. Condamné à l'immobilité au milieu des deux aimans de ces situations qui l'attirent, le système actuel a trop à redouter du côté du Nord pour intervenir au Midi; et il aurait trop à craindre du Midi revenu au principe monarchique, pour résister aux exigences du Nord. Intervenir au-delà des Pyrénées, c'est tout compromettre sur le Rhin; ne point intervenir, c'est rendre imminent le triomphe de Charles V, qui oblige les hommes d'état du système actuel à faire toute concession sur la frontière du Nord. L'intervention serait donc la plus grande des obligations politiques, si ce n'était pas une témérité plus grande encore; elle serait le premier des devoirs si elle n'était pas la dernière des fautes. Quoi de plus? on ne saurait décider si elle est plus nécessaire qu'impossible, ou plus impossible que nécessaire.

Vous voyez maintenant dans quel état d'impuissance une pareille situation enchaîne notre pays; vous comprenez comment la France a été condamnée, depuis huit ans, à ramasser les tronçons de sa fortune pour assurer les roues immobiles du char de la quadruple-alliance. Cette union avec l'Angleterre, ce subit amour du *statu quo*, cet asile demandé aux traités de 1815, cette crainte du mouvement, rien ne vous étonne plus; une situation mauvaise, aussi mauvaise qu'aux jours les plus critiques de notre histoire, pèse sur les résolutions des hommes d'état et arrête l'élan national. Le travail de trois règnes de rois, et quels rois que Henri IV, Richelieu et Louis XIV! est perdu; la France, dans les conditions où on l'a mise, se trouve de nouveau menacée sur le Rhin, sans être assurée sur les Pyrénées ; elle a vu disparaître cette unité d'action, cette concentration de force, source de sa puissance, de son ascendant et de sa gloire. Pour dernière fatalité, les hommes du système actuel ne peuvent rien tenter pour la tirer de cet état de crise ; elle a, pour ainsi parler, pris racine sous les Fourches Caudines de cette situation ; les ministres du pouvoir actuel se chargent de lui prouver qu'il est aussi dangereux d'en sortir que d'y demeurer. C'est ainsi que, tombée des hauteurs de la fortune que la Restauration lui avait faite, la France présente en ce moment à l'Europe le spectacle de ses humiliations et de ses malheurs, et que, privée de toutes ses chances, dépouillée de ses avantages, elle a vu son enjeu rejeté de la grande table où se jouaient les destinées européennes, réduite aujourd'hui à tout craindre après avoir eu, il y a huit ans, tout à espérer.

Voilà la situation qu'on a faite à la France.

Vous avez vu quel était son rôle, quelle était sa position, quelle était sa destinée avant 1830 : rôle admirable, position magnifique, destinée composée d'éventualités de puissance et de gloire ; voilà ce que sont devenus aujourd'hui sa position, son rôle, sa destinée. Mais ce changement qui donc en accuserons-nous ? De pareils reviremens ne s'accomplissent point par leur propre force ; derrière les causes motrices il y a un moteur. Ce serait une prétention peu sérieuse, une idée folle que de vouloir démontrer que tout a eu lieu par une fatalité supérieure aux calculs humains et indépendante des fautes des hommes. Si l'action humaine, ce grand levier de l'histoire, n'était point intervenue dans les événemens, la Restauration eût été inébranlable, car elle s'appuyait sur tous les intérêts fondamentaux du pays, car elle assurait le développement de la prospérité de la France au dedans et elle était la condition de sa puissance extérieure. Les choses étaient pour elle, ce sont donc les hommes qui l'ont renversée. Il n'y a pas plus de crime sans coupable que de coupable sans crime. Où donc trouverons-nous ici le coupable? Quelle tête courber sous la pesante responsabilité de l'anéantissement de tous nos espoirs, de la destruction de toutes nos chances, du renversement de toutes les conditions de notre influence, de la disparition de toutes les promesses d'un avenir qui avait presque la réalité substantielle d'un avantage acquis et présent?

Sera-ce le gouvernement de juillet? Mais il échappe d'abord à notre examen par l'inviolabilité qui lui est attribuée, sorte de forteresse légale où nul ne peut l'atteindre. Et puis la situation où il se trouve, il ne l'a point faite, mais acceptée; les embarras et les difficultés qui l'environnent, il les a subis; dès le premier jour de sa naissance, ces embarras et ces difficultés l'assiégeaient; les divers ministères qu'il a appelés aux affaires, ont pu rendre pire une situation déjà mauvaise, mais on ne saurait les accuser sans injustice d'être les auteurs de cette situation dont le vice préexistant était antérieur à leurs fautes. On voit ici que pour résoudre la question par nous posée, nous mettons de côté tout esprit de parti, toute rancune d'opposition, toute partialité politique, décidés à empreindre notre jugement de la gravité de l'histoire.

Encore une fois, qui donc sera responsable de la situation funeste où, de l'aveu des deux hommes politiques les plus notables de l'ordre de choses actuel, la France est tombée? Sera-ce cette opposition révolutionnaire qui, pendant la Restauration, fit une guerre si violente et si acharnée aux principes de la monarchie? Sans doute une partie de la responsabilité de la situation de notre pays pèse sur cette opposition. L'histoire, dans sa sévère justice, ne peut ni ne doit amnistier les égaremens de personne. Elle fut bien imprudente et bien coupable cette école qui, en accréditant des illusions fatales et des espérances insensées, combattit le bien possible des réalités vivantes de la Restauration, avec la perfection chimérique d'un programme dont la lettre morte était condamnée à ne jamais se réaliser; qui se fit une arme des fautes et des imperfections inséparables de tous les gouvernemens de main d'homme, pour ruiner un établissement politique dont on pouvait tirer de si grands avantages pour le pays. Mais enfin cette école révolutionnaire peut-elle dire du moins qu'elle avait foi dans le roman politique qu'elle développait devant la France? Elle peut expliquer, sinon excuser sa conduite, en alléguant sa propre confiance dans les espoirs qu'elle faisait naître et dans les illusions qu'elle accréditait. Elle peut invoquer sa religion, parlons plus juste, sa superstition pour ses principes qu'elle croyait féconds et qui se sont trouvés stériles. Elle peut dire qu'elle n'avait pas prévu cette situation, suite et résultat de la chute du régime au renversement duquel elle a travaillé pendant quinze ans, avec une verve de colère et une ténacité de haine que rien n'a pu ni adoucir ni lasser. Ce n'est point tout encore. La portion la plus jeune, et par conséquent la moins coupable de cette école; ces générations aux mains promptes qui courent à l'action avant d'avoir mûri le conseil, peuvent rappeler la grandeur convulsive que la fièvre de 93 avait imprimée à la France, et représenter les souvenirs de cette époque comme la source de leurs illusions et de leurs erreurs.

Il y a donc quelqu'un de plus complètement, de plus odieusement coupable envers le pays que l'école révolutionnaire, et ici nous allons revenir au sujet de cette histoire dont nous n'avons semblé nous écarter que pour imprimer plus d'autorité et de puissance à notre conclusion. Il y a quelqu'un sur la tête de qui la responsabilité de la situation de la France pèse d'une manière plus lourde que sur celle des hommes qui ont cru, pendant la Restauration, à la force et à l'efficacité des doctrines de la révolution. C'est cette école intelligente, mais égoïste, qui a répandu des erreurs dont elle n'était pas dupe ; qui, par ambition et par intérêt, a accrédité des illusions qu'elle ne partageait pas ; école qui, sans avoir plus de superstitions que de croyances, spéculait sur les superstitions et sur les croyances des autres; froids et durs croupiers du grand pharaon de la politique, qui faisaient briller, aux yeux des joueurs, des chances qu'ils savaient vaines et illusoires, afin de les décider à jeter sur le tapis vert, les uns contre les autres, l'or que la banque devait, à la fin de la partie, ramasser du bout de son impassible râteau.

Or cette école, le *Journal des Débats* en est le centre, le type le plus exact, le symbole le plus fidèle. Des illusions sur la nature des effets d'une révolution, il était trop intelligent pour en avoir, il n'en avait pas. Il prévoyait, il savait, il publiait qu'une révolution replacerait la France dans la situation où elle était aux Cent-jours, et cependant il agissait de manière à rendre cette révolution inévitable. Il faisait sciemment le mal, car il mesurait les conséquences en mettant en mouvement les causes. Moins coupable encore envers la maison de Bourbon dont il désertait les intérêts, après avoir passé par toutes les formules du serment, comme par des avenues, pour aboutir à un parjure monumental ; moins coupable encore envers la maison de Bourbon qu'envers le pays, il remettait au hasard toutes les chances de la fortune de la France, et livrait aux quatre vents du ciel les destinées de notre fortune et celles de notre gloire.

Le moment est venu de le lui demander : Qu'a-t-il à dire pour justifier cette conduite, pour expliquer cette marche, pour motiver cette politique? Si l'intelligence donne des droits elle impose aussi des devoirs ; ces devoirs comment le *Journal des Débats* les a-t-il remplis? Les avantages que le gouvernement monarchique avait apportés au pays, il les connaissait, il les avait développés lui-même avec une force et une énergie incomparables. Les conséquences fatales attachées aux révolutions, il ne les ignorait pas, il les avait bien souvent dénoncées, et au commencement même de l'année 1830 il écrivait cette phrase : « Une révolution replacerait la France
» vis-à-vis l'Europe dans la situation où elle se

« trouva pendant les Cent-Jours. » Par quel motif, par quel prétexte le *Journal des Débats* pourra-t-il donc colorer cette inexplicable tactique, à l'aide de laquelle il a poussé, pendant les dernières années de la Restauration, à l'avènement d'une révolution et à la ruine de la monarchie ?

Prétendra-t-il qu'il était l'interprète et l'organe des ambitions légitimes d'une portion de la classe bourgeoise impatiente d'entrer en possession du pouvoir, et, pour rendre sa vanité, son égoïsme plus excusables, les cachera-t-il derrière une collection d'autres égoïsmes et d'autres vanités ?

Nous l'avons dit, nous concevons la haute et légitime ambition de l'intelligence. Cette grande conductrice des affaires humaines aspire au pouvoir comme à son pôle, et du fond de sa conscience s'élève une puissante et énergique protestation contre les prétentions de l'inexpérience et les usurpations de la médiocrité. Mais il en est de la noblesse de l'esprit comme de toute noblesse, elle doit faire ses preuves. Or la première preuve à faire, c'est de montrer qu'elle comprend les nécessités des situations, qu'elle sait attendre l'à-propos des circonstances, qu'elle aspire à conduire les destinées publiques parce qu'elle sait qu'elle doit bien les conduire ; qu'elle ambitionne le pouvoir, moins parce que le pouvoir lui est nécessaire que parce qu'elle sent qu'elle est elle-même nécessaire au pouvoir. Quant à l'ambition égoïste et parricide qui porterait une classe de la société à s'emparer du pouvoir à tout prix, celle-là nous ne saurions pas plus l'excuser que la comprendre. Cette ambition est coupable et doit être condamnée chez les classes comme chez les individus, car il y a un intérêt supérieur non seulement aux intérêts individuels, mais aux intérêts collectifs, c'est l'intérêt général ; il y a une utilité qui doit passer avant toutes les utilités, c'est l'utilité publique ; il y a une cause à laquelle toute cause doit être sacrifiée, excepté celle de la morale et de la justice, c'est la cause du pays. Agir d'une autre manière, c'est un tort, c'est un crime social ; c'est le tort, c'est le crime du *Journal des Débats.*

Ce journal a fait ce que personne au monde n'a le droit de faire, ni démocratie, ni bourgeoisie, ni noblesse : il a retardé l'heure de la fortune de la France, pour avancer l'heure de la fortune de la nuance dont il était l'expression. Il a fait tomber notre pays de sa situation d'offensive et de supériorité, qui se compose d'une alliance de famille sur les Pyrénées, et d'une alliance d'intérêt du côté du Nord ; il l'a fait tomber dans la situation de défensive et d'infériorité, la plus triste où il puisse se trouver, en lui ôtant toute sécurité du côté des Pyrénées, et en ne lui laissant, du côté du Nord, que des cabinets malveillans pour la révolution qui s'est opérée dans son sein. D'une France pleine de force et de vie, désireuse d'action parce qu'elle se sentait en position d'agir, il a fait une France condamnée à l'immobilité, et réduite à tourner, comme un obscur satellite, autour de ce soleil à son déclin, qu'on appelle la fortune de l'Augleterre. Toutes les chances accumulées pendant quinze ans de repos, perdues; toutes les ressources financières agglomérées pendant quinze ans de paix, dissipées; toutes les conditions qui pouvaient nous rendre une guerre favorable, changées : tel est le prix que le *Journal des Débats* n'a pas craint de mettre au triomphe de sa vanité parricide et de son égoïsme antinational. Grâce à lui et à la direction qu'il a imprimée aux esprits, les quinze années de la Restauration qui devaient être si fécondes, sont demeurées stériles; cette moisson de gloire et d'influence extérieure que nous allions recueillir, a séché sur pied, et la France est plus éloignée qu'elle ne l'était il y a vingt-trois ans, de recouvrer la frontière qui lui manque, et de reprendre le rang qui lui appartient en Europe quand elle est dans ses conditions normales et régulières. Ainsi, d'autant plus coupable qu'il n'était point aveugle, le *Journal des Débats* a troublé de son plein gré les destinées de son pays, et, dans un jour de rancune, il s'est servi, pour lapider la Restauration, des débris de la fortune de la France. Il a fait une hécatombe des intérêts sociaux et nationaux à son égoïsme impie. Il savait où il allait, et cependant il a continué à marcher; il n'ignorait pas que le contre-coup de ses attaques contre la royauté, ébranlait la société jusque dans ses fondemens, et cependant il n'a pas cessé d'attaquer la royauté; il connaissait mieux que personne la situation de grandeur et l'avenir de gloire qui s'ouvrait devant notre nation; il avait prédit lui-même qu'une révolution rejetterait la France dans la situation désastreuse des Cent-Jours, et il a travaillé sans relâche à amener une révolution.

Qu'il porte donc la responsabilité de son œuvre, qu'il subisse la flétrissure qui lui appartient. Il ne sera maintenant reçu, par personne, à dire que la Restauration a mérité son sort, car il ne s'agit plus ici de la Restauration, il s'agit du pays. Si ce culte que le *Journal des Débats* prétendait avoir pour la maison de Bourbon, était un culte menteur; si ce dévoûment, dont l'expression semblait renaître d'elle-même, n'était qu'une comédie, il aurait dû, à défaut de sentimens voués aux personnes, servir la maison de Bourbon par un sentiment de nationalité, car la maison de Bourbon plaçait la France dans les conditions d'action et d'influence extérieure les plus favorables où elle se fût trouvée depuis Louis XIV. Il aurait dû tout faire pour aplanir les obstacles qu'il a au contraire amoncelés devant le gouvernement royal; tout tenter pour dissiper les malentendus qu'il a tant contribué à accréditer; au moins aurait-il dû permettre, avant de provoquer ces crises intérieures qui ont englouti les chances extérieures de notre patrie, au moins aurait-il dû permettre à la Restauration d'achever son ouvrage en rendant à la France cette frontière que l'Empire entraîna avec lui dans l'immense naufrage de sa fortune, lorsque l'Europe, qui avait débordé sur notre territoire, emporta, comme la mer qui se retire, une partie du sol qu'elle avait inondé. Mais ce fut en vain que les destinées de la France apparurent, mornes et suppliantes, devant cette vanité homicide ; il ne leur fut pas plus pardonné qu'à la royale maison de Bourbon. Ceux qui avaient si souvent promis de combattre pour le trône le jour où le trône serait en péril, désertèrent les dangers qu'ils avaient réclamés d'avance comme leur patrimoine. Quand vint le moment de payer la dette contractée par ceux qui, en poussant l'opposition jusqu'à son dernier terme, s'étaient toujours engagés d'honneur à l'empêcher de dégénérer en révolution, les parleurs d'héroïsme, songeant à leur fortune et oubliant celle de la France, firent banqueroute de leur courage comme de leur fidélité.

C'est pourquoi nous venons aujourd'hui les accuser au tribunal de l'équitable histoire, et du mal qu'ils ont accompli, et du bien qu'ils ont empêché ; de la situation qu'ils ont interrompue et détruite, et de celle qu'ils ont faite à la France ; de l'avenir rayonnant d'espérance qu'ils ont fané dans sa fleur, et de l'avenir assombri par des périls de toute espèce qu'ils nous ont préparé. Nous en accusons leur orgueil sans bornes et leur égoïsme sans limites ; et, s'ils cherchent une excuse, la conscience publique ne leur laissera que le choix de justifier leur couardise par leur félonie, ou leur félonie par leur couardise.

CONCLUSION.

CONCLUSION.

Nous avons accompli un devoir qui nous a souvent paru rigoureux, mais c'était à nos yeux un devoir. Chacun doit être jugé par ses pairs; il appartient donc à la presse de faire justice des écarts de la presse, et c'était devant l'intelligence publique qu'il fallait traduire les torts d'un journal qui s'est servi, avec un si déplorable succès, des armes de l'intelligence.

Arrivé à la conclusion de ce livre, nous concevons le besoin de répéter ce que nous avons dit au début : quelque sévères qu'aient pu paraître nos jugemens, nous avons cherché, avant tout, à les rendre justes ; malgré l'indignation que nous avons fait éclater contre les torts des hommes, nous ne ressentons contre ceux-ci ni haine, ni colère. Ce peu de chose, qu'on appelle la personnalité humaine, a une valeur si rétrécie et une durée si courte, que nous ne saurions comment nous y prendre pour haïr ce que nous apercevons à peine, et ce qui ne nous apparaît que comme un point dans l'espace et comme une ombre dans le temps. Mais les principes et les opinions survivent à leurs auteurs, leurs conséquences sont durables ; ce sont donc les faux principes et les opinions funestes que nous avons voulu attaquer.

Du reste, autant qu'il a été en nous, nous n'avons pas plus caché les lumières du *Journal des Débats* que ses ombres, ses mérites que ses torts ; nous avons dit ses premiers services comme ses dernières félonies ; nous l'avons montré levant le drapeau en faveur des doctrines sociales, en 1800, comme nous l'avons fait voir, dans la seconde moitié de la Restauration, arborant un autre drapeau.

Ce n'est point notre faute si nous avons toujours trouvé l'égoïsme au fond de toutes les périodes de son existence, comme la goutte d'absynthe qu'on rencontre au fond même de la coupe de miel.

Quand il a été question de la littérature et de la critique, nous avons oublié les torts politiques du journal pour rendre justice au mérite de ses rédacteurs. Nous avons compté les dynasties d'écrivains de talent se succédant depuis Geoffroy, Hoffmann et M. de Féletz, jusqu'à nos jours; et le sceptre du feuilleton toujours porté, sinon avec autant de jugement et de goût, au moins avec autant d'éclat.

C'est surtout par les hommes que le *Journal des Débats* s'est soutenu. Il a compris, de bonne heure, une vérité bien simple quoiqu'encore assez peu généralement adoptée, c'est qu'un journal s'adressant aux intelligences, ne peut vivre que par l'intelligence; aussi le *Journal des Débats* a-t-il toujours fait les plus grands efforts pour attirer à lui les plumes éloquentes ou spirituelles et fines. Le personnel de sa rédaction, dans les diverses phases de son histoire, a été le plus souvent un catalogue de célébrités. Il a compté parmi ses coopérateurs, outre Geoffroy, Hoffmann, M. de Féletz, Dussault et Malte-Brun, qui datent de sa fondation; M. Fiévée, M. Etienne; puis, sous la Restauration, M. de Châteaubriand, M. Villemain, M. Duvicquet, M. Becquet, et, malgré tant de pertes, il a encore M. Janin, M. Saint-Marc Girardin, M. de Sacy, et d'autres encore.

Nous faisons cette remarque parce qu'elle répond à une question que nous avons souvent entendu reproduire, et qui peut se réduire à ces termes : « Comment le *Journal des Débats* conserve-t-il encore, sinon de l'autorité, au moins de l'influence, après tant de variations et de défections politiques ? » Il conserve encore de l'influence par ce culte de l'intelligence qui lui est propre et qui lui fait chercher le talent partout où il est, afin de l'appeler à lui. Il y a presque toujours, dans ses colonnes, d'éloquens avocats qui rendent les bonnes causes excellentes et déguisent jusqu'à un certain point le vice des mauvaises. Chose remarquable! le *Journal des Débats*, qui n'a point de fidélités politiques, a des amitiés littéraires; il a oublié la maison de Bourbon qui l'a protégé de son sceptre, et il n'oublie guère ceux qui l'ont servi de leur plume.

Certes nous n'entendons pas dire par là qu'il y ait, dans le *Journal des Débats*, une généreuse abnégation qui aille jusqu'à la négligence de ses propres intérêts, quand il s'agit de faire prévaloir ceux des écrivains à la collaboration desquels il doit son succès. Si nous professions une pareille opinion, nous aurions oublié l'histoire que nous venons d'écrire; nous savons que la feuille en question s'est toujours souvenu de ses propres affaires avec une sûreté de mémoire qui lui fait honneur, et que si elle a appris beaucoup de nouveaux dévoûmens, il en est un qu'elle n'a jamais oublié, c'est celui qu'elle se porte à elle-même. Si quelqu'un en doutait encore, nous pourrions citer à ce sujet une anecdote qui trouverait ici sa place naturelle.

Sous un des cabinets de la Restauration, un fonctionnaire supérieur chargé, au ministère de l'intérieur, de la partie des journaux, pensa que les 6,000 francs attribués par mois au *Journal des Débats*, ne devaient pas être absorbés par la propriété de cette feuille, et que les rédacteurs devaient avoir, sur cette somme, des pensions bien méritées, tant par leur incontestable talent que par les services qu'ils avaient rendus à la société en défendant les principes sur lesquels elle repose en philosophie, en morale et en religion. Ces rédacteurs, c'étaient Hoffmann, M. de Féletz et Duvicquet.

Le fonctionnaire supérieur qui avait eu cette idée, la communiqua au ministre, qui, la trouvant de toute justice, demanda qu'un rapport lui fût présenté sur cette affaire. Le directeur de la partie de la presse périodique présenta ce rapport, et proposa de distraire 1500 francs par mois de la dotation mensuelle de 6,000 fr.; sur l'état qu'il fit, il porta le rédacteur en chef du *Journal des Débats* pour une pension annuelle de 6,000 francs. Quand l'ordonnance fut signée, il écrivit à celui qu'elle concernait pour le prier de passer dans son cabinet afin d'y recevoir une communication qui l'intéressait.

Cette communication à peine entendue, le directeur du *Journal des Débats* déclara, avec une imposante gravité, qu'il ne pouvait accepter l'offre qu'on lui faisait pour lui et ses collaborateurs, qu'il refusait donc nettement la proposition. Le fonctionnaire crut avoir Décius, ou pour le moins Brutus, dans son cabinet. Il combattit des scrupules qu'il qualifiait d'exagérés et un désintéressement qu'il trouvait par trop spartiate. Il employa les plus beaux argumens, il épuisa son éloquence; son auditeur restait impassible et froid. Enfin, vaincu par tant de générosité, le directeur comprit que tous ses efforts seraient inutiles et rompit la conférence. Dès qu'il vit le ministre, il lui rendit compte de sa déconvenue et de son admiration pour la direction du *Journal des Débats* qui ne voulait pas qu'un centime fût distrait, même en sa faveur, des

6,000 francs attribués au journal. Le ministre sourit un peu, et après avoir beaucoup complimenté le fonctionnaire de sa bienheureuse innocence, il lui dit à l'oreille : que probablement la direction du *Journal des Débats* avait d'excellentes raisons pour désirer qu'on n'écorniflât en rien les 6,000 francs mensuels; qu'il faudrait donc prendre sur d'autres fonds les pensions qu'on voulait faire aux hommes de lettres, continuer à envoyer les 6,000 francs à la même adresse, et se montrer désormais plus économe d'admiration pour un désintéressement qui trouvait sans doute, en lui et autour de lui, des récompenses dont il ne convenait pas d'approfondir le secret.

Cette anecdote explique dans quel sens nous avons pu parler de la chaleur des amitiés littéraires du *Journal des Débats*, et de son penchant à prendre en main les intérêts de ses collaborateurs ; cette chaleur et ce penchant pourraient bien n'être au fond qu'une habileté de plus. Le *Journal des Débats*, en aplanissant les voies qui mènent au pouvoir, devant ceux qui lui prêtent le secours de leur plume, se prépare à lui-même d'utiles soutiens, de puissans auxiliaires.

D'abord, en établissant en principe que ses colonnes sont une espèce de séminaire politique par lequel il faut passer pour arriver aux affaires, il attire à lui les capacités. Comme on a vu, par de fréquens exemples, que la feuille en question était une porte ouverte sur le pouvoir, les intelligences qui se sentent de la vocation pour les emplois publics, viennent se placer au *Journal des Débats* comme sur le seuil de leur fortune ; en outre, il se forme comme une espèce de camaraderie puissante qui occupe tous les échelons de la hiérarchie, qui tient toutes les portes entr'ouvertes et introduit un de ses membres dans chacune des avenues de la puissance.

Le *Journal des Débats* a bien souvent élevé la voix, pendant les dernières années de la monarchie, contre ce qu'il appelait la congrégation. C'était là son thème favori, son sujet de prédilection, le texte de ses colères les plus éloquentes. Il y a une autre congrégation bien nombreuse, bien forte et bien puissante, dont le *Journal des Débats* n'a jamais parlé, peut-être parce qu'il la connaissait trop, c'est celle qui se compose du personnel ancien et nouveau de cette feuille ; congrégation habile, active, empressée, toujours prête à pousser en avant ses membres, ayant partout des issues, trouvant partout des recrues ou des affiliés; mettant, par tous les côtés à la fois, la main dans les affaires: corps aux cent têtes qui peuvent quelquefois être animées par la même pensée ; aux cent bouches qui parlent le même langage; aux cent pieds qui peuvent, dans une occasion donnée, se diriger vers le même but ; aux cent bras qui se roidissent contre le même obstacle, ou bien portent le même homme aux honneurs et aux emplois.

Ce serait un curieux calcul à faire que de dresser une espèce de statistique de ceux pour qui la feuille dont nous parlons a été le vestibule du pouvoir; on demeurerait étonné et confondu du chiffre auquel on arriverait, et de l'importance des positions occupées par des hommes au *Journal des Débats*, ou qui ont commencé dans ses colonnes leur fortune politique.

A ne prendre les choses qu'à la date où nous sommes, et sans fouiller dans le passé, le *Journal des Débats* compte un de ses fondateurs à la chambre des Pairs : M. Bertin-de-Vaux ; quatre de ses rédacteurs à la chambre des Députés : MM. Saint-Marc Girardin, Chasles, Bertin-de-Vaux fils et Salvandy ; un de ses rédacteurs dans une des chaires du Collége de France, le même M. Saint-Marc Girardin ; un autre à la cour et dans l'intimité militaire du château, en qualité d'aide-de-camp de M. le duc d'Orléans, ce même M. Bertin-de-Vaux ; un autre dans le conseil des ministres, ce même M. Salvandy. Il occupe encore, par un de ses rédacteurs, le poste de premier secrétaire à l'ambassade de Londres, ambassade dévolue à M. de Sébastiani, qu'une longue communauté de vues et d'intérêts avait uni d'une étroite intimité avec le *Journal des Débats.* Il a placé d'autres rédacteurs, comme M. Lesourd, par exemple, dans les préfectures. Il pénètre dans la vie même de famille des nouvelles Tuileries, par M. Cuvillier-Fleury. Quant au conseil d'Etat nous n'en parlons point, il suffit d'être rédacteur du *Journal des Débats* pour y avoir entrée. Le titre de conseiller d'Etat, ou tout au moins de maître des requêtes, est le préambule banal du nom de tout écrivain qui a trempé sa plume dans l'encre pour la feuille dont il s'agit.

On comprend l'importance et les résultats de cette organisation. Il ne peut pas se faire le plus petit mouvement dans les affaires sans que le journal en soit averti, car il a la main sur toutes les touches de la politique. Il est partout représenté : à la chambre des Pairs, dans la chambre des Députés, au ministère, au château, dans les chaires d'enseignement, dans les ambassades, dans les préfectures; et c'est sans doute à lui que l'on songeait quand on a dit que la presse était un quatrième pouvoir dans l'Etat. Peut-être croirait-on qu'en arrangeant à sa manière le mot de Tertullien, le *Journal des Débats* pourrait dire, après avoir énuméré tous les lieux où on le trouve : « Je suis partout, excepté dans l'armée. » En effet, les colonnes d'un journal ne semblent point devoir être la route naturelle des champs de bataille, et les vertus militaires n'ont jamais passé pour former le côté brillant du caractère d'une feuille qui a toujours préféré le pacifique honneur des couronnes académiques aux lauriers plus chanceux de la guerre et à la gloire plus périlleuse des armes ; cependant on se tromperait en accueillant une pareille opinion. Si le *Journal des Débats* ne peut point créer de généraux comme il crée des administrateurs et des politiques, il tient trop à voir son personnel au grand complet pour n'avoir point choisi son général ; si nous ne nous trompons, il a quelquefois ouvert, à la plume d'un collaborateur en épaulettes, ses colonnes peu habituées à une collaboration belliqueuse, et un député officier-général, connu par ses fougues de tribune, est devenu l'homme de guerre du *Journal des Débats.*

Nous avons cru que ces détails et ces explications serviraient de complémens naturels à cette histoire. Dans une autre époque et dans d'autres circonstances, Machiavel écrivit le livre du Prince, pour expliquer la politique suivie, de son temps, par les cours de son pays. Aujourd'hui que les journaux sont rois, on peut écrire le livre du journal, afin d'expliquer les secrets ressorts à l'aide desquels la plus puissante personnalité de la presse a gouverné et gouverne encore ses affaires. Cette tactique est maintenant à nu et vous pouvez en saisir tous les fils. Les *Débats* se servent de leur influence comme journal, dans l'intérêt de la fortune politique des personnes qui se lient à leurs destinées ; ils se servent ensuite de la fortune politique de ces personnes dans l'intérêt du journal; c'est une sorte d'assurance mutuelle, une espèce de tontine administrative et gouvernementale où chacun met quelque chose, mais d'où chacun aussi retire un profit; ou bien, ainsi que nous l'avons dit en commençant, c'est une véritable congrégation formée dans un intérêt éminemment temporel et terrestre, et où il s'agit de gagner tout autre chose que le ciel.

On ne peut assez dire les avantages que les *Débats* retirent de cette position; ce journal ressemble à une maison qui a pignon sur deux rues; l'influence qu'il a dans les affaires lui donne de l'importance dans la presse, et l'importance qu'il a dans la presse augmente son influence dans les affaires. Toute sa fortune politique et matérielle tourne sur ce double pivot. Sa tactique consiste à s'imposer à la fois au pouvoir par l'ascendant qu'il exerce sur le public, et au public par l'ascendant qu'il exerce sur le pouvoir. A celui-ci il se présente comme un puissant instrument de publicité, comme la plus redoutable machine de guerre de la presse périodique; à celui-là il se montre comme initié dans les mystères du pouvoir, comme possédant le secret des affaires d'Etat, comme tenant le fil des plus graves négociations. Lorsque nous cherchons sous quels traits exprimer cette existence si forte et si extraordinaire d'un journal qui est devenu une puissance et qui se regarde comme une institution dans l'Etat, qui ne laisse guère passer un ministère sans y mettre son homme, qui a des intelligences dans toutes les parties du gouvernement, des représentans dans toutes les cellules de l'administration; qui, du centre d'action où il est placé, étend son influence à tous les rayons du cercle, et dont les yeux vigilans surveillent tous les points pour tirer avantage des symptômes qui s'y manifestent, et des événemens qui s'y préparent, nous nous faisons l'idée d'une de ces formidables araignées qui, suspendues au milieu de leur toile, embrassent de leurs regards vigilans tout l'espace qui les entoure et emprisonnent, dans leurs invisibles lacs, les objets qui semblent les plus éloignés du lieu où elles apparaissent dans une menaçante immobilité. Le *Journal des Débats* est, à proprement parler, l'araignée de la politique; seulement ses toiles, sans être moins invisibles, sont ourdies d'une manière plus forte et plus serrée ; il y prend les dynasties et les peuples, et suce, jusqu'à la moelle, les monarchies et les révolutions.

Peut-être, après avoir lu cet exposé explicatif de la constitution intérieure et de l'organisation interne du *Journal des Débats*, se demandera-t-on s'il est possible qu'une feuille placée dans de pareilles conditions de force et de crédit, vienne à décheoir de sa fortune et à entrer en décadence ? Si cette position si forte était à l'épreuve de tout affaiblissement; si cette existence était établie d'une manière si solide que rien ne pût la compromettre; si cette tactique et ce système pourvoyaient à tout, nous aurions eu tort d'annoncer que la conduite coupable du *Journal des Débats* envers le pays et la royauté, lui serait funeste à lui-même; en articulant cette prévision politique, nous aurions cédé à un de ces mouvemens d'indignation contre lesquels il faut soigneusement se prémunir dans l'histoire, car ils altèrent la clairvoyance du jugement et ils font fléchir la rectitude des appréciations.

Nous ne croyons point avoir encouru ce reproche ; malgré tous les élémens de puissance que nous reconnaissons dans la position du *Journal des Débats*, nous apercevons, dans cette position, un vice intime et radical qui le menace et le mettra en péril s'il n'y remédie en retrempant sa puissance dans la source où il l'a puisée. Quelque développement qu'ait pris son influence, cette influence ne peut avoir de durée que par la cause à laquelle elle a dû son origine. La véritable force du *Journal des Débats* réside dans l'action qu'il exerce sur le pays ; or, cette action remonte à cette guerre énergique, opiniâtre, qu'il fit, dans les premiers temps de sa fondation, aux principes anti-sociaux et anti-religieux ; le *Journal des Débats* vit beaucoup sur son ancienne renommée. Mais à mesure qu'il s'éloigne de la ligne qui a fait sa force , qu'il rompt avec les principes qui lui ont prêté leur autorité, il mine les bases mêmes de sa puissance , car son influence ne repose plus que sur une habitude, et, malgré la force des habitudes prises, elles finissent par disparaître quand le motif qui les a fait naître a disparu. A force de voir le présent, on se lasse de se souvenir du passé. L'égoïsme a quelque chose en soi de haïssable, comme parle Pascal. Or, l'opinion publique qui a accueilli le *Journal des Débats* avec tant de faveur, parce qu'il défendait les intérêts de la société, doit s'éloigner insensiblement de lui à mesure qu'elle découvre que l'égoïsme est le fond de toutes ses actions.

Lorsqu'une fois ce détachement de l'opinion et ce mouvement de décadence seront des choses accomplies et des faits acquis à la politique, la fortune et le crédit du *Journal des Débats* ne chancelleront-ils pas rapidement sur leurs bases? Ne peut-on pas prévoir que son ascendant sur le pouvoir déclinera en même temps que son ascendant sur le public, puisque la seconde de ces deux influences est la conséquence de la première? Ne verra-t-on pas alors ce mouvement de décadence suivre la même loi que le mouvement de progression dont nous avons parlé? A mesure que le crédit du *Journal des Débats* sur le public, diminuera, son crédit gouvernemental n'ira-t-il pas en déclinant? Par contre, la perte de son influence dans les affaires ne lui ôtera-t-elle pas encore de son autorité sur l'opinion publique; de sorte que ces deux décadences simultanées, exerçant l'une sur l'autre une action réciproque, marcheront ensemble vers le terme fatal en s'y précipitant? Le mouvement de cette double décadence ne sera-t-il pas d'autant plus rapide que le talent s'éloignera peu à peu d'une feuille qui ne l'attirera plus en lui présentant les mêmes chances et les mêmes avantages? En outre, le *Journal des Débats*, à mesure que son crédit et sa puissance fléchiront, n'apprendra-t-il pas à son tour le peu de fond des amitiés politiques, et n'éprouvera-t-il pas que les journaux, dans leurs jours de décadence, ne sont pas plus à l'abri que les trônes de ces trahisons et de ces félonies qui perdent la mémoire des services dès le moment qu'on cesse de pouvoir les servir? Les liens de cette confédération, que nous avons montrée si puissante, ne se trouveront-ils point par-là même rompus, et la grande congrégation d'égoïsmes, fondée par le *Journal des Débats*, se dissolvant ainsi, le principal levier de sa puissance ne sera-t-il pas brisé?

On voit qu'à l'exemple de Montesquieu, quoique dans un sujet moins solennel, après avoir écrit l'histoire de la Grandeur nous écrivons celle de la Décadence. Les prévisions que nous venons d'exposer nous semblent raisonnables et logiques, et si l'on veut examiner les autres élémens de la situation, ils confirmeront cette appréciation politique.

Le *Journal des Débats* est d'abord exposé à un péril qu'il n'a point prévu peut-être : l'ordre de choses actuel a subi son ascendant sans l'accepter; il est rangé au nombre de ces personnalités puissantes et dangereuses envers lesquelles l'ingratitude est regardée comme une vertu politique. On craint qu'il ne puisse, contre le système existant, ce qu'il a pu contre le système précédent ; on accueillera donc avec empressement tout ce qui pourra diminuer son importance et atténuer son autorité. C'est un axiome de la politique ancienne, signalé par Tacite, que cette tendance des nouveaux gouvernemens à détruire les destructeurs des régimes antérieurs. Cet axiome n'est point tombé de nos jours en désuétude. M. Laffitte et M. de Lafayette ont pu s'en convaincre : il y a, à côté d'eux, encore une place vide, le *Journal des Débats* est peut-être destiné à la remplir.

Ajoutons à ces dispositions malveillantes, une situation toute différente de celle qui favorisa la fondation de la feuille en question au commencement de ce siècle, et dont les conditions diffèrent essentiellement des conditions qui assurèrent le développement et le succès du *Journal des Débats*.

Il parut, vous le savez, au milieu du silence de la presse périodique, et il se fit l'organe de la grande réaction sociale et religieuse. Toute voix était muette, et le sceau qui pesait sur toutes les bouches ne laissa qu'à la sienne le privilége de la parole. A vrai dire, pendant ses premières années, le *Journal des Débats* fut toute la presse.

Plus tard, quand une révolution fut opérée dans son sein et qu'il reçut le titre de *Journal de l'Empire*, la situation favorisa encore davantage son influence et son extension. Il avait conservé, jusqu'à un certain point, sa couleur religieuse, et par là, son action sur cette portion nombreuse et puissante de la population qui l'avait accueilli lors de sa naissance avec tant de faveur. Par le reste de sa rédaction à laquelle présidait M. Etienne, il satisfaisait, jusqu'à un certain point, l'école du dix-huitième siècle ; enfin il continuait à parler seul, et il parlait au nom d'un gouvernement glorieux et fort: aussi à ces deux époques le nombre de ses souscripteurs atteint-il et dépasse-t-il le chiffre énorme de vingt-cinq mille.

Lorsque la Restauration s'accomplit, le *Journal des Débats* se dédouble pour ainsi dire. Le côté gauche du *Journal de l'Empire* va former le *Constitutionnel* sous les auspices de M. Etienne ; le côté droit reprend l'ancien titre de la feuille fondée en 1800, et lui imprime une direction éminemment monarchique et sociale. La situation n'est plus la même, la liberté de la presse existe, la concurrence succède au monopole, les souscripteurs se scindent comme la feuille. Le *Journal des Débats* entre dans une coalition révolutionnaire, et n'a plus que treize mille abonnés en 1825.

Il gouverne les esprits pendant plusieurs années, de manière à rendre une révolution inévitable. Cette révolution éclate, elle dure depuis huit ans, le *Journal des Débats* perd encore un tiers de ses abonnés et le chiffre de ses souscripteurs ne paraît pas devoir être au-dessus de neuf mille aujourd'hui.

Ou nous nous abusons fort, ou dans la progression décroissante que nous venons de montrer, il y a des symptômes manifestes de décadence. Cette décadence s'explique d'elle-même. Trois causes principales firent la fortune du *Journal des Débats*. D'abord, et avant tout, il prit en main les principes et les intérêts de la société française; ensuite il put jouir du privilége d'un monopole inouï; enfin il exploita ce monopole avec un talent remarquable. Que le talent lui soit encore demeuré en partie, nous le voulons bien; mais les deux autres mobiles du succès du *Journal des Débats* ont cessé d'exister. Il n'y a donc pas lieu d'être surpris que les causes qui ont présidé à sa fortune, s'affaiblissant ou même venant à disparaître, cette fortune elle-même entre en décadence. Le *Journal des Débats* n'est plus le seul à parler comme lors de sa fondation; il ne parle plus, comme quelques années plus tard, à la société qui date du dix-huitième siècle et à celle qui date de plus haut; il ne parle plus, comme dans les premières années de la Restauration, à la France chrétienne et sociale; il ne parle plus, comme dans la seconde moitié de la Restauration, à la France révolutionnaire, qui a profité de son concours et qui le repousse maintenant avec dédain. Il y a à côté de ses paroles des paroles plus nettes et plus décidées, soit pour la révolution, soit pour la monarchie, soit pour les partis, soit pour la société ; ainsi le journal égoïste s'isole peu à peu, le cercle se rétrécit insensiblement autour de cette personnalité amoureuse d'elle-même ; il est menacé par un pouvoir qui se défie de ses services et attend avec impatience le moment de s'affranchir d'une amitié qu'il regarde comme un joug, et d'un concours onéreux et exigeant qui lui pèse comme un fardeau. Il doit en outre redouter l'éventualité d'une nouvelle loi sur le timbre qui peut faire une révolution dans la presse périodique ; enfin il est en face d'une société qui a été témoin de ses variations, et qui ne peut plus croire à sa moralité politique ; un peu de temps encore, et si le *Journal des Débats* ne prévient point, par un retour spontané, les enseignemens de l'expérience, il apprendra de cette rude maîtresse que l'égoïsme, qui est un tort moral, finit à la longue par être un mauvais calcul, quelquefois un suicide, et le journal fondé en 1800, pour servir d'interprète au retour des idées sociales et monarchiques, périra par l'abandon des principes qui ont fait sa prospérité et sa gloire.

FIN.

TABLE DES MATIÈRES.

CHAPITRE XIV.

Sommaire : Ligne suivie par le *Journal des Débats* pendant les premières années de la Restauration. — Sa politique. — Le ministère Decazes. — Sa tendance funeste. — Les royalistes calomniés par le pouvoir. — Conspiration du bord de l'eau. — Le ministère comprime la presse monarchique. — Le *Journal des Débats* voit renaître les temps de la censure. — Sa politique émigre au *Conservateur*. — Le *Conservateur* fut le *Journal des Débats* de cet interrègne de la liberté de la presse. — MM. de Châteaubriand, de La Mennais, de Bonald. — L'assassinat de M. le duc de Berry renverse le ministère Decazes. — Le *Journal des Débats* flétrit ce ministère. — Sa douleur toute royaliste de la mort du duc de Berry. — Comment il parle de cette mort. — Comment il devait en parler onze ans plus tard. — Naissance de Henri Dieudonné. — Hymne d'allégresse *des Débats*. — Curieux passages relatifs à cette naissance. — Avènement du ministère de M. de Villèle. — Le talent royaliste du *Journal des Débats* atteint tout son développement, et sa renommée tout son éclat. — Une scission fatale éclate dans le conseil. 1

CHAPITRE XV.

Sommaire : L'histoire politique du *Journal des Débats* un moment interrompue. — Mouvement littéraire auquel le journal prit part. — Les classiques et les romantiques. — Nécessité de poser quelques principes pour expliquer l'avènement de la nouvelle école. — Période des faits et période des idées. — Nullité de la littérature sous l'Empire. — Où était la poésie à cette époque. — Changemens produits par la Restauration. — La nouvelle école se présente. — Elle veut réformer le théâtre. — Circonstances qui avaient jusque là retardé cette révolution dramatique. — Talma.— Son talent. — Sources auxquelles il avait puisé ce talent. — Sa mort est le signal de la révolution. — Argumens de la nouvelle école. — La tragédie du XVIIe siècle venant d'Athènes. —Projet d'un théâtre national.—La nouvelle école se divise en deux classes. — Les ardens et les prudens. — Passions des premiers, raisonnement des seconds. — Modifications proposées dans la langue poétique.—Retour à l'ancienne liberté de la langue française. — Position prise par le *Journal des Débats*. — Hoffman et M. Victor Hugo. — Objections à la théorie des romantiques. — Résumé et conclusion. — Les rebelles à Aristote sont en général fidèles au roi de France. — Les fidèles à Aristote sont dans le camp révolutionnaire. — Explication de cette contradiction apparente. 23

CHAPITRE XVI.

Sommaire : Le directeur du *Journal des Débats* déclare la guerre à M. de Villèle. — Réponse de ce ministre. — Quelques réflexions sur le ministère de M. de Villèle. — Il était dominé par la situation que lui avait léguée M. de Cazes. — Défiances des royalistes. — Inquiétude de la société, craignant tantôt pour le pouvoir, tantôt pour la liberté. — Ministères de pouvoir et ministères de liberté. — Embarras de

M. de Villèle. — Le vice de la situation s'aggrave avec le temps. — La monarchie compromise par la confiance qu'on a dans la force même de son principe. — Influence fatale qu'exerça le *Journal des Débats* dans cette circonstance. — Il cautionne la gauche et accuse la droite.— Statistique de la presse. — Récrudescence voltairienne. — Rôles du *Constitutionnel* et du *Journal des Débats*. — Le premier éveille toutes les idées de révolution. — Le second endort toutes les idées de monarchie. — Il vante la révolution dans la personne de MM. de Lafayette, d'Argenson et Chauvelin. — — La coalition de 1826 renverse M. de Villèle. — La prédiction du *Journal des Débats* vérifiée. 57

CHAPITRE XVII.

Sommaire : Anecdote sur le *Journal des Débats* dans les premiers jours du ministère de Martignac. — La royauté mise à rançon. — Paiement de l'arriéré. — La cassette du Roi. — Appui équivoque accordé au nouveau ministère. — Conditions imposées. — Engagemens du journal avec le centre gauche. — Il porte M. Sébastiani. — En quoi cette tactique est favorable à la Révolution. — En quoi elle est fatale à la monarchie. — Tout en invoquant les habitudes politiques de l'Angleterre, on s'en écarte. — On veut procéder par réaction au lieu de procéder par transition. — La ligne du *Journal des Débats* pendant le ministère Martignac est contradictoire. — Il se plaint de l'absolutisme de la prérogative royale, et il veut faire prévaloir l'absolutisme de la prérogative parlementaire. — Il rend un ministère de centre gauche nécessaire du côté de la chambre, impossible du côté du trône. — Il facilite la révolution en persuadant à tout le monde qu'elle est impossible.—Curieuses citations à ce sujet. — Ceux qui deux ans avant 1830 croient à une révolution, envoyés par *les Débats* à Charenton. — M. Cauchoix-Lemaire juge autrement la situation.—Anecdote relative à sa lettre à M. le duc d'Orléans.—Réquisitoire. 79

CHAPITRE XVIII.

Sommaire : L'anarchie annoncée par M. de Martignac devient visible dans le feuilleton. — Symptôme littéraire d'une situation politique. — M. Janin au *Journal des Débats*. — Son talent était appelé par la nouvelle situation. — Appréciation du talent de M. Janin. — Il était né pour le journal. — Anecdote curieuse sur sa première jeunesse. — Il est dans la littérature ce que M. Thiers est dans l'éloquence. — Deux types intellectuels. — Quel est celui auquel M. Janin appartient. — Qualités et défauts de son style. — Il descend d'une lettre de madame de Sévigné et d'une page de Jean-Jacques. — Il rencontre la vérité et cherche le paradoxe. — Inconvéniens de sa manière. — Ces inconvéniens sont plus graves dans les livres. — A proprement parler, M. Janin n'a pas fait de livre. — Ce qu'il faut penser de *Barnave* et du *Chemin de Traverse*. — La véritable patrie de M. Janin est dans le Journal. — Il est le champion de la littérature facile contre la littérature difficile. — Parallèle de Geoffroy et de M. Janin. — Ils répondent à deux situations différentes... 99

CHAPITRE XIX.

Sommaire : Influence de la tactique du *Journal des Débats* sur la nomination du ministère du 8 août. — Il avait rendu à la monarchie le choix d'un bon ministère impossible. — Opinion de plusieurs membres du cabinet du 8 août sur leur situation. — Détails secrets et anecdotes sur l'intérieur de ce cabinet. — Opposition violente des *Débats*. — Célèbre article. — Malheureux Roi! malheureuse France! — Le *Journal des Débats* déféré aux tribunaux. — Il est condamné et il en appelle en cour royale. — Opposition systématique. — En quoi le *Journal des Débats* se rapprochait de l'école anglaise. — Origine et marche de cette école. — Jacques II et Charles X. — La révolution de 1688. — Le jésuitisme. — Hampden et le refus d'impôt. — Puissance d'une date et d'un parallèle. — En quoi les *Débats* se séparaient de l'école anglaise. — Quelle était leur raison pour s'en séparer.— Leur opposition n'était que plus dangereuse. — Attaques fardées de dévoûment. — Le *Journal des Débats* gagne son procès en cour royale. — Horoscope de Henri Dieudonné par M. Dupin. — Discours de M. Bertin. Réflexions sur ce discours. 121

CHAPITRE XX.

Sommaire : Mathieu Laensberg et le *Journal des Débats*. — Singulières prophéties de l'almanach pour 1830. — Dédaigneuses ironies du journal. — Il démontre de nouveau qu'un 1688 est impossible en France. — Déplorable situation du ministère du 8 août en face de cette terrible opposition. — Il n'a un peu de vie que dans les questions extérieures. — La question de la Grèce discutée en conseil. — Le prince Léopold refuse la couronne de ce pays. — Mot de M. le duc d'Orléans sur ce prince, auquel il ne consent point à donner sa fille.— Le prince Léopold est qualifié d'une manière sévère dans le conseil. — Révocation de la loi salique en Espagne. — Indignation de M. le duc d'Orléans et colère du *Journal des Débats*. — Question d'Alger. — Historique de cette question. — Pourquoi le ministère voulait prendre Alger. — Pourquoi le *Journal des Débats* et toute l'opposition voulaient empêcher cette conquête. — Une parole de M. Dupin. — Obstacles de tout genre que rencontre l'expédition d'Alger. — Le *Journal des Débats* conspire pour le Dey.— Réponses peu favorables de la marine. — Objections réfutées par deux jeunes officiers. — L'expédition résolue et proposée au Roi qui adopte l'avis du conseil. — Nouveaux obstacles. — Conduite de M. Duperré, on le menace de lui retirer le commandement. — Disposition du dehors. — L'Angleterre seule élève des difficultés. — Réponses faites à ses notes. — Jamais le gouvernement royal n'a pris d'engagement à l'égard d'Alger. — L'opposition des journaux continue. — M. Duperré devient le favori du *Journal des Débats.* — Paroles franches adressées au Roi dans le conseil. —Une conversation de M. Sébastiani lui est rapportée.—Le Roi, renfermé dans un problème insoluble, signe les ordonnances. — Ses paroles avant de les signer.............. 155

CHAPITRE XXI.

Sommaire : La révolution de juillet éclate. — Conduite du *Journal des Débats.* — Il demande l'autorisation de paraître. — La révolution triomphe. — Anecdote sur une négociation secrète. — Vraisemblance de cette anecdote. — Le *Journal des Débats* se décide à rompre avec l'ancienne monarchie.— Souvenirs d'un ancien dévoûment.— Récapitulation des protestations de fidélité du *Journal des Débats.* — Paroles de M. Bertin devant le tribunal. — Serment d'amour à la légitimité fait le 21 février 1830. — Le 21 janvier de la même année le *Journal des Débats* s'était déclaré immuable dans les doctrines et les principes. — Le 4 août 1830, il déclare que la branche ainée a cessé de régner. — Le 8 août 1830, il combat l'opinion de ceux qui croyaient la royauté de Henri V possible. — Promesses faites au berceau de ce prince. — Comment elles furent tenues. — Un fait qui s'était présenté lors du meurtre du prince d'Enghien se représente. — M. de Châteaubriand sépare sa ligne de celle du *Journal des Débats*..................... 195

CHAPITRE XXII.

Sommaire : Situation morale du *Journal des Débats* depuis la révolution de 1830. — Résumé des mobiles qui ont présidé à sa conduite depuis sa fondation. — Anecdote sur la manière dont il fut fondé. — Ce qu'il coûta à M. Bertin. — L'égoïsme est toujours la règle de ses actions. — Appréciation de la lutte qui s'éleva entre lui et la royauté. — Inconvéniens qu'on pouvait reprocher à la Restauration. — Ces inconvéniens étaient plus que compensés par des avantages.

— Les abus n'étaient pas la cause véritable de l'opposition du *Journal des Débats.* — Ambition de l'aristocratie bourgeoise. — Cette ambition immola les grands intérêts du pays. — Futilité des motifs de l'opposition de quinze ans.— Motifs qui devaient engager à ne point pousser cette opposition à l'extrême. — Grands intérêts extérieurs du pays. — Situation favorable de la France au dehors. — Tableau diplomatique de l'Europe. — La Russie et l'Angleterre. — Le mouvement et l'immobilité. — Beau rôle que la France avait à jouer. — Le *Journal des Débats* contribua à jeter une révolution à l'encontre de cette situation. — Utilité de comparer le présent au passé........................ 209

CHAPITRE XXIII.

Sommaire : Résumé de la situation de l'Europe. — Nouveaux détails. — Explication de la politique de l'Angleterre. — Grandeur matérielle et affaiblissement moral. — Comment la France a pu devenir complice de la politique du *statu quo*. — Sa situation en Europe a été changée. — Malveillance des puissances continentales. — Les traités de 1815 tacitement renouvelés. — La guerre devenue une éventualité fatale dénuée de chances de succès. — Ecueils dont cette situation est semée. — Fâcheuse position du pays reconnue par les deux hommes d'État qui représentent les deux nuances de l'ordre de choses actuel. — Aveux de MM. Thiers et Guizot dans une discussion récente. — Moralité de cette discussion. — Le Rhin empêche d'exercer aucune action sur les Pyrénées, les Pyrénées de pourvoir à aucun péril du côté du Rhin. — Qui faut-il rendre responsable de cette situation ? — Est-ce le gouvernement de juillet ? — Est-ce le parti révolutionnaire ? — Le *Journal des Débats* doit surtout être accusé, parce qu'il a fait le mal en connaissance de cause. — Fin de cette histoire............... 241
Conclusion................................... 285

FIN DE LA TABLE DU SECOND ET DERNIER VOLUME.